№ 26. Deutsche Reichsgesetzgebung. № 26.
Text-Ausgaben mit Anmerkungen.

Die Reichsgesetzgebung
über
Münz- und Bankwesen,
Papiergeld, Prämienpapiere
und
Reichsanleihen.

Text-Ausgabe mit Anmerkungen und Sachregister.

Von

R. Koch,
Kais. Geh. Ober-Finanzrath.

Berlin und Leipzig.
Verlag von J. Guttentag
(D. Collin.)
1885.

Vorbemerkung.

Das Bedürfniß einer handlichen Ausgabe der auf dem Titel bezeichneten Gesetze und deren Ergänzungen hat den Unterzeichneten, welcher dieselben in dem größeren, im gleichen Verlage erscheinenden Werke „Die Gesetzgebung des Deutschen Reichs von der Gründung des Norddeutschen Bundes bis auf die Gegenwart: mit Erläuterungen und Registern" bearbeitet hat, zu der vorliegenden Arbeit veranlaßt. Die dortigen Anmerkungen sind zwar benutzt, aber vielfach umgestaltet und dem veränderten Zwecke entsprechend theils abgekürzt, theils erweitert. Die „Einleitung" ist zur Orientirung über den Entwickelungsgang und den inneren Zusammenhang der unser Geldsystem reformirenden Gesetze bestimmt.

Berlin im März 1885.

R. Koch.

Inhalts-Verzeichniß.*)

*) Die Ergänzungen sind in der Reihenfolge abgedruckt, in welcher sie in den Hauptgesetzen (A I, II, C I rc.) angeführt sind.

Einleitung.

Die Zustände, welche noch vor nicht länger als zehn Jahren hinsichtlich der Umlaufsmittel — Münzen, Papiergeld, Banknoten — in Deutschland herrschten, boten ein sprechendes Bild unserer politischen Zerrissenheit. Die wiederholt unternommenen Versuche zur einheitlichen Reform des Münzwesens hatten ein befriedigendes Resultat nicht ergeben. Zwar hatte der Wiener Münzvertrag vom 24. Januar 1857, vorbereitet durch die Dresdener Münzkonvention der Zollvereins-Staaten vom 30. Juli 1838, sich für die damals in Deutschland bereits überwiegende reine Silberwährung entschieden und für die kontrahirenden Staaten (des Zollvereins und Oesterreichs mit Liechtenstein) das Zollpfund zu 500 Gramm als Münzgrundgewicht eingeführt. Aber noch immer schieden sich innerhalb dieses Rahmens drei Münzfüße (der Thalerfuß in Norddeutschland mit verschiedener Eintheilung des Thalers, der Zweiundfünfzigeinhalbguldenfuß in Süddeutschland und der Fünfundvierzigguldenfuß in Oesterreich (mit

Liechtenstein) und daneben bestanden in den nicht zum Zollverein gehörigen Staaten die früheren Landes-Münzfüße fort. So gab es im Gebiete des Deutschen Reichs bis zum Jahre 1871 einschließlich der mit Elsaß-Lothringen hinzugekommenen französischen Währung sieben Münzsysteme.[1] Nicht besser sah es im Papiergeldwesen aus. Von allen deutschen Staaten hatten nur 6 der kleinsten (Lippe-Detmold, Lauenburg, Lübeck, Bremen, Hamburg, Elsaß-Lothringen) kein Papiergeld emittirt. In den Staaten des Norddeutschen Bundes befanden sich im Jahre 1870, abgesehen von dem Papiergelde des Großherzogthums Oldenburg im Betrage von 2 000 000 Thaler, welches der Oldenburgischen Landesbank zur Verstärkung ihrer Betriebsmittel überwiesen war, 40 652 742 Thaler,[2] in sämmtlichen Staaten des deutschen Reichs nach den Mittheilungen der Bundes-Regierungen vom Oktober 1872 61 374 600 Thaler[3] Staats-Papiergeld der verschiedensten Sorten im Umlauf. Die Klage über die sogenannten „wilden Scheine", welche außerhalb der Grenzen des eigenen Landes nur schwer und mit Verlust anzubringen waren, und deren sich doch Niemand erwehren konnte, waren allgemein.

[1] Vgl. die Motive zu dem Entwurf eines Gesetzes, betr. die Ausprägung von Reichsgoldmünzen, im Eingange — Drucks. des Reichstages Nr. 50 [Sten. Ber. I. Leg.-Per. II. Sess. 1871 Bd. 2 S. 123 (Anlagen)]. Neben diesen Münzsystemen bestand noch die Hamburger Bank-Baluta als Rechnungswährung.

[2] Vgl. die Nachweisung in den Drucksachen des Reichstags Nr. 73 [Sten. Ber. I. Leg.-Per. Sess. v. 1870 Bd. 3 S. 303 (Anlagen)].

[3] Vgl. die Uebersicht in Anlage 1 der Motive zum Entwurf eines Gesetzes, betr. die Ausgabe von Reichskassenscheinen. Drucksachen des Reichstags Nr. 70. [Sten. Ber. II. Leg.-Per. I. Sess. 1874 Bd. 3 S. 265 (Anlagen)].

Hierzu kam noch das vergleichsweise freilich nicht sehr beträchtliche Papiergeld, welches auf Grund besonderer Konzessionen von Eisenbahn-Gesellschaften, Kommunen und anderen Korporationen ausgegeben war.[4] Die Masse der umlaufenden papiernen Werthzeichen wurde aber seit Mitte der fünfziger Jahre in immer steigendem Umfange vermehrt durch die Banknoten. Zwar hatte die im Jahre 1846 aus der ehemaligen Königlichen Bank (einer reinen Staatsbank) erwachsene, im Jahre 1856 mit unbeschränktem Notenrecht ausgestattete Preußische Bank[5] sich mehr und mehr zufolge ihrer Leistungen in den großen Krisen von 1857, 1866 und 1870 zu einer Zentral-Notenbank für ganz Deutschland entwickelt, neben welcher die in den alten Provinzen Preußens bestehenden 9 Privat-Notenbanken mit ihrer auf je 1 Million Thaler beschränkten Notenausgabe-Befugniß kaum in Betracht kamen. Indessen hatten daneben die übrigen deutschen Souveräne von der Befugniß, Noten-Privilegien zu ertheilen, in sehr reichlichem, oft das durch ihr Staatsgebiet bedingte Maaß weit überschreitendem Umfange Gebrauch gemacht. Die Versuche Preußens, sich durch Verbote gegen den Umlauf solcher fremden Noten zu schützen,[6] hatten, zumal

[4] So die Scheine der Leipzig-Dresdener Eisenbahn-Gesellschaft, der Stadt Hannover (nach Ad. Wagner, Zettelbankpolitik S. 725 in d. J. 1870/73 circa 1770000 Mark).

[5] Vgl. Bankordnung v. 5. Oktober 1846 (Preuß. Ges.Samml. S. 435), Vertrag vom 28./31. Januar 1856 und Ges. v. 7. Mai 1856 (das. 1856 S. 342).

[6] Ges. v. 14. Mai 1855 (Ges.Samml. S. 308), v. 25. Mai 1857 (S. 440), Verordn. v. 22. April 1869 (Ges.Samml. S. 561) — sämmtlich auch auf fremdes Papiergeld bezüglich.

in Mitteldeutschland, wo die betreffenden Gebiete im Gemenge lagen, bei den vielfachen wechselseitigen Verkehrsbeziehungen keinen durchschlagenden Erfolg gehabt. So hatte sich der Umlauf der ungedeckten Noten in Deutschland von etwa 15 Millionen Mark zu Anfang der fünfziger Jahre, abgesehen von Bayern, nach den Monats-Bilanzen berechnet, durchschnittlich im Jahre 1867 auf 202 296 000 Mark, im Jahre 1870 auf 342 543 000, im Jahre 1873 auf 400 284 000 Mark gesteigert.[7] Ende 1870 betrug der ungedeckte Notenumlauf in Deutschland einschließlich Bayerns 448 159 000 und Ende 1873 der Gesammt-Notenumlauf 1 352 548 000 Mark, wovon 426 808 000 Mark ungedeckt.[8] Mehr als 140 Arten papierner Werthzeichen — Banknoten und Papiergeld in ihren verschiedenen Abschnitten — befanden sich im Jahre 1873 im Deutschen Reiche im Umlauf.[9]

Einem solchen Zustande ein Ende zu machen, wurde als eine der ersten Aufgaben des neu geeinigten Deutschland erkannt. Schon die Verfassung des Norddeutschen Bundes vom 26. Juli 1867[10] rechnet in Art. 4 zu den der Beaufsichtigung und Gesetzgebung des Bundes unterliegenden Angelegenheiten

„3. die Ordnung des Maaß-, Münz- und Gewichtssystems, nebst Feststellung der Grund-

[7] Vgl. Soetbeer, Deutsche Bankverfassung (Erlangen 1875) S. 4.
[8] Vgl. die Uebersicht das. S. 2a.
[9] Vgl. das S. 5.
[10] B.G.Bl. S. 1.

sätze über die Emission von fundirtem und unfundirtem Papiergelde;

4. die allgemeinen Bestimmungen über das Bankwesen" —

Vorschriften, welche sich in der am 1. Januar 1871 in Wirksamkeit getretenen Verfassung des Deutschen Bundes[11] und in der Verfassung des Deutschen Reichs vom 16. April 1871[12] wiederholen.

Man schritt zunächst dazu, einer weiteren willkürlichen Vermehrung der Banknoten und des Papiergeldes vorzubeugen. Das (einstweilen nur bis zum 1. Juli 1872 geltende) Gesetz über die Ausgabe von Banknoten vom 27. März 1870[13] knüpfte (im §. 1) fortan die Erwerbung der Befugniß zur Ausgabe von Banknoten an ein (auf Antrag der betheiligten Landesregierung zu erlassendes) Bundesgesetz.[14] Das gleiche Erforderniß wurde für gewisse Erweiterungen der bisherigen Privilegien eingeführt (§§. 2, 3).[15] Zugleich wurde die Kündigung der letzteren er=

[11] B.G.Bl. S. 627, 650, 654; 1871 S. 9.

[12] B.G.Bl. S. 63.

[13] B.G.Bl. S. 51. Das Gesetz ist im Gebiete des Norddeutschen Bundes am 29. März 1870 in Wirksamkeit getreten (§ 6). Dasselbe ist durch Art. 80 II, 1 der Verfassung des Deutschen Bundes und durch § 2 des Ges. v. 16. April 1871 (B.G.Bl. S. 63) zum Reichsgesetz erklärt, und zwar ist es in Baden, Südhessen, Württemberg und Bayern nach den betreffenden Vereinbarungen sowie dem Ges. v. 22. April 1871 (B.G.Bl. S. 87) am 1. Januar 1872 in Kraft getreten. In Elsaß-Lothringen, wo sich die Preußische Bank bereits im Sommer 1871 niederließ (s. Ges. v. 4. Juli 1871 — G.Bl. für Elsaß-Lothringen S. 3), ist das Gesetz nicht eingeführt.

[14] Vgl. § 1 Abs. 1 des Bankgesetzes v. 14. März 1875 (unten C. I, S. 61).

[15] Vgl. § 1 Abs. 1, §§ 47, 49 Nr. 1 das.

leichtert (§. 4).[16] In ähnlicher Weise machte das Gesetz über die Ausgabe von Papiergeld vom 16. Juni 1870[17] die fernere Ausgabe oder Gestattung der Ausgabe von Papiergeld von einem (auf Antrag der betheiligten Landesregierung zu erlassenden) Bundesgesetze abhängig. Nur der Ersatz des zur Zeit umlaufenden Papiergeldes (nach stattgefundener Einziehung) durch neue Werthzeichen gleichen oder höheren Nennwerths wurde gestattet (§. 2).

Nachdem diese Sicherheitsmaßregeln getroffen waren, wandte sich das Reich in positiver Weise der Münzreform zu. Schon mittels Vertrages vom 13. Juni 1867[18] war der Münzvertrag mit Oesterreich und Liechtenstein mit Ablauf des Jahres 1867 außer Wirksamkeit gesetzt. Im Juni 1870 hatte der Bundesrath beschlossen, durch einen Ausschuß eine „Enquête über die bei der Ordnung des Münzwesens in Betracht kommenden Verhältnisse“ zu veranstalten. Zugleich wurde eine Zusammenstellung von Erwägungen und

[16] Vgl. §§ 41 Nr. 7, 46 Abs. 1 das.

[17] B.G.Bl. S. 507. Das Gesetz ist im Gebiete des Norddeutschen Bundes am 19. August 1870 in Wirksamkeit getreten und demnächst, wie das Ges. v 27. März 1870, zum Gesetz des Deutschen Bundes bezw. zum Reichsgesetz erklärt, in Baden und Südhessen aber schon am 1. Januar 1871 (in Württemberg und Bayern am 1. Januar 1872) in Kraft getreten. Eine zeitliche Schranke der Wirksamkeit des Gesetzes wurde (abweichend von dem Banknotengesetze v. 27. März 1870) nicht aufgenommen. Die Beschränkung sollte gelten „bis zur gesetzlichen Feststellung der Grundsätze über die Emission von Papiergeld (Art. 4 Nr. 3 der Bundesverfassung)“.

[18] Preuß. Ges.-Sammlung von 1867 S. 1801. Leider wurde über die künftige Einlösung der Oesterreichischen Vereinsthaler keine genügende Vereinbarung getroffen.

Fragen, welche zum Theil die leitenden Gesichtspunkte der späteren Münzreform erkennen lassen, den Regierungen mitgetheilt und veröffentlicht.[19] Der im Juli 1870 ausbrechende Krieg brachte eine Verzögerung dieser Thätigkeit mit sich. Im Oktober 1871 wurde indessen vom Reichskanzler dem Bundesrath ein „Gesetzentwurf, betreffend die Ausprägung von Reichsgoldmünzen" nebst Motiven vorgelegt, welcher nach einigen Aenderungen am 5. November 1871 an den Reichstag gelangte. Die erste Berathung fand in der 19. und 20. Sitzung des Reichstages, am 11. und 13. November 1871, die zweite in der 23. und 24. Sitzung, am 17. und 18. November, die dritte (Schluß-) Berathung, am 21. und 23. November in der 26. und 28. Sitzung statt.[20] Das hieraus hervorgegangene Gesetz, betreffend die Ausprägung von Reichsgoldmünzen, wurde unterm 4. Dezember 1871 publizirt.[21] Dasselbe enthält bereits den entscheidenden Schritt zur Goldwährung, indem es die Ausprägung von Reichsgoldmünzen zu zwanzig und zehn Mark sowie die Einziehung der bisherigen Goldmünzen anordnet, den Reichskanzler zur Einziehung der bisherigen groben Silbermünzen der Bundesstaaten ermächtigt, die fernere Ausprägung von anderen Goldmünzen sowie aller groben Silbermünzen untersagt und

[19] Vgl. Soetbeer, Deutsche Münzverfassung (Erlangen 1874) S. 9.

[20] Sten. Ber. des Reichstags I. Leg.-Per., II. Session 1871 Bd. 1 S. 226 ff., 251 ff., 317 ff., 341 ff., 418 ff., 453 ff.

[21] R.G.Bl. S. 404. Das Gesetz ist durch Ges. v. 15. November 1874 (R.G.Bl. S. 131) auch in Elsaß-Lothringen eingeführt. — Vgl. unten A I, III, S. 1 ff., 32 ff.

den neuen Reichsgoldmünzen, nach dem Werthverhältniß wie 1 zu 15½ von Gold zum Silber, die Eigenschaft gesetzlicher Zahlmittel beilegt. Die Ausprägung der Goldmünzen auf den Münzstätten der Bundesstaaten nach Bestimmung des Bundesraths bezw. des Reichskanzlers übernimmt nach dem Gesetze das Reich selbst.[22] Am 21. Februar 1873 ging dem Bundesrathe, unterm 18. März 1873 dem Reichstage (unter verändertem Titel) der Entwurf des Münzgesetzes nebst Motiven zu, welcher nach stattgehabter Berathung im Reichstage (erste Berathung in der 10. und 11. Sitzung vom 28. und 29. März; zweite Berathung in der 17. 20. und 21. Sitzung vom 22., 25. und 26. April, dritte Berathung in der 28., 29. und 59. Sitzung vom 6. Mai, 8. Mai und 23. Juni 1873) mit zahlreichen Aenderungen zur Annahme[23] gelangte und demnächst als „Münzgesetz vom 9. Juli 1873" publizirt ist.[24] Der Zweck desselben war nach den Motiven[25] „im Anschlusse an das Gesetz vom 4. Dezember 1871 die Ausprägung der nicht in Gold herzustellenden Münzen des Marksystems anzuordnen und die gesammte künftige Münzverfassung Deutschlands auf der Grundlage der Reichsgoldwährung und Markrechnung definitiv zu regeln,

[22] Vgl. Soetbeer a. a. O. S. 1 ff., Quenstedt: Die neuen Deutschen Münzen (Berlin 1872).

[23] Sten. Ber. I. Leg.-Per. IV. Session 1873, Bd. 1, S. 117 ff., 316 ff., 343 ff., 521 ff., 557 ff., Bd. 2 S. 1352 ff.

[24] R.G.Bl. S. 233. Das Gesetz ist auch in Elsaß-Lothringen eingeführt. Vgl. unten A II, III, S. 12 ff., 32 ff. und Soetbeer a. a. O. S. 67 ff.

[25] Aktenstück Nr. 15 in den Sten. Ber. a. a. O. Bd. 3 S. 70 ff. (Anlagen).

auch den Uebergang so zu ordnen, daß das neue Münzsystem so bald als irgend möglich ins Leben treten könne". Im Reichstage kam indessen noch ein Artikel (2) hinzu, wonach außer den Doppelkronen und Kronen auch ein goldenes Fünfmarkstück auszuprägen ist, auf welches in der Hauptsache die von jenen geltenden Bestimmungen entsprechende Anwendung finden. Im Uebrigen ordnet das Gesetz die Ausprägung von Reichs-Scheidemünzen an (nämlich Silbermünzen zu 5, 2, 1 Mark, 50 und 20 Pfennig Nickelmünzen zu 10 und 5 Pfennig, Kupfermünzen zu 2 und 1 Pfennig),[26] deren Charakter als solcher sich in der beschränkten Annahmepflicht im Privatverkehr sowie in der geordneten Umtauschverpflichtung des Reichs ausdrückt. Als gesetzliches Zahlungsmittel wurden außer den Reichsgoldmünzen einstweilen nur noch eine Reihe von Landes-Münzen deutschen Gepräges zugelassen, welche bis auf die Einthalerstücke jetzt sämmtlich kraft der in dem Gesetze wiederholten Vollmacht auf Rechnung des Reichs eingezogen sind, während das Verbot der Ausprägung von anderen als Reichsmünzen verallgemeinert ist. Hinsichtlich der Herstellung der Münzen ist zwar das in dem Gesetze vom 4. Dezember 1871 angenommene System festgehalten. Aber es ist außerdem die Ausprägung von Goldmünzen (Doppelkronen) auf Privatrechnung (gegen Entrichtung einer mäßigen Prägegebühr) zugelassen, welche

[26] Nur in Bayern kann nach Bedürfniß eine Halb-Pfennigmünze (Heller) geprägt werden (Ges. v. 4. Dezbr. 1871 §. 13).

inzwischen eine große Ausdehnung gewonnen hat. Für die dauernde Aufrechterhaltung der Vollwerthigkeit ist durch die Vorschrift gesorgt, daß Goldmünzen, welche in Folge längerer Zirkulation das gesetzlich festgesetzte Passirgewicht eingebüßt haben, und Reichs-Scheidemünzen, welche in gleicher Veranlassung erheblich an Gewicht oder Erkennbarkeit eingebüßt haben, für Rechnung des Reichs eingezogen werden sollen. Ausländische Münzen können durch den Bundesrath nicht nur außer Kurs gesetzt, sondern es kann auch, wie in mehreren Fällen geschehen, ihr Umlauf ganz verboten werden.

Eine Ergänzung des Münzgesetzes ist noch vor Eintritt der Reichswährung durch das Gesetz vom 20. April 1874, betreffend die Abänderung des Art. 15 des Münzgesetzes vom 9. Juli 1873 erfolgt.[27] Durch dasselbe ist die Bestimmung des Münzgesetzes, wonach die nicht speziell in Art. 15 aufgeführten Münzen mit dem Eintritt der Reichswährung die Eigenschaft eines gesetzlichen Zahlungsmittels verlieren, hinsichtlich der in großer Menge in Deutschland umlaufenden, bis zum Ablauf des Jahres 1867 geprägten Oesterreichischen Vereinsthaler außer Anwendung gesetzt und diesen einstweilen ihre bisherige Stellung in unserem Geldsystem gewahrt. Ihre Außerkurssetzung kann also nur noch im Wege der Gesetzgebung herbei-

[27] R.G.Bl. S. 35. Vgl. oben Anm. 18, S. XX u. unten A II, S. 27. Die Entscheidung, wie die fraglichen Münzen schließlich aus dem deutschen Verkehr entfernt werden sollen, blieb offen. Vgl. Sten. Ber. des Reichstages S. 757 ff., Soetbeer a. a. O. 174 ff.

geführt werden. Einen weiteren Schritt that das Gesetz vom 6. Januar 1876, betreffend die Abänderung des Artikel 15 des Münz-Gesetzes vom 9. Juli 1873,[28] wonach der Bundesrath befugt ist, zu bestimmen, daß die Einthalerstücke Deutschen Gepräges sowie die oben erwähnten Oesterreichischen Vereinsthaler bis zu ihrer Außerkurssetzung nur noch an Stelle der Reichssilbermünzen unter Berechnung des Thalers zu 3 Mark in Zahlung anzunehmen sind. Es kann also statt der Außerkurssetzung der Mittelweg einer Degradation der Thaler zur Scheidemünze eingeschlagen werden. Indessen ist die Münzreform bei Ertheilung dieser Vollmacht stehen geblieben. Ein Gebrauch davon ist seither nicht gemacht worden. Vielmehr ist seit Mai 1879 der Verkauf von Silbermünzen für Rechnung des Reichs wegen der fortwährend steigenden Entwerthung des Silbers auf dem Weltmarkte eingestellt. Unsere Währung ist daher einstweilen noch eine hinkende („Étalon boiteux"), da die vorhandenen Thaler neben den Reichsgoldmünzen unbeschränkt gesetzliches Zahlmittel sind.

Nach der neuesten (dreizehnten), dem Reichstage zufolge §. 11 des Gesetzes vom 4. Dezember 1871 zugefertigten Denkschrift über die Ausführung der Münzgesetzgebung[29]

[28] R.G.Bl. S. 3. Unten A II, S. 27—29. Sten. Ber. II. Leg.Per. III. Session 18 75/76 Bd. 1, S. 665 ff., 736 ff., (28. und 30. Sitzung v. 15. und 17. Dezember 1875).
[29] Drucksachen des Reichstags VI. Leg.Per. I. Session 1884/85 Nr. 214.

waren den Münzstätten bis Ende 1884 zur Ausprägung von Reichsgoldmünzen

	946 895	Pfund	Feingold auf	Reichsrechnung,
	433 390	„	„ „	Privatrechnung,
zus.:	1380 286	Pfund	Feingold	

zugegangen. Hiervon sind bis eben dahin hergestellt:

in Doppelkronen	ℳ	1 438 301 380
„ Kronen	„	455 745 300
„ halben Kronen	„	27 969 925
zusammen:	ℳ	1 922 016 605,

darunter auf Privatrechnung ℳ 544 034 900.

Als nicht mehr umlaufsfähig sind an Reichsgoldmünzen eingezogen worden bis Ende 1883:

an Doppelkronen	ℳ	634 960
„ Kronen	„	486 740
„ halben Kronen	„	7 435
zusammen:	ℳ	1 129 135,

welche zum größten Theil der Münze in Berlin zur Umprägung überwiesen und in obigen Zahlen mit enthalten sind.[30]

Die Reichsbank hat bisher an Gold, theils in Münzen, theils in Barren, und zwar zum Theil von Privaten, zum Theil vom Reich erworben:

zusammen für ℳ 684 064 130.

An Reichssilbermünzen waren Ende 1884 nach Umprägung von 8 Millionen Mark Zwanzigpfennigstücken in Ein- und Zweimarkstücke und nach Einziehung bezw.

[30] Wieviel an deutschen Goldmünzen im Auslande umgeprägt sind, entzieht sich der Schätzung.

Umprägung von weiteren ℳ 13 585 der verschiedenen Sorten im Umlauf

in Fünfmarkstücken	ℳ	71 648 645
„ Zweimarkstücken	„	102 510 766
„ Einmarkstücken	„	168 703 254
„ Fünfzigpfennigstücken	„	71 484 620
„ Zwanzigpfennigstücken	„	27 717 041
zusammen:	ℳ	442 064 326

Von den Nickel- und Kupfermünzen im Gesammtbetrage von ℳ 44,756,275 sind bis Ende 1884 als nicht mehr umlaufsfähig eingezogen worden zusammen ℳ $495,_{35}$.

Der Bestand des Reichs an Silberbarren betrug Ende 1883 $188\,936,_{764}$ Pfund fein.

Das Münzgesetz hat in seiner Schlußbestimmung (Art. 18) zugleich die Reform des Banknoten- und Papiergeldwesens weiter vorbereitet. Hinsichtlich des Staatspapiergeldes war vorgeschrieben, daß dasselbe spätestens bis zum 1. Januar 1876 eingezogen und spätestens 6 Monate vor diesem Termine öffentlich aufgerufen werden sollte. Dagegen war die Richtung, welche alles Staatspapiergeld durch die in mancher Beziehung allerdings den Vorzug verdienende Banknote ersetzen wollte, nicht durchgedrungen. Das Gesetz kündigte vielmehr die Ausgabe von Reichspapiergeld nach Maßgabe eines besonderen Gesetzes an, welches auch über die den einzelnen Bundesstaaten zum Zweck der Einziehung ihres Papiergeldes zu gewährenden Erleichterungen die näheren Bestimmungen treffen sollte.

Die hierin enthaltene Zusage zu verwirklichen, war das Gesetz, vom 30. April 1874, betreffend die Ausgabe von Reichskassenscheinen[31] bestimmt. Danach ist die Bestimmung wiederholt, daß kein Bundesstaat anders, als auf Grund eines Reichsgesetzes, Papiergeld ausgeben oder dessen Ausgabe gestatten darf (§. 8). An Stelle des bisherigen Staatspapiergeldes ist das Reichspapiergeld (Reichskassenscheine), zu dessen Annahme im Privat-Verkehr Niemand gezwungen ist, zu entsprechend limitirtem Betrage in Abschnitten von 5,20 und 50 Mark emittirt, welches bis auf den unter die Bundesstaaten nach Maßgabe der Bevölkerungsziffer (demselben, nach welchem sie zu den Lasten des Reiches beitragen) vertheilten Normalbetrag von 120 Millionen Mark (übereinstimmend mit dem Reichskriegsschatze)[31a] aus den von den Staaten behufs Einziehung ihres überschießenden Papiergeldes empfangenen, spätestens bis zum 31. Dezember 1890 zurückzuerstattenden Vorschüssen wieder einzuziehen ist. Nach der letzten über die Ausführung des Gesetzes veröffentlichten Uebersicht,[32] welche bis Ende März 1884 reicht, sind von dem Landes-Papiergeld im Gesammtbetrage von 184 298 529 Mark eingezogen und vernichtet: 183 142 814 Mark.

[31] R.G.Bl. S. 40 — unten B 1, S. 54. Die erste Berathung im Reichstage fand in der 24. Sitzung vom 26. März, die zweite in der 26. und 35. Sitzung am 28. März und 18. April, die dritte in der 38. Sitzung vom 22. April 1874 statt. (Sten. Ber. des Reichstags, II. Leg.Per. I. Session 1874, Bd. 1 S. 557 ff.; Bd. 2 S. 923 ff. 1026 ff.)

[31a] Ges. v. 11. November 1871 (R.G.Bl. S. 409), Verordn. v. 22. Januar 1874 (R.G.Bl. S. 9).

[32] Centralblatt 1884 S. 114, 115. Vgl. auch Bericht der Reichs-

Auf die zum Maximalbetrage von 54 889 941,78 Mark nach §. 3 des Gesetzes zu gewährenden Vorschüsse sind auf die Reichshauptkasse angewiesen ℳ 54 120 131,71 und auf die hiernach gewährten Vorschüsse sind ℳ 29 274 560 bereits zurückgezahlt. In Folge dieser Rückzahlungen sind an Reichskassenscheinen eingezogen und vernichtet 29 274 560 Mark. — Inzwischen sind übrigens neue Scheine ausgegeben und die Scheine alter Ausgabe bis auf einen geringen Rest[33] eingezogen, bezüglich dessen das Gesetz vom 21. Juli 1874[34] bestimmt, daß diese Scheine vom 1. Juli 1885 nur noch bei der Königlich Preußischen Kontrole der Staatspapiere eingelöst werden.

Den Schluß der großen Reform machte die Regelung des Banknotenwesens. Die Wirksamkeit des oben erwähnten Gesetzes vom 27. März 1870 war durch das Gesetz vom 16. Juni 1872[35] bis zum 30. Juni 1873, ferner durch Gesetz vom 30. Juni 1873[36] bis zum 31. Dezember 1874, endlich durch Gesetz vom 21. Dezember 1874[37] Art. I bis zum 31. Dezember 1875 verlängert worden. Das letztgedachte Gesetz enthielt aber noch weitere Vorschriften. Schon vorher hatte nämlich der bereits angeführte Art. 18 des Münzgesetzes vom 9. Juli 1873 verordnet, daß bis zum 1. Januar 1876 sämmtliche, nicht auf

schulden-Komm. v. 10. Febr. 1885 — Aktenstück Nr. 213. 6. Leg.-Per. 1. Sess. 1884/85.

[33] Vgl. unten B 1 Anm. 5, S. 55.

[34] R.G.Bl. S. 172. Unten B 2, S. 59.

[35] R.G.Bl. S. 169.

[36] R.G.Bl. S. 159.

[37] R.G.Bl. S. 193.

Reichswährnng lautende Noten der Banken einzuziehen seien, und daß von da ab nur solche Banknoten in Umlauf bleiben oder ausgegeben werden dürfen, welche auf Reichswährung in Beträgen von nicht weniger als 100 Mark lauten, und diese Bestimmung auch auf die von Korporationen ausgegebenen Scheine ausgedehnt. Zur Ausführung und in theilweiser Verbesserung dieser Vorschriften wurde nun in dem Gesetze vom 21. Dezember 1874 eine staffelweise Einziehung der kleinen Notenabschnitte in der Weise angeordnet, daß schon vom 1. Juli 1875 ab Banknoten von 50 Mark und darunter nicht mehr ausgegeben werden sollten. Auch wurden die Banken verpflichtet, dem Reichskanzler bis spätestens den 30. Juni 1875 nachzuweisen, daß sie alle zur rechtzeitigen Einziehung ihrer nicht jener Vorschrift des Art. 18 entsprechenden Banknoten erforderlichen Schritte gethan hätten; überdies haben sie monatlich Nachweisungen über die umlaufenden, die in den Bankkassen befindlichen und die nach erfolgter Einlösung vernichteten Noten zur Veröffentlichung einzureichen[38]. Hiermit war die Vorbereitung des Bankgesetzes abgeschlossen. Bereits im Juli 1874 war indessen der im Reichskanzleramte ausgearbeitete Entwurf eines solchen in die Oeffentlichkeit gelangt, welcher, von der Errichtung einer Reichsbank (Zentral-Notenbank) absehend, zahlreiche Normativ-Bestimmungen über das Banknotenwesen enthielt

[38] Diese letztere Vorschrift besteht noch jetzt. Vgl. unten C I, Anm. 13, S. 66, 67.

und namentlich auch eine Notensteuer von 1 Prozent jährlich für alle ungedeckten Noten und außerdem von 4 Prozent für alle über einen fest bestimmten Betrag ausgegebenen ungedeckten Noten vorsah. Obgleich dieser Entwurf in der Litteratur und anderen öffentlichen Kundgebungen sogleich lebhaften Widerspruch fand, wurde derselbe doch in wesentlich unveränderter Gestalt am 5. November 1874 nebst Motiven dem Reichstage vorgelegt [38a]. Aber schon bei der ersten Berathung in der 11. bis 13. Sitzung vom 16. bis 18. November [39] gab sich das allgemeine Verlangen nach einer Reichsbank in fast überwältigender Weise kund. Die Kommission, welcher der Entwurf überwiesen wurde, vertagte sich daher sofort nach ihrer Konstituirung mit dem Beschlusse, daß sie die Diskussion des Bankgesetzes nicht für wünschenswerth erachte, ehe ein Beschluß über die Einführung einer Reichsbank und deren Modalität gefaßt sei, und nahm ihre Berathungen erst nach Eingang einer entgegenkommenden, von einem entsprechenden Programm begleiteten Rückäußerung der verbündeten Regierungen wieder auf, indem ein Mitglied aus formellen Gründen jenes die Einführung der Reichsbank enthaltende Programm als revidirten Bankgesetz-Entwurf zum Gegenstand eigener Anträge machte. Das Resultat war die Annahme mit einigen Aenderungen. Nach Erstattung eines eingehenden Berichts seitens der

[38a] Aktenstück Nr. 27 — Sten. Ber. a. a. O. Bd. 3 S. 648.

[39] Sten. Ber. des Reichstages, II. Leg.-Per. II. Session 1874 Bd. 1, S. 149 ff., 175 ff., 203 ff.

Kommission[40] berieth das Plenum in der 52. bis 55. Sitzung vom 25. bis 28. Januar 1875 in der zweiten Lesung[41] und nahm am 30. dss. Mts. in der 57. (Schluß-) Sitzung der Session den nur in einzelnen Punkten modifizirten Entwurf mit erheblicher Mehrheit an,[42] welcher darauf als „Bankgesetz vom 14. März 1875" publizirt wurde.[43]

Dasselbe beruht auf einer Vermittelung des Zentralbank-Systems mit der in den bestehenden Verhältnissen wurzelnden Bankenvielheit. Es sollte zunächst auf eine Reihe von Jahren ein von den wesentlichsten Uebelständen befreiter Uebergangszustand geschaffen werden, um sodann auf Grund der inzwischen gemachten Erfahrungen eine einheitliche Regelung herbeizuführen: Neue Noten-Privilegien können nur durch ein Reichsgesetz ertheilt werden (§. 1).

Die Reichsbank, welche als die unter Aufsicht und Leitung des Reichs gestellte Bank den Reichs-Behörden organisch eingefügt ist, trägt alle Züge einer Zentral-Notenbank. Obwohl auf Privat-Kapital gegründet, folgt sie doch lediglich öffentlichen Zielen (s. Bankgesetz §. 12) und hat deshalb im öffentlichem Interesse besondere Rechten und Pflichten.[44] Aus der

[40] Aktenstück Nr. 195, Sten. Ber. a. a. O. Bd. 4 S. 1147 ff. (Anlagen).

[41] Sten. Ber. a. a. O. Bd. 2 S. 1265 ff., 1291 ff., 1329 ff., 1364 ff.

[42] Sten. Ber. a. a. O. S. 1435 ff.

[43] R.G.Bl. S. 177. — Unten C I S. 61 ff. — Näheres über die Geschichte des Bankgesetzes s. bei Soetbeer, Deutsche Bankverfassung S. 5 ff.

[44] Z. B. die Besorgung der Reichskassengeschäfte (§ 22), die Verpflichtung zum Ankauf von Barrengold zu festem Preise (§ 14 — s.

Preußischen Bank kraft der bereits in dem Bankgesetze (§. 61) ertheilten Vollmacht hervorgegangen,[45] hat sie sich sofort über das ganze Gebiet des Reichs, welches sie mit einem Netze von Filialen überzog,[46] verbreitet und sich namentlich durch Fortentwickelung des Giroverkehrs[47] in den Stand gesetzt, ihre gesetzliche Mission zu erfüllen.

Neben der Reichsbank ließ das Gesetz die übrigen Notenbanken (als „Privat-Notenbanken") einstweilen bestehen, knüpfte jedoch die Zulassung des Gebrauchs ihrer Noten zu Zahlungen sowie den Betrieb von Bankgeschäften außerhalb des Gebiets des konzessionirenden Bundesstaats an die Unterwerfung unter gewisse, in der Hauptsache auch für die Reichsbank geltende Beschränkungen sowohl hinsichtlich des Notenrechts, als ihres sonstigen Geschäftsbetriebes und unterstellte sie überdies der Aufsicht des Reichskanzlers. Von den bestehenden 32 Notenbanken verzichteten demnächst 15 auf ihr Notenrecht; 16 unterwarfen sich; nur

unten A, II Anm. 22, S. 24), andererseits eine begrenzte Freiheit von Staatssteuern (§ 21).

[45] Vgl. das Preuß. Gesetz v. 27. März 1875 (Ges.Samml. S. 166) und den Vertrag vom 17./18. Mai 1875 (R.G.Bl. S. 215 — unten C III, S. 179), Statut der Reichsbank v. 21. Mai 1875 (R.G.Bl. S. 203 — unten C II, S. 159).

[46] Noch im Jahre 1875 wurden kraft der in dem Gesetze v. 27. März 1875 § 2 enthaltenen Ermächtigung 7 außerpreußische „Bank-Commanditen" errichtet. Am 1. Januar 1876 folgten 3 neue Hauptstellen und eine größere Zahl von Reichsbankstellen (s. unten C XII, S. 203).

[47] Die Umsätze im Giroverkehr betrugen im Jahre 1876 ℳ 6 711 245 213, im Jahre 1883 ℳ 43 793 609 269, im Jahre 1884 52 637 790 880, die Guthaben im Jahre 1876 durchschnittlich ℳ 70 594 600, im Jahre 1883 ℳ 129 809 000, im Jahre 1884 155 213 000, die Zahl der Girokunden Ende 1876 3245, Ende 1883 6192, Ende 1884 6536.

eine (die Braunschweigische Bank) that weder das eine, noch das andere.[48]) Allen Notenbanken sind gewisse allgemeine Bedingungen vorgeschrieben. (§§. 7 bis 9). Die wichtigste ist die Notensteuer (§§. 9, 10). Um nämlich im Interesse der Goldwährung und aus anderen wirthschaftlichen Gründen einer übermäßigen Vermehrung des ungedeckten Notenumlaufs entgegenzuwirken, hat das Gesetz das System der sogenannten indirekten Kontingentirung der Banknoten angenommen. Einer jeden Bank ist ein Normalbetrag von nicht durch ihren Baarvorrath gedeckten Noten überwiesen, welcher sich bei der Reichsbank durch Akkreszenz des den verzichtenden Banken zugewiesenen Betrages auf 273 875 000 Mark erhöht hat.[49] Für die übrigen Noten haben sie 5 Prozent jährlich an die Reichskasse zu entrichten.

Sodann ist die Ausübung des Notenrechts bei der Reichsbank sowohl, als bei den Notenbanken, welche sich den Beschränkungen des Gesetzes unterworfen haben, an das Erforderniß der sogenannten Dritteldeckung geknüpft (§§. 17, 44 Nr. 3, 50 Nr. 1).[50] Ferner ist die Einlösung der Noten bei diesen Banken durch besondere Vorschriften gesichert (§§. 18, 44 Nr. 4, 50 Nr. 3), und außerdem sind die in Rede stehenden Notenbanken zur wechselseitigen Annahme ihrer Noten verpflichtet (§§ 19, 44 Nr. 5).[51] Ueberdies sind

[48] Vgl. unten C I Anm 108, S. 98.
[49] S. unten C I Anm. 20, S. 69.
[50] S. unten C I Anm. 50, S. 76.
[51] Auch die Wiederausgabe der in Zahlung genommenen Noten, soweit es nicht Noten der Reichsbank sind, ist untersagt.

die Reichsbank und die Notenbanken, welche sich dem Bankgesetz unterworfen haben, auch in ihrem sonstigen Geschäftsbetriebe beschränkt, indem sie nur gesetzlich bestimmte Geschäfte betreiben dürfen (§§. 13, 44 Nr. 1) und einen Reservefonds bis zu einem Viertel des Grundkapitals ansammeln müssen (§§ 24 Nr. 2, 44 Nr. 2).[52]

Als Termin einer fortschreitenden einheitlichen Entwickelung des Notenbankwesens ist in verschiedenen Vorschriften der 1. Januar 1891 in Aussicht genommen, zu welchem sowohl das Privilegium der Reichsbank als die der dem Bankgesetz unterworfenen Privat-Notenbanken gekündigt werden können (§§. 41, 44 Nr. 7).[53]

Rechnet man hierzu noch die im Bankgesetze enthaltenen Bestimmungen über die Stückelung der Banknoten (§. 3) und über die allen Notenbanken obliegende Verpflichtung zur Einlösung derselben und zur Annahme in Zahlung (§. 4),[54] so ist nicht zu verkennen, daß in der Richtung, ein einheitliches Banknotenrecht zu gewinnen, durch das Gesetz erhebliche Fortschritte gemacht worden sind, wie sehr dasselbe auch sonst verbesserungsfähig sein mag. Die wirthschaftlichen Wirkungen des Gesetzes zu schildern, ist hier nicht der Ort. Nur das mag hervorgehoben werden, daß nach dem mit Ende Oktober 1884 abschließenden „Status der Deutschen

[52] Ausnahmen gestattet der Bundesrath. (Vgl. Soetbeer S. 140, 141.)

[53] Eventuell von 10 zu 10 Jahren nach einjähriger Kündigung.

[54] Vgl. auch § 2, wonach für Andere eine Verpflichtung zu Annahme nicht besteht.

Notenbanken"[55] an Banknoten 987 664 000 Mark (davon 787 502 000 Mark Reichsbanknoten), metallisch ungedeckt aber nur 310 379 000 Mark im Umlauf waren, während, wie oben angeführt, Ende 1870 der ungedeckte Notenumlauf ℳ 448 159 000 und Ende 1873 der Gesammt-Notenumlauf ℳ 1 352 548 000 (ungedeckt ℳ 426 808 000) betrug, zu Ende September 1875 aber bereits auf ℳ 1 111 993 000 (ungedeckt ℳ 439 206 000) und Ende Dezember 1875 auf ℳ 1 050 457 000 bezw. ℳ 392 286 000 herabgegangen war.[56] Auch die Thatsache ist bezeichnend, daß die Quote der umlaufenden Reichsbanknoten im Vergleich zu denen der Privat-Notenbanken fortwährend im Wachsen begriffen ist, wodurch sich der Uebergang zum vollen Zentralbanksystem erleichtert.

Der durch die vorstehend in ihrer Entwickelung geschilderten Reform-Gesetze in Deutschland geschaffene Zustand des Geldwesens ist kein idealer, aber doch ein im Ganzen gesunder und so grundverschieden von dem, was vor kaum 3 Dezennien bestand, daß für diese Vergangenheit die Erinnerung und das Verständniß zu schwinden beginnen. Dabei darf nicht vergessen werden, daß einer für den Volkswohlstand bedenklichen Häufung der Umlaufsmittel auch durch die fortschreitende Entwickelung des Checkwesens und der Buchübertragungen (im Giroverkehr) unter Führung der

[55] Centralblatt 1884, S. 300, 301.

[56] Centralblatt 1875, S. 674, 675; 1876 S. 38, 39. Die Baardeckung ist also verhältnißmäßig nicht erheblich gewachsen.

Reichsbank sehr wesentlich vorgebeugt worden ist und fort und fort vorgebeugt wird. Noch in neuester Zeit ist in dieser Richtung durch die Einrichtung von Abrechnungsstellen bei der Reichsbank ein wichtiger Schritt vorwärts gethan. Die mit den Wochen-Uebersichten der Reichsbank veröffentlichten Nachweisungen zeigen, daß der Abrechnungsverkehr, wodurch eine Masse von Geldverbindlichkeiten ohne einen Pfennig Münze, ohne eine Banknote oder ein Stück Papiergeld lediglich vermöge Skontration und schließlicher Uebertragung der Saldi auf Reichsbank-Giro-Conto ausgeglichen wird, in stetigem Wachsen begriffen ist.[57]

So wird der Weg für die Vollendung unseres Münzsystems und für den entscheidenden Schritt, welcher nach 6 Jahren in unserm Banknotenwesen gesetzlich gethan werden kann, mehr und mehr geebnet. Wie sehr auch die Ansichten der Theoretiker und Praktiker über das, was in beiderlei Hinsicht zu erstreben, auseinandergehen, so ist doch darin Alles einig, daß in der erreichten Einheit kein Rückschritt gethan werden darf. Hoffen wir, daß auch über den ferneren Wegen unseres Geldwesens der gute Stern Deutschlands leuchten möge!

Aus der reichen Literatur über das heutige deutsche Geldwesen sind außer den volkswirthschaftlichen

[57] Im Dezember 1883 sind abgerechnet ℳ 887 547 000
„ Juli 1884 „ „ „ 1 007 019 300
„ Dezember 1884 „ „ „ 1 293 043 900
„ Jahre 1884 überhaupt „ 12 130 000 000

Lehr- und Handbüchern von Roscher, Knies, Wirth u. s. w. und den handelsrechtlichen Werken von Goldschmidt, Endemann, Gareis u. A. hervorzuheben:

die Lehrbücher des Deutschen Staatsrechts von Laband: II S. 380 ff., 410 ff., v. Rönne: I § 50, S. 334 ff., II § 72 S. 90 ff., §§ 96—98, S. 248 ff., Zorn: II §§ 28, 29,

ferner G. Meyer: Deutsches Verwaltungsrecht I §§ 142—153, 156, S. 437 ff., 474 ff.

Dr. Adolf Soetbeer: Deutsche Münzverfassung (Erlangen 1874, Verlag von Palm u. Enke) und der darin S. 136 ff. befindliche „Literaturnachweis in Bezug auf die Deutsche Münzreform".

Derselbe: Deutsche Bankverfassung (Erlangen 1874, Verlag von Palm u. Enke) [nebst Nachtrag (Erlangen 1881, das.)] und der darin S. 191 ff. befindliche „Literaturnachweis in Bezug auf das Bankwesen in Deutschland".

Ad. Wagner sub voce „Reichsbank" in v. Holtzendorff, Rechtslexikon 3. Ausg. Bd. 3 (Leipig, Duncker u. Humblot, 1881) S. 345 ff. (freilich hier und da ungenau) und die am Schlusse dieses Artikels verzeichnete Literatur.

E. Nasse: Geld- und Münzwesen in Schönberg, Handbuch d. polit. Oekonomie I S. 237 ff.

A. Wagner: Kredit- u. Bankwesen das. S. 285 ff.

Auch erlaube ich mir, auf meine Artikel über „Banknoten", „Check", „Feingehalt", „Geld", „Giro-Verkehr",

„Münzwesen", „Riscontro" in v. Holtzendorff, Rechtslexikon Bd. 1 bis 3, sowie auf meine Abhandlungen bezw. Vorträge:

„Geld und Geldwerthzeichen" in W. Endemann's Handbuch des Deutschen Handels-, See- und Wechselrechts, Bd. 2 S. 113 ff. (Leipzig, Fues' Verlag 1882)

Ueber Giroverkehr und den Gebrauch von Checks als Zahlungsmittel (Berlin, Carl Heymann's Verlag 1878),

Ueber Bedürfniß und Inhalt eines Checkgesetzes für das Deutsche Reich (Berlin, Carl Heymann's Verlag 1883),

Abrechnungsstellen in Deutschland und deren Vorgänger (Stuttgart, Ferd. Enke 1883)

und

„Empfiehlt sich die gesetzgeberische Regelung des Checkverkehrs?" in den Verhandlungen des 17. Deutschen Juristentages Bd. 1 S. 1 ff.

zu verweisen, worin die Umlaufsmittel und deren Supplemente ausführlicher behandelt sind.

A. Münzgesetzgebung.

I.

Gesetz, betreffend die Ausprägung von Reichsgoldmünzen. Vom 4. Dezember 1871. (R.G.Bl. S. 404. Ausgegeben am 7. Dezember 1871.)[1]

Wir Wilhelm, von Gottes Gnaden Deutscher Kaiser, König von Preußen &c. verordnen im Namen des Deutschen Reichs, nach erfolgter Zustimmung des Bundesrathes und des Reichstages, wie folgt:

§. 1. Es wird eine Reichsgoldmünze ausgeprägt, von welcher aus Einem Pfunde feinen Goldes $139\frac{1}{2}$ Stück ausgebracht werden.[2]

[1] Mit diesem Gesetze begann die nach Art. 4 Nr. 3 der Reichsverfassung der Beaufsichtigung seitens des Reichs und der Gesetzgebung desselben unterliegende Ordnung des Münzsystems. Das Gesetz enthält bereits, indem es die neuen Goldmünzen zu gesetzlichen Zahlungsmitteln erklärt (§ 8) und die Einstellung der Ausprägung von groben Silbermünzen anordnet (§ 10), den Uebergang zu der freilich erst in dem Münzgesetze v. 9. Juli 1873 Art. 1 (unten II) förmlich proklamirten Goldwährung mit der Mark als Rechnungseinheit (§ 2). Die weitere Ausführung erfolgte hauptsächlich durch das soeben erwähnte Münzgesetz v. 9. Juli 1873.

Beide Gesetze sind mit gewissen Maßgaben auf Elsaß-Lothringen ausgedehnt durch das Gesetz v. 15. November 1874 (s. unten III).

[2] Der hiernach in Verbindung mit § 2 bestimmte Werth des Goldes in den Reichsgoldmünzen verhält sich zu dem Werth des Silbers in den Thalermünzen wie 1 zu $15\frac{1}{2}$. Da nämlich aus dem Pfund feinen Silbers 30 Thaler = 90 Mark (§ 2) ausgebracht werden (vgl. Wiener Münzvertrag v. 24. Januar 1857 Art. 2 — Preuß. Ges.-Samml.

§. 2. Der zehnte Theil dieser Goldmünze wird Mark genannt und in hundert Pfennige eingetheilt.[3]

§. 3. Außer der Reichsgoldmünze zu 10 Mark (§. 1.) sollen ferner ausgeprägt werden:

Reichsgoldmünzen zu 20 Mark, von welchen aus Einem Pfunde feinen Goldes 69³/₄ Stück ausgebracht werden.[4]

§. 4. Das Mischungsverhältniß der Reichsgoldmünzen wird auf 900 Tausendtheile Gold und 100 Tausendtheile Kupfer festgestellt.

Es werden demnach

125,55 Zehn-Mark-Stücke,

62,775 Zwanzig-Mark-Stücke

je Ein Pfund wiegen.[5]

S. 312), so liefert das Pfund Gold 90 × 15½ = 1395 Mark = 139½ Zehnmarkstücke 69¾ Zwanzigmarkstücke. Vgl. § 8 Anm. 17.

Ueber die Benennung des Zehn- und des Zwanzigmarkstücks ist Folgendes bestimmt:

Allerhöchster Erlaß, betreffend die einheitliche Benennung der Reichsgoldmünzen. Vom 17. Februar 1875. (R.G.Bl. S. 72. Ausgegeben am 22. Februar 1875.)

Auf Ihren Bericht vom 16. Februar d. J. bestimme Ich hierdurch, daß die Reichsbehörden für das Zehnmarkstück die Benennung „Krone“, für das Zwanzigmarkstück die Benennung „Doppelkrone“ anwenden. Dieser Erlaß ist durch das Reichs-Gesetzblatt zu veröffentlichen.

Berlin, den 17. Februar 1875.

Wilhelm.

Fürst v. Bismarck.

An den Reichskanzler.

[3] Die Mark ist die Rechnungseinheit der Reichsgoldwährung (vgl. Münzges. Art. 1). Die Stückelung beruht auf dem Dezimalsystem.

[4] Vgl. § 1. Eine dritte Reichsgoldmünze ist das Fünfmarkstück (Münzges. Art. 2).

[5] Die Legirung (Beschickung) von ¹/₁₀ Kupfer (vgl. auch Münzges. Art. 3 § 1 Abs. 2) entspricht dem Dezimalsystem. Das Zwanzigmarkstück wiegt danach 7,9649542 Gr. Brutto (Münzgold), während es

§. 5. Die Reichsgoldmünzen tragen auf der einen Seite den Reichsadler mit der Inschrift „Deutsches Reich" und mit der Angabe des Werthes in Mark, sowie mit der Jahreszahl der Ausprägung, auf der anderen Seite das Bildniß des Landesherrn, beziehungsweise das Hoheitszeichen der freien Städte mit einer entsprechenden Umschrift und dem Münzzeichen.[6] Durchmesser der Münzen, Beschaffenheit und Inschrift der Ränder derselben werden vom Bundesrathe festgestellt.[7]

7,16845878 Gr. Feingold enthält. In Betreff des Münzgewichts vgl. unten § 12 und VII.

Wegen zulässiger Abweichungen vom Normalgewicht und Feingehalt vgl. §§ 7, 9.

Die Vorschrift des § 4 findet auf das goldene Fünfmarkstück entsprechende Anwendung (Münzges. Art. 2).

[6] „auf der einen Seite" — sog. Reversseite,
„auf der anderen Seite" — sog. Aversseite.

Die Bezeichnung mit den Bildnissen der Landesherren bezw. den Hoheitszeichen der freien Städte hat ebensowenig staatsrechtliche Bedeutung als das „Münzzeichen".

Ueber das letztere bestimmt der Bundesrathsbeschluß v. 7. Dezember 1871 (Hirth, Annalen 1872 Sp. 795):

> „1) Das Münzzeichen, welches auf der Reversseite der Reichsgoldmünzen anzubringen ist, besteht in einem Buchstaben, und die Wahl der Buchstaben richtet sich nach der Reihenfolge (Art. 6 der Reichsverfassung) der Staaten, welchen die betreffenden Münzstätten angehören (Berlin A u. s. w.). Die Anbringung irgend welcher anderer Zeichen ist nicht zulässig."

Münzstätten giebt es noch sechs: zu Berlin, Hamburg, Dresden, München, Stuttgart und Karlsruhe.

§ 5 findet auf das goldene Fünfmarkstück entsprechende Anwendung (Münzges. Art. 2).

Ueber Form und Gepräge der preußischen Reichsgoldmünzen vgl. Bekanntm. des preuß. Staats-Ministeriums v. 5. Februar 1874 A (Reichsanzeiger v. 9. Februar 1874 Nr. 34).

[7] Diese Bestimmungen enthält der Bundesrathsbeschluß v. 7. Dezember 1871 (Hirth, Ann. 1872 Sp. 795) dahin:

§. 6. Bis zum Erlaß eines Gesetzes über die Einziehung der groben Silbermünzen[8] erfolgt die Ausprägung der Goldmünzen auf Kosten des Reichs für sämmtliche Bundesstaaten auf den Münzstätten derjenigen Bundesstaaten, welche sich dazu bereit erklärt haben.

Der Reichskanzler bestimmt unter Zustimmung des Bundesrathes die in Gold auszumünzenden Beträge,

„2) Der Durchmesser der Reichsgoldmünzen soll betragen, und zwar:
für das Zehnmarkstück 19 1/2 Millimeter,
„ „ Zwanzig „ 22 1/2 „

„3) Die Reichsgoldmünzen sind im Ringe mit einem glatten Rande zu prägen, welcher bei den Zwanzigmarkstücken die vertiefte Inschrift „Gott mit uns" nebst einer zwischen je zwei Worten der Inschrift stehenden vertieften Arabeske führt und bei den Zehnmarkstücken eine vertiefte bandartige Verzierung trägt.

„Der erhabene Rand (flaches Stäbchen mit Perlenkreis) soll auf Avers und Revers völlig gleich sein.

„4) Zur Sicherung der möglichsten Gleichförmigkeit des Gepräges der aus den verschiedenen Münzstätten hervorgehenden Reichsgoldmünzen sind die Urmatrize für die Reversseite, die Urmatrize (das Rad) für die Randschrift bezw. Randverzierung, und die Urmatrizen einer Normalzahlenreihe sowohl für die Zwanzig- als Zehnmarkstücke in der Münzstätte zu Berlin anzufertigen und mittelst dieser Urmatrize hergestellte Matrizen allen übrigen mit der Ausmünzung von Reichsgoldmünzen betrauten Münzstätten zuzustellen."

Nach dem Bundesrathsbeschlusse v. 6. Juli 1873 ist vom Beginn des Jahres 1874 ab das Gepräge der Reversseite der Doppelkronen und Kronen mit dem vorgeschriebenen der goldenen Fünfmarkstücke (s. Münzges. Art. 2 Anm. 4) — selbstverständlich unter entsprechender Abänderung der Werthbezeichnung — in Uebereinstimmung gebracht.

[8] Die Vorschrift hatte hiernach eine nur vorübergehende Bestimmung. Vgl. aber Münzges. Art. 12 Abs. 1. Eine wichtige Ergänzung des § 6 enthält der das Recht der Privatausprägung einführende Art. 12 des Münzgesetzes.

Wegen der Einziehung der groben Silbermünzen vgl. unten § 11 Abs. 2 und Münzges. Art. 8.

die Vertheilung dieser Beträge auf die einzelnen Münzgattungen und auf die einzelnen Münzstätten und die den letzteren für die Prägung jeder einzelnen Münzgattung gleichmäßig zu gewährende Vergütung. Er versieht die Münzstätten mit dem Golde, welches für die ihnen überwiesenen Ausprägungen erforderlich ist.[9]

§. 7. Das Verfahren bei Ausprägung der Reichsgoldmünzen wird vom Bundesrathe festgestellt und unterliegt der Beaufsichtigung von Seiten des Reichs. Dieses Verfahren soll die vollständige Genauigkeit der

[9] Zur Ausführung dieser Vorschrift enthält der Bundesrathsbeschluß v. 7. Dezember 1871 folgende Bestimmungen (s. Hirth, Ann. 1872 Sp. 816):

„5) Die auszumünzende Goldmenge wird vorerst auf 100 000 Pfund fein festgesetzt und nach Maßgabe der von den hohen Regierungen an das Reichskanzleramt gelangten Erklärungen auf die einzelnen Münzstätten vertheilt.

„Die Ausprägung vorstehender Goldmengen hat zu $^{9}/_{10}$ in Zwanzigmarkstücken und zu $^{1}/_{10}$ in Zehnmarkstücken und die Ablieferung bezw. Verrechnung der ausgeprägten Stücke nach Maßgabe des Fortganges der Prägung zu erfolgen.

„6) Für die sämmtlichen Kosten der Prägung werden seitens der Reichskasse den Münzstätten für je ein Pfund in Zehnmarkstücken ausgemünztes Feingold oder für $139^{1}/_{2}$ Zehnmarkstücke 6 Mark und für je ein Pfund in Zwanzigmarkstücken ausgemünztes Feingold oder für $69^{3}/_{4}$ Zwanzigmarkstücke 4 Mark vergütet."

Später sind weitere Goldmengen zur Ausprägung überwiesen, wie die dem Reichstage seitens der Reichsregierung zugestellten „Denkschriften" (vgl. Anm. 26 S. 11) und die seit dem Jahre 1873 wöchentlich im Centralbl. veröffentlichten Uebersichten ergeben. Nach der dritten „Denkschrift" ist das Verhältniß der Ausprägung zwischen Doppelkronen und Kronen auf $^{4}/_{5}$ und $^{1}/_{5}$ erhöht (Hirth, Ann. 1874 S. 875). Die Prägegebühr ist nach der 4. Denkschrift für Doppelkronen auf 2,75 ℳ, für Kronen auf 4,75 ℳ, für halbe Kronen auf 6,75 ℳ herabgesetzt (Hirth, Ann. 1876 S. 181), aber nach der 6. Denkschrift wiederum auf 6 ℳ für Kronen, bezw. 8 ℳ für halbe Kronen erhöht (Hirth, Ann. 1879 S. 907).

Münzen nach Gehalt und Gewicht sicherstellen.[10] Soweit eine absolute Genauigkeit bei dem einzelnen Stücke

[10] Zur Ausführung dieser Vorschrift bestimmt der **Bundesrathsbeschluß** v. 7. Dezember 1871 (Hirth, Ann. 1872 Sp. 858):

„7) Bei der Bestimmung des Feingehaltes des Goldes soll das nach Art. 19 bezw. Separat-Artikel 10 Ziffer 2 des Wiener Münzvertrags vorgeschriebene, damals vereinbarte Probeverfahren angewendet werden.

„8) Die Prüfung des Feingehaltes der zur Vermünzung legirten Schmelzmassen mittelst Tiegel- oder Schöpfprobe muß durch zwei einander kontrolirende Beamte, somit von jedem Beamten selbstständig unter eigener Verantwortung vorgenommen werden; ebenso müssen zur Feststellung des Durchschnittsgehaltes aller ausgemünzten Stücke auch die sämmtlichen nach dem Beizen ausgeschiedenen ungeprägten Platten oder geprägten Stücke (Cessalien, Fehlplatten) nach den Münzsorten gesammelt, von Zeit zu Zeit eingeschmolzen und mittelst Schöpf- oder Tiegelprobe ebenfalls von zwei Beamten auf ihren Feingehalt untersucht werden.

„9) Sämmtliche bei dem ersten Justiren im Gewichte als richtig befundenen Münzplatten sollen, um das Justirpersonal zu kontroliren, einer nochmaligen genauen Nachwiegung unterzogen werden.

„10) Von jeder Ablieferung geprägter Münzen hat der übernehmende Kassenbeamte drei Stück ohne Auswahl herauszunehmen und davon je ein Stück den beiden kontrolirenden Beamten zur Prüfung des Gewichtes und Gehaltes zu übergeben, das dritte Stück aber für den Fall einer weiteren Kontrole zurückzulegen. Die während des Jahres zurückgelegten Stücke sollen noch ein halbes Jahr nach Abschluß des Rechnungsjahres aufbewahrt werden.

„11) Ueber alle vorgenommenen Gehaltsprüfungen und Stückproben sind von den betreffenden Beamten und unter deren Verantwortlichkeit Register oder Journale zu führen.

„12) Um stets eine Uebersicht über das ausgebrachte Gewicht der Münzen im Ganzen zu erhalten, sind die einzelnen Ablieferungen an die Kasse mit ihrem Bruttogewicht und der bei der Auszählung sich ergebenden Stückzahl bezw. Werthsumme in besonderem Verzeichnisse einzutragen und dabei die Abweichungen vom gesetzlichen Gewichte in Mehr oder Weniger anzugeben.

„13) Jede Münzstätte hat alljährlich über die bei ihr erfolgten Goldausprägungen an das Reichskanzleramt

nicht innegehalten werden kann, soll die Abweichung[11] in Mehr oder Weniger im Gewicht nicht mehr als zwei und ein halb Tausendtheile seines Gewichts, im Feingehalt nicht mehr als zwei Tausentheile betragen.[12]

einen amtlichen Nachweis zu liefern, in welchem außer dem Gewichte und der Stückzahl der ausgeprägten Münzen, nach den einzelnen Sorten ausgeschieden, auch die Berechnung des gesetzlichen Gewichtes und die Abweichung von letzterem, sowie der bei den vorgenommenen Gehaltsprüfungen ermittelte Durchschnittsgehalt aufzunehmen sind.

„Dieser Nachweis hat sich auch auf das Ergebniß der mit Münzen anderer Münzstätten angestellten Prüfungen zu erstrecken.

„14) Die Beaufsichtigung von Seiten des Reiches (§ 7 des Ges.) erfolgt durch Commissare, welche der Reichskanzler ernennt. Dieselben haben durch örtliche Revision in den einzelnen Münzstätten sich über die Ausführung der vorstehenden Vorschriften, sowie über das gesammte Verfahren bei der Ausprägung der Goldmünzen Kenntniß zu verschaffen. Sie sind befugt, von allen zum Zwecke der Ausmünzung und zur Prüfung von Gewicht und Feingehalt der Münzen geführten Registern und Journalen Einsicht zu nehmen und den Feingehalt und das Gewicht der zur Zeit der Revision im Betriebe befindlichen Goldbestände und der neugeprägten Reichsgoldmünzen selbst zu prüfen.

„Die Münzbeamten sind gehalten, den Reichskommissaren hierbei in jeder Hinsicht Vorschub zu leisten."

Der Bundesrathsbeschluß v. 29. Mai 1875 (Hirth, Ann. 1876 S. 181) bestimmt, die Nr. 7 des vorgedachten Beschlusses abändernd:

„Bei der Bestimmung des Feingehalts des Goldes soll überall das nach Art. 19 bezw. Separat Art. 10 Ziff. 2 des Wiener Münzvertrages vorgeschriebene, damals vereinbarte Probirverfahren mit der Maßgabe angewendet werden, daß in Abänderung des § 1 der Beilage I zu dem bez. Separat-Art. 10 den kleinsten Gewichtstheil bei der Goldbestimmung ein Fünftausend-Theil der Probirgewichtseinheit bildet."

[11] Die sogen. „Toleranz" oder das „Remedium".
Das Normalgewicht siehe in § 4.
Den gesetzlichen Feingehalt siehe in den §§ 1 und 3.

[12] Die Vorschrift des § 7 gilt auch für das goldene Fünfmarkstück (Münzges. Art. 2), jedoch unter Erweiterung der Toleranz im Gewicht.

§. 8. Alle Zahlungen, welche gesetzlich in Silbermünzen der Thalerwährung,[13] der süddeutschen Währung,[14] der lübischen oder hamburgischen Kurantwährung[15] oder in Thalern Gold bremer Rechnung[16] zu leisten sind, oder geleistet werden dürfen, können in Reichsgoldmünzen (§§. 1. und 3.) dergestalt geleistet werden, daß gerechnet wird:

das Zehn-Mark-Stück zum Werthe von $3\frac{1}{3}$ Thalern oder 5 Fl. 50 Kr. süddeutscher Währung, 8 Mark $5\frac{1}{3}$ Schilling lübischer und hamburgischer Kurant-Währung, $3\frac{1}{93}$ Thaler Gold bremer Rechnung;

das Zwanzig-Mark-Stück zum Werthe von $6\frac{2}{3}$ Thalern oder 11 Fl. 40 Kr. süddeutscher Währung, 16 Mark $10\frac{2}{3}$ Schilling lübischer und

[13] D. h. die Silbermünzen des Dreißigthalerfußes und des Vierzehnthalerfußes (vgl. Wiener Münzvertrag Art. 3, 4). Die Eintheilung des Thalers war eine dreifach verschiedene. Wegen anderer grober Silbermünzen vgl. Münzges. Art. 16.

[14] D. h. des $52\frac{1}{2}$ bezw. 45 Gulden-Fußes (vgl. Wiener Münzvertrag a. a. O.).

[15] Die Mark Kurant, eingetheilt in 16 Schillinge zu 12 Pfennigen. Ein Antrag, auch die hamburgische Bankwährung (Mark Banko) zu tarifiren, ist vom Reichstage abgelehnt. Dieselbe ist durch das hamburgische Ges. v. 11. November 1872 beseitigt.

[16] Der Thaler Gold Bremer Rechnung (zu 72 Grote, zu 5 Schwaren) ist nicht geprägt; sein Werth ist dahin bestimmt, daß 420 Thaler auf ein Zollpfund feinen Goldes gehen. Dagegen waren durch Verord. v. 19. September 1857 die deutsche Goldkrone und durch Verord. v. 26. Juli 1870 auch fremde Goldmünzen als Zahlmittel zugelassen. Durch Ges. v. 30. April 1872 hat Bremen seine bisherige Währung abgeschafft und im Anschluß an die Staaten der Thalerwährung zuerst in Deutschland die Markrechnung eingeführt.

hamburgischer Kurant-Währung, $6\frac{2}{93}$ Thaler Gold bremer Rechnung.[17]

§. 9. Reichsgoldmünzen, deren Gewicht um nicht mehr als fünf Tausendtheile hinter dem Normalgewicht (§. 4.) zurückbleibt (Passirgewicht),[18] und welche nicht durch gewaltsame oder gesetzwidrige Beschädigung am Gewicht verringert sind,[19] sollen bei allen Zahlungen als vollwichtig gelten.

Reichsgoldmünzen, welche das vorgedachte Passir-

[17] Vgl. oben Anm. 1. Durch diese Vorschrift wird, wie die Motive des Gesetzentwurfs bemerken, „während der Uebergangsperiode eine Doppelwährung hergestellt“ (richtiger eine sog. hinkende Währung). Die positive Konvertirungs-Norm entspricht dem Werthverhältniß von 1 zu $15\frac{1}{2}$ (vgl. Anm. 2).

Wegen Elsaß-Lothringen vgl. Ges. v. 15. November 1874 § 4 (unten III).

Die weitere Ausführung des § 8 enthalten Art. 14 bis 17 des Münzges. v. 9. Juli 1873.

Die Bestimmungen des § 8 gelten auch für das goldene Fünfmarkstück (Münzges. Art. 2).

[18] Das „Passirgewicht“ für den Privatverkehr ist etwas höher gegriffen als die in § 7 bestimmte Toleranz für die Münzstätten. Es beträgt für die Doppelkrone $7{,}9251$, für die Krone $3{,}9626$ Gramm. Für das Fünfmarkstück ist es noch höher (s. Münzges. Art. 2). Für Reichs-Scheidemünzen besteht kein Passirgewicht (s. Münzges. Art. 10).

[19] Den Gegensatz s. in Abs. 3.

Der Bundesrath hat in der Sitzung v. 13. Dez. 1877 beschlossen,

> „daß gewaltsam beschädigte, aber vollwichtig gebliebene echte Reichsmünzen von den Reichs- und Landeskassen anzuhalten, durch Zerschlagen oder Einschneiden für den Umlauf unbrauchbar zu machen und alsdann dem Einzahler zurückzugeben sind.
>
> „Dieser Beschluß soll keine Anwendung finden:
>
> 1. auf Münzen, deren schadhafte Beschaffenheit von Mängeln bei der Ausprägung herrührt;
> 2. auf Münzen, deren Beschädigung so geringfügig ist, daß hierdurch ihre Umlaufsfähigkeit nicht beeinträchtigt wird.“

(Centralbl. 1878 S. 29.)

Im Uebrigen vgl. die Bekanntmachung des Reichskanzlers v. 9. Mai 1876 (unten V) unter II und hinsichtlich der Falschstücke dieselbe unter I.

gewicht nicht erreichen und an Zahlungsstatt von den Reichs-, Staats-, Provinzial- oder Kommunalkassen, sowie von Geld- und Kreditanstalten und Banken angenommen worden sind, dürfen von den gedachten Kassen und Anstalten nicht wieder ausgegeben werden.[20]

Die Reichsgoldmünzen werden, wenn dieselben in Folge längerer Cirkulation und Abnutzung am Gewicht so viel eingebüßt haben, daß sie das Passirgewicht nicht mehr erreichen, für Rechnung des Reichs[21] zum Einschmelzen eingezogen. Auch werden dergleichen abgenutzte Goldmünzen bei allen Kassen des Reichs und der Bundesstaaten stets voll zu demjenigen Werthe, zur welchem sie ausgegeben sind, angenommen werden.[22]

§. 10. Eine Ausprägung von anderen, als den durch dieses Gesetz eingeführten Goldmünzen, sowie von groben Silbermünzen, mit Ausnahme von Denkmünzen, findet bis auf Weiteres nicht statt.[23]

§. 11. Die zur Zeit umlaufenden Goldmünzen der deutschen Bundesstaaten sind von Reichs wegen und auf Kosten des Reichs nach Maßgabe der Ausprägung der neuen Goldmünzen (§. 6.) einzuziehen.[24]

[20] Eine Strafbestimmung ist nicht gegeben.

[21] Nicht des ausgebenden Staats, wie der Entwurf wollte. Wegen der Ausführung vgl. die in Anm. 19 angeführte Bekanntmachung unter III.

[22] Die Vorschriften des § 9 sind entsprechend — mit einer Modifikation (vgl. Anm. 18) — auf das goldene Fünfmarkstück anzuwenden.

Wegen anderer Münzen vgl. Münzges. Art. 10.

[23] Der Entwurf wollte nur die Prägung von Thalern (vgl. Wiener Münzvertrag Art. 11 Abs. 2) einstellen. Vgl. oben Anm. 1. Silberne Denkmünzen (z. B. Siegesthaler) dürfen ebenfalls seit dem 31. Dezember 1873 nicht mehr geprägt werden (Münzges. Art. 11).

[24] Vgl. Münzges. Art. 8 und die Bekanntm. v. 6. Dezember

Der Reichskanzler wird ermächtigt, in gleicher Weise die Einziehung der bisherigen groben Silbermünzen der deutschen Bundesstaaten anzuordnen und die zu diesem Behufe erforderlichen Mittel aus den bereitesten Beständen der Reichskasse zu entnehmen.[25]

Ueber die Ausführung der vorstehenden Bestimmungen ist dem Reichstage alljährlich in seiner ersten ordentlichen Session Rechenschaft zu geben.[26]

§. 12. Es sollen Gewichtsstücke zur Eichung und Stempelung zugelassen werden, welche das Normalgewicht und das Passirgewicht[27] der nach Maßgabe dieses Gesetzes auszumünzenden Goldmünzen, sowie eines Vielfachen derselben angeben. Für die Eichung und Stempelung dieser Gewichtsstücke sind die Bestimmungen

1873 (R.G.Bl. S. 375). Dazu sind von den einzelnen Bundesstaaten Ausführungsverordnungen erlassen (für Preußen vgl. Reichsanzeiger Nr. 68 v. 20. März 1874). Die Einziehung ist längst beendet. Uebersichten der eingelösten Landesgoldmünzen enthält das Centralbl. 1874 S. 228, 262, 326, 1875 S. 282.

[25] Die weitere Ausführung enthält das Münzges. in den Art. 4, 6, 8. Nachrichten über die Einziehung von Landessilbermünzen siehe im Centralbl. 1874 S. 367, 424, 442, 1875 bis Ende November monatlich, 1876 bis Ende Oktober monatlich, 1877 bis Ende November monatlich, 1878 desgleichen, 1879 bis Mai desgleichen; siehe auch die Uebersicht der bis Ende Dezember 1877 eingezogenen Landessilbermünzen das. 1878 S. 31 f., bis Ende Dezember 1878 das. 1879 S. 54, bis Ende Mai 1879 das. S. 408.

[26] Dies ist geschehen in besonderen „Denkschriften“; siehe für 1872 in Hirth, Ann. 1872 Sp. 858, für 1873 in Hirth, Ann. 1874 Sp. 618, für 1874 das. Sp. 875, für 1875 das. 1876 Sp. 180, für 1876 das. 1877 Sp. 353, für 1877 u. 1878 das. 1879 S. 923, für 1879 das. 1880 S. 508, für 1880 das. 1882 S. 134. Die folgenden 3 Denkschriften v. 26. November 1881 (Nr. 10; Drucksachen des Reichstags Nr. 20), 8. Januar 1883 (Nr. 11; Drucks. d. Reichstags Nr. 114) u. v. 18. März 1884 (Nr. 12; Drucks. d. Reichstags Nr. 39) sind in Hirth's Ann. bisher nicht veröffentlicht.

[27] Vgl. oben §§ 4 u. 9.

der Artikel 10. und 18. der Maaß- und Gewichtsordnung vom 17. August 1868. (Bundesgesetzbl. S. 473.) maßgebend.[28]

§. 13. Im Gebiet des Königreichs Bayern kann im Bedürfnißfall eine Untertheilung des Pfennigs in zwei Halb-Pfennige stattfinden.[29]

Urkundlich unter Unserer Höchsteigenhändigen Unterschrift und beigedrucktem Kaiserlichen Insiegel.

Gegeben Berlin, den 4. Dezember 1871.

(L. S.) **Wilhelm.**

Fürst v. Bismarck.

[28] Auf Grund des § 12 hat die Normal-Eichungs-Kommission unter dem 31. Januar 1872 Vorschriften über die Eichung und Stempelung der Goldmünzgewichte erlassen, welche unterm 27. Januar 1877 ergänzt sind (s. unten VII).

[29] Vgl. Münzges. Art. 6 Nr. 1, Art. 15 Nr. 5 u. Art. 3 Nr. 3.

II.

Münzgesetz. Vom 9. Juli 1873. (Reichsgesetzbl. S. 233. Ausgegeben am 15. Juli 1873.)[1]

Wir Wilhelm, von Gottes Gnaden Deutscher Kaiser, König von Preußen rc. verordnen im Namen des Deutschen Reichs, nach erfolgter Zustimmung des Bundesrathes und des Reichstages, was folgt:

Art. 1. An die Stelle der in Deutschland geltenden Landeswährungen tritt die Reichsgoldwährung.

[1] Das Münzgesetz bringt die mit dem Gesetze v. 4. Dezember 1871 (I) begonnene Münzreform in der Hauptsache zum gesetzlichen Abschluß. Wegen der Einführung in Elsaß-Lothringen s. unten III.

Ihre Rechnungseinheit bildet die Mark, wie solche durch §. 2 des Gesetzes vom 4. Dezember 1871, betreffend die Ausprägung von Reichsgoldmünzen (Reichs-Gesetzbl. S. 404), festgestellt worden ist.

Der Zeitpunkt, an welchem die Reichswährung im gesammten Reichsgebiete in Kraft treten soll, wird durch eine mit Zustimmung des Bundesrathes zu erlassende, mindestens drei Monate vor dem Eintritt dieses Zeitpunktes zu verkündende Verordnung des Kaisers bestimmt.[2] Die Landesregierungen sind ermächtigt, auch vor diesem Zeitpunkte für ihr Gebiet die Reichsmarkrechnung im Verordnungswege einzuführen.[3]

Art. 2. Außer den in dem Gesetze vom 4. Dezember 1871 bezeichneten Reichsgoldmünzen sollen ferner ausgeprägt werden Reichsgoldmünzen zu fünf Mark, von welchen aus einem Pfunde feinen Goldes 279

[2] Dies ist geschehen durch die Verordnung, betreffend die Einführung der Reichswährung. Vom 22. September 1875. (R.G.Bl. S. 303. Ausgegeben am 25. September 1875.)

Wir Wilhelm, von Gottes Gnaden Deutscher Kaiser, König von Preußen rc.
verordnen im Namen des Deutschen Reichs, auf Grund des Artikels 1 des Münzgesetzes vom 9. Juli 1873 (Reichs-Gesetzbl. S. 233), mit Zustimmung des Bundesraths, was folgt.

Einziger Artikel.

Die Reichswährung tritt im gesammten Reichsgebiete am 1. Januar 1876 in Kraft.

Urkundlich unter Unserer Höchsteigenhändigen Unterschrift und beigedrucktem Kaiserlichen Insiegel.

Gegeben Rostock, den 22. September 1875.

(L. S.) **Wilhelm.**

Fürst v. Bismarck.

[3] Hiervon haben alle Regierungen mit Ausnahme von Bayern und Elsaß-Lothringen Gebrauch gemacht.

Stück ausgebracht werden. Die Bestimmungen der §§. 4, 5, 7, 8 und 9 jenes Gesetzes finden auf diese Münzen entsprechende Anwendung, jedoch mit der Maßgabe, daß bei denselben die Abweichung in Mehr oder Weniger im Gewicht (§. 7) vier Tausendtheile, und der Unterschied zwischen dem Normalgewicht und dem Passirgewicht (§. 9) acht Tausendtheile betragen darf.[4]

Art. 3. Außer den Reichsgoldmünzen sollen als Reichsmünzen[5] und zwar

1) als Silbermünzen:

Fünfmarkstücke,

Zweimarkstücke,

[4] Vgl. oben I Anm. 11, 18 und die übrigen Anm. zu den angeführten Paragraphen. Zur Ausführung des Art. 2 bestimmt der Bundesrathsbeschluß v. 8. Juli 1873 (Hirth, Annalen 1874 S. 879):

„1. Der Durchmesser der Reichsgoldmünzen zu fünf Mark soll 17 Millimeter betragen.

„2. Dieselben sind im Ringe mit ganz glattem Rande zu prägen. Innerhalb des aus einem flachen Stäbchen mit Perlenkreis bestehenden erhabenen Randes tragen sie auf der Reversseite über dem Reichsadler die Umschrift „Deutsches Reich" nebst der Jahreszahl und unter dem Reichsadler die Umschrift „5 Mark".

„3. Für die sämmtlichen Kosten der Prägung der Reichsgoldmünzen zu fünf Mark werden seitens der Reichskasse den einzelnen Münzstätten für je ein Pfund in Fünfmarkstücken ausgemünztes Feingold oder für je 279 Fünfmarkstücke 8 Mark vergütet.

„4. Die Bestimmungen in Ziffer 7, 8, 9, 10, 11, 12 und 13 des Bundesrathsbeschlusses vom 7. Dezember 1871 — s. oben in Anm. 10 zu I (S. 6) — finden auch auf die Reichsgoldmünzen zu fünf Mark Anwendung."

Die Vergütung unter Nr. 3 ist durch Bundesrathsbeschluß v. 29. Mai 1875 (Hirth, Annalen 1876 S. 181) auf 6,75 Mark herabgesetzt.

[5] Alle nachstehend unter 1—3 aufgeführten Münzen haben den Charakter der Scheidemünze (vgl. Art. 9).

Einmarkstücke,
Fünfzigpfennigstücke und
Zwanzigpfennigstücke;

2) als Nickelmünzen:
Zehnpfennigstücke und
Fünfpfennigstücke;

3) als Kupfermünzen:
Zweipfennigstücke und
Einpfennigstücke

nach Maßgabe folgender Bestimmungen ausgeprägt werden.

§. 1.[6] Bei Ausprägung der Silbermünzen wird das Pfund feinen Silbers in
20 Fünfmarkstücke,

[6] Hierzu bestimmt der Bundesrathsbeschluß v. 8. Juli 1873 (Hirth, Annalen 1874 Sp. 574):

„5. Bei Prüfung des Feingehaltes der Reichssilbermünzen soll überall die Probe auf nassem Wege angewendet werden.

„6. Alle zur Vermünzung legirten Schmelzmassen müssen mittelst Tiegel- und Schöpfproben durch einen Beamten auf ihren Feingehalt geprüft werden. Ebenso müssen zur Feststellung des Durchschnittsgehaltes aller ausgemünzten Stücke auch die sämmtlichen nach dem Beizen ausgeschiedenen ungeprägten Platten oder geprägten Stücke (Cessalien, Fehlplatten) nach den Münzsorten gesammelt, von Zeit zu Zeit eingeschmolzen und mittelst Schöpf- und Tiegelproben von zwei Beamten auf ihren Feingehalt geprüft werden.

„7. Die Bestimmungen unter Ziffer 11, 12 und 13 des Bundesrathsbeschlusses vom 7. Dezember 1871 — (s. oben in Anm. 10 zu I) — finden auf die Reichssilbermünzen Anwendung."

Die Unterwerthigkeit der Reichssilbermünzen gegenüber den Thalermünzen beträgt 10 (die Ueberwerthigkeit der Thalermünzen also $11^1/_9$ Prozent (bei dem Werthverhältniß $15^1/_2 : 1$ — vgl. oben I Anm. 2). Dementsprechend ist auch die Toleranz bei ersteren weit größer als bei den Reichsgoldmünzen (vgl. das. Anm. 11, 12). — Der Münzfuß schließt sich dem Dezimalsystem an.

50 Zweimarkstücke,
100 Einmarkstücke,
200 Fünfzigpfennigstücke und in
500 Zwanzigpfennigstücke
ausgebracht.

Das Mischungsverhältniß beträgt 900 Theile Silber und 100 Theile Kupfer, so daß 90 Mark in Silbermünzen 1 Pfund wiegen.

Das Verfahren bei Ausprägung dieser Münzen wird vom Bundesrath festgestellt. Bei den einzelnen Stücken darf die Abweichung im Mehr oder Weniger im Feingehalt nicht mehr als drei Tausendtheile, im Gewicht, mit Ausnahme der Zwanzigpfennigstücke, nicht mehr als zehn Tausendtheile betragen. In der Masse aber müssen das Normalgewicht und der Normalgehalt bei allen Silbermünzen innegehalten werden.

§. 2.[7] Die Silbermünzen über eine Mark tragen auf

[7] Zu den §§ 2 und 3 bestimmt der Bundesrathsbeschluß v. 8. Juli 1873 (Hirth, Ann. 1874 Sp. 574):

„8. Der Durchmesser der Silbermünzen soll betragen und zwar

für das Fünfmarkstück	38	Millimeter
„ „ Zweimarkstück	28	„
„ „ Einmarkstück	24	„
„ „ Fünfzigpfennigstück	20	„
„ „ Zwanzigpfennigstück	16	„

„9. Die Fünfmarkstücke sind im Ringe mit einem glatten Rande zu prägen, welcher die vertiefte Inschrift: „Gott mit Uns" nebst einer zwischen je zwei Worten der Inschrift stehenden vertieften Arabeske führt. Dieselbe tragen innerhalb des aus einem flachen Stäbchen mit Perlenkreis bestehenden erhabenen Randes auf der Reversseite über dem Reichsadler die Umschrift: „Deutsches Reich" nebst der Jahreszahl und unter dem Reichsadler die Umschrift: „Fünf Mark".

„10. Die Zwei- und Einmarkstücke, sowie die Fünfder einen Seite den Reichsadler mit der Inschrift „Deutsches Reich“ und mit der Angabe des Werthes

zig- und Zwanzigpfennigstücke sind im gerippten Ringe zu prägen und erhalten gleich den Reichsgoldmünzen und silbernen Fünfmarkstücken auf Avers- und Reversseite einen erhabenen aus einem flachen Stäbchen mit Perlenkreis bestehenden Rand. Innerhalb desselben tragen die Zweimarkstücke auf der Reversseite über dem Reichsadler die Umschrift „Deutsches Reich“ nebst der Jahreszahl und unter dem Reichsadler die Umschrift „Zwei Mark“.

„Die Einmarkstücke tragen auf der Reversseite die Inschrift „Deutsches Reich“, „1 Mark“ und die Jahreszahl und als Verzierung einen Kranz.

„Die Fünfzig- und Zwanzigpfennigstücke tragen auf der Reversseite oben die Umschrift „Deutsches Reich“ nebst der Jahreszahl, in der Mitte in arabischen Ziffern die Zahl „50“ bzw. „20“ und unten die Umschrift „Pfennig“.

„11. Die Nickelmünzen sollen aus einer Legirung von 75 Theilen Kupfer und 25 Theilen Nickel geprägt und es soll das Pfund dieser Legierung zu

125 Zehnpfennigstücken bzw.
200 Fünfpfennigstücken

ausgebracht werden.

„12. Der Durchmesser dieser Münzen soll betragen und zwar

für das Zehnpfennigstück 21 Millimeter
„ „ Fünfpfennigstück 18 „

„13. Die Prägung der Nickelmünzen erfolgt mit ganz glattem Rand. Das Gepräge der Reversseite ist das gleiche, wie bei den Fünfzig- und Zwanzigpfennigstücken, an Stelle des Perlenkreises tritt jedoch eine Schnureinfassung und die Ziffern „50“ und „20“ werden durch die Ziffern „10“ bzw. „5“ ersetzt.

„14. Die Kupfermünzen sollen aus einer Legirung von 95 Theilen Kupfer, 4 Theilen Zinn und 1 Theil Zink geprägt. und es soll das Pfund dieser Legirung ausgebracht werden in:

150 Zweipfennigstücken, bzw.
250 Einpfennigstücken.

„15. Der Durchmesser dieser Münzen soll betragen und zwar

für das Zweipfennigstück 20 Millimeter
„ „ Einpfennigstück $17\frac{1}{2}$ „

„16. Die Prägung der Kupfermünzen erfolgt mit

in Mark, sowie mit der Jahreszahl der **Ausprägung**, auf der anderen Seite das **Bildniß des Landesherrn** beziehungsweise das **Hoheitszeichen** der freien **Städte** mit einer entsprechenden Umschrift und dem **Münz**zeichen. Durchmesser der Münzen, Beschaffenheit und Verzierung der Ränder derselben werden vom **Bundes**rathe festgestellt.

§. 3. Die übrigen Silbermünzen, die Nickel- und Kupfermünzen tragen auf der einen Seite die Werthangabe, die Jahreszahl und die Inschrift „Deutsches Reich", auf der andern Seite den Reichsadler und das Münzzeichen.[8] Die näheren Bestimmungen über Zusammensetzung, Gewicht und Durchmesser dieser Münzen, sowie über die Verzierung der Schriftseite und die Beschaffenheit der Ränder werden vom Bundesrathe festgestellt.

§. 4. Die Silber-, Nickel- und Kupfermünzen werden

ganz glattem Rand. Die Reversseite derselben gleicht jener der Funfzig- und Zwanzigpfennigstücke, jedoch mit dem Unterschiede, daß an Stelle des Perlenkreises eine Fadeneinfassung tritt und daß die Ziffern „50" und „20" durch „2" bzw. „1" ersetzt werden.

„17. Bei denjenigen Münzen, welche das Münzzeichen nach Artikel 3 §. 3 des Münzgesetzes auf gleicher Seite mit dem Reichsadler tragen, wird das Münzzeichen zweimal und zwar unter dem Reichsadler zu beiden Seiten des Schwanzes angebracht."

Eine etwas veränderte Prägung der Fünfzigpfennigstücke (mit einem Kranz auf beiden Seiten) bestimmt der Bundesrathsbeschluß v. 9. Mai 1877 (Hirth, Ann. 1879 S. 906).

Wegen des Münzzeichens s. oben I Anm. 6, S. 3.

[8] Hier fehlen die Bildnisse der Landesherren und die Hoheitszeichen der freien Städte. Vgl. oben I Anm. 6, S. 3.

[9] Zu § 4 bestimmt in Abänderung des Bundesrathsbeschlusses v. 8. Juli 1873 (Hirth, Ann. 1874 Sp. 576) der Bundesrathsbeschluß v. 29. Mai 1875 (das. 1876 S. 181):

auf den Münzstätten derjenigen Bundesstaaten, welche sich dazu bereit erklären, ausgeprägt. Die Ausprägung und Ausgabe dieser Münzen unterliegt der Beaufsichtigung von Seiten des Reichs. Der Reichskanzler bestimmt unter Zustimmung des Bundesrathes die auszuprägenden Beträge, die Vertheilung dieser Beträge auf die einzelnen Münzgattungen und auf die einzelnen Münzstätten und die den letzteren für die Prägung jeder einzelnen Münzgattung gleichmäßig zu gewährende Vergütung. Die Beschaffung der Münzmetalle für die Münzstätten erfolgt auf Anordnung des Reichskanzlers.

Art. 4. Der Gesammtbetrag der Reichssilbermünzen soll bis auf Weiteres zehn Mark für den Kopf der Bevölkerung des Reichs[10] nicht übersteigen.

„Für die sämmtlichen Kosten der Prägung werden den Münzstätten aus der Reichskasse vergütet:

für	die	Fünfmarkstücke in Silber	3/4	Prozent
„	„	Zweimarkstücke	1 1/2	„
„	„	Einmarkstücke	1 3/4	„
„	„	Fünfzigpfennigstücke	2 1/2	„
„	„	Zwanzigpfennigstücke	4	„
„	„	Zehnpfennigstücke	3	„
„	„	Fünfpfennigstücke	6	„
„	„	Zweipfennigstücke	15	„
„	„	Einpfennigstücke	30	„

des ausgeprägten Nominalwerthes.

„Für die Ausprägung der Nickel- und Kupfermünzen wird den Münzstätten das Metall in Form von Münzplättchen geliefert."

Wöchentliche Uebersichten der beschlossenen Ausprägungen enthält das Centralblatt. Vgl. auch die „Denkschriften" oben I Anm. 26, S. 11.

Ueber Form und Gepräge der in Art. 3 behandelten Reichsmünzen in Preußen vgl. die Bekanntmachung des Staatsministeriums v. 8. Februar 1874 A II—IV (Reichsanzeiger v. 9. Februar 1874 Nr. 34).

[10] Nach der Zählung vom Jahre 1880 also M. 452 340 610.

Bei jeder Ausgabe dieser Münzen ist eine dem Werthe nach gleiche Menge der umlaufenden groben Landessilbermünzen und zwar zunächst der nicht dem Dreißigthalerfuße angehörenden einzuziehen. Der Werth wird nach der Vorschrift im Art. 14 §. 2 berechnet.[11]

Art. 5. Der Gesammtbetrag der Nickel- und Kupfermünzen soll zwei und eine halbe Mark für den Kopf der Bevölkerung des Reichs nicht übersteigen.

Art. 6. Von den Landesscheidemünzen sind:

1) die auf andere als Thalerwährung lautenden, mit Ausschluß der bayerischen Heller und der mecklenburgischen nach dem Marksysteme ausgeprägten Fünf-, Zwei- und Einpfennigstücke,
2) die auf der Zwölftheilung des Groschens beruhenden Scheidemünzen zu 2 und 4 Pfennigen,
3) die Scheidemünzen der Thalerwährung, welche auf einer anderen Eintheilung des Thalers, als der in 30 Groschen beruhen, mit Ausnahme der Stücke im Werthe von $^1/_{12}$ Thaler,

bis zu dem Zeitpunkte des Eintritts der Reichswährung (Art. 1) einzuziehen.[12]

Nach diesem Zeitpunkte ist Niemand verpflichtet, diese Scheidemünzen in Zahlung zu nehmen, als die mit der Einlösung derselben beauftragten Kassen.[13]

[11] Vgl. Art. 8. Uebersichten der eingezogenen Landes-Silbermünzen enthält das Centralblatt (z. B. 1874 S. 367, 424, 442 u. s. w.).
[12] Uebersichten siehe im Centralblatt.
[13] Hier enthält also das Gesetz unmittelbar die Außerkurssetzung.

Art. 7. Die Ausprägung der Silber-, Nickel- und Kupfermünzen (Art. 3), sowie die vom Reichskanzler anzuordnende Einziehung der Landessilbermünzen[14] und Landesscheidemünzen erfolgt auf Rechnung des Reichs.

Art. 8. Die Anordnung der Außerkurssetzung[15] von Landesmünzen und Feststellung der für dieselbe erforderlichen Vorschriften erfolgt durch den Bundesrath.

Die Bekanntmachungen über Außerkurssetzung von Landesmünzen sind außer in den zu der Veröffentlichung von Landesverordnungen bestimmten Blättern auch durch das Reichs-Gesetzblatt zu veröffentlichen.[16]

Eine Außerkurssetzung darf erst eintreten, wenn eine Einlösungsfrist von mindestens vier Wochen fest-

[14] Durch Beschluß des Bundesrathes v. 8. Juli 1873 ist anerkannt, daß unter den auf Rechnung des Reiches einzuziehenden Landes-Silbermünzen (Artikel 7 des Münzgesetzes) auch die Kronenthaler österreichischen oder brabanter Gepräges inbegriffen sind (s. Hirth, Ann. 1874 Sp. 880). Anders die österreichischen Vereinsthaler (vgl. Anm. 28 Litt. a zu Art. 15, S. 37).

Eine Einziehung von Münzen der Frankenwährung auf Rechnung des Reichs findet nach § 2 des Gesetzes wegen Einführung der Reichs-Münzgesetze in Elsaß-Lothringen v. 15. November 1874 (unten III) nicht statt.

[15] D. h. die Beseitigung der Eigenschaft als gesetzliches Zahlungsmittel. Vgl. Anm. 13, Strafgesetzbuch § 146 („verrufenem Gelde"). Verschieden davon ist das Umlaufsverbot (Art. 13 Nr. 1).

[16] Vgl. die Bekanntm. v. 6. Dezember 1873 (R.G.Bl. S. 375; Goldmünzen), v. 7. März 1874 (R.G.Bl. S. 21), v. 2. Juli 1874 (R.G.Bl. S. 111), v. 19. Dezember 1874 (R.G.Bl. S. 149), v. 7. Juni 1875 (R.G.Bl. S. 247), v. 21. September 1875 (R.G.Bl. S. 304, 307), v. 17. Oktober 1875 (R.G.Bl. S. 311), v. 10. Dezember 1875 (R.G.Bl. S. 315), v. 12. April 1876 (R.G.Bl. S. 162), v. 2. November 1876 (R.G.Bl. S. 221), v. 22. Februar 1878 (R.G.Bl. S. 3).

Allmählich sind alle Landesmünzen bis auf die Einthalerstücke deutschen Gepräges außer Kurs gesetzt.

Wegen einer auf diese und die österreichischen Vereinsthaler bezüglichen Zulassung einer Außerkurssetzung minderen Grades vgl. Anm. 28 Litt. b.

gesetzt und mindestens drei Monate vor ihrem Ablaufe durch die vorbezeichneten Blätter bekannt gemacht worden ist.[17]

Art. 9. Niemand ist verpflichtet, Reichssilbermünzen im Betrage von mehr als zwanzig Mark und Nickel- und Kupfermünzen im Betrage von mehr als einer Mark in Zahlung zu nehmen.[18]

Von den Reichs- und Landeskassen werden Reichssilbermünzen in jedem Betrage in Zahlung genommen. Der Bundesrath wird diejenigen Kassen bezeichnen, welche Reichsgoldmünzen gegen Einzahlung von Reichssilbermünzen in Beträgen von mindestens 200 Mark oder von Nickel- und Kupfermünzen in Beträgen von mindestens 50 Mark auf Verlangen verabfolgen. Derselbe wird zugleich die näheren Bedingungen des Umtausches festsetzen.[19]

Art. 10.[20] Die Verpflichtung zur Annahme und zum Umtausch (Art. 9) findet auf durchlöcherte und anders, als durch den gewöhnlichen Umlauf im Gewicht verringerte, ingleichen auf verfälschte Münzstücke keine Anwendung.

[17] Dieser Absatz bleibt nach § 3 des Gesetzes wegen Einführung der Reichs-Münzgesetze in Elsaß-Lothringen v. 15. November 1874 (unten III) in Betreff der Münzen der Frankenwährung außer Anwendung.

[18] Dies ist die Konsequenz der Goldwährung (vgl. oben Art. 1 und Art. 3 Anm. 5, 6).

[19] Die bezüglichen Bestimmungen enthält die Bekanntmachung des Reichskanzlers, betreffend die Umwechselung von Reichs-Goldmünzen gegen Reichs-Silber-, Nickel- und Kupfermünzen, vom 19. Dezember 1875 (unten IV).

[20] Hierzu ist erlassen die Bekanntmachung des Reichskanzlers vom 9. Mai 1876 (unten V).

Reichs-Silber-, Nickel- und Kupfermünzen, welche in Folge längerer Cirkulation und Abnutzung an Gewicht oder Erkennbarkeit erheblich eingebüßt haben, werden zwar noch in allen Reichs- und Landeskassen angenommen, sind aber auf Rechnung des Reichs einzuziehen.

Art. 11. Eine Ausprägung von anderen, als den durch dieses Gesetz eingeführten Silber-, Nickel- und Kupfermünzen findet nicht ferner statt. Die durch die Bestimmung im §. 10 des Gesetzes, betreffend die Ausprägung von Reichsgoldmünzen, vom 4. Dezember 1871 (Reichs-Gesetzbl. S. 404), vorbehaltene Befugniß, Silbermünzen als Denkmünzen auszuprägen, erlischt mit dem 31. Dezember 1873.

Art. 12.[31] Die Ausprägung von Reichsgoldmünzen geschieht auch ferner nach Maßgabe der Bestimmung im §. 6 des Gesetzes, betreffend die Ausprägung von Reichsgoldmünzen, vom 4. Dezember 1871 (Reichs-Gesetzbl. S. 404), auf Rechnung des Reichs.

Privatpersonen haben das Recht, auf denjenigen

Wegen der gewaltsam beschädigten, aber vollwichtig gebliebenen echten Reichsmünzen vgl. d. Bundesrathsbeschluß oben I Anm. 19, S. 9.

Hinsichtlich der Reichs-Goldmünzen enthalten die entsprechenden Bestimmungen das Ges. v. 4. Dezember 1871 § 9 (oben I) und das Münzges. Art. 2.

[31] Dieser Artikel enthält den wichtigen Grundsatz der Ausprägung von Reichs-Goldmünzen (nicht Scheidemünzen, vgl. Art. 7) auf Privatrechnung neben der fortgesetzten Ausprägung auf Rechnung des Reichs. Wegen der Ausführung vgl. die Bekanntmachung des Reichskanzlers, betreffend die Ausprägung von Reichsgoldmünzen auf den deutschen Münzstätten für Rechnung von Privatpersonen, vom 8. Juni 1875 (unten VI).

Münzstätten, welche sich zur Ausprägung auf Reichsrechnung bereit erklärt haben, Zwanzigmarkstücke für ihre Rechnung ausprägen zu lassen, soweit diese Münzstätten nicht für das Reich beschäftigt sind.[22]

Die für solche Ausprägungen zu erhebende Gebühr wird vom Reichskanzler mit Zustimmung des Bundesrathes festgestellt, darf aber das Maximum von 7 Mark auf das Pfund fein Gold nicht übersteigen.

Die Differenz zwischen dieser Gebühr und der Vergütung, welche die Münzstätte für die Ausprägung in Anspruch nimmt, fließt in die Reichskasse.[23] Diese Differenz muß für alle deutschen Münzstätten dieselbe sein.

Die Münzstätten dürfen für die Ausprägung keine höhere Vergütung in Anspruch nehmen, als die Reichskasse für die Ausprägung von Zwanzigmarkstücken gewährt.[24]

Art. 13.[25] Der Bundesrath ist befugt:

[22] Die Vermittelung dabei fällt hauptsächlich der Reichsbank zu, welche nach § 14 des Bankges. v. 14. März 1875 (unten C I) verpflichtet ist, Barrengold zum festen Satze von 1392 Mark für das Pfund fein gegen ihre Noten umzutauschen. Zuzüglich der Prägegebühr von drei Mark entspricht dies der Werthbestimmung von M. 1395 für das Pfund fein Gold (vgl. oben I Anm. 2, S. 1).

Uebersichten der für Privatrechnung einschließlich der für die Reichsbank ausgeführten Prägungen enthalten die dem Reichstage vorgelegten „Denkschriften" (vgl. oben I Anm. 26, S. 11, auch Hirth, Annalen von 1872 ab) und das Centralblatt.

[23] Die Münzstätte erhebt für sich nur die Selbstkosten. In der Differenz soll (nach den Motiven) eine Entschädigung liegen für die Verpflichtung des Reichs zur Einziehung abgenutzter Goldmünzen (Ges. v. 4. Dezember 1871 § 9 oben I).

[24] Also jetzt M. 2,75 (vgl. Ges. v. 4 Dezember 1871 § 6 und Anm. 9 dazu, S. 5). Die Differenz, welche in die Reichskasse fließt (Abs. 4), beträgt danach M. 0,25 (vgl. Anm. 21, 22).

[25] Vgl. die Bekanntm. v. 6. Dezember 1873 (R.G.Bl. S. 375),

1) den Werth zu bestimmen, über welchen hinaus fremde Gold- und Silbermünzen nicht in Zahlung angeboten und gegeben werden dürfen, sowie den Umlauf fremder Münzen gänzlich zu untersagen;

2) zu bestimmen, ob ausländische Münzen von Reichs- oder Landeskassen zu einem öffentlich bekannt zu machenden Kurse im inländischen Verkehr in Zahlung genommen werden dürfen, auch in solchem Falle den Kurs festzusetzen.

Gewohnheitsmäßige oder gewerbsmäßige Zuwiderhandlungen gegen die vom Bundesrathe in Gemäßheit der Bestimmungen unter 1 getroffenen Anordnungen werden bestraft mit Geldstrafe bis zu 150 Mark oder mit Haft bis zu sechs Wochen.

Art. 14. Von dem Eintritt der Reichswährung an [26] gelten folgende Vorschriften:

§. 1. Alle Zahlungen, welche bis dahin in Münzen einer inländischen Währung oder in landesgesetzlich den inländischen Münzen gleichgestellten ausländischen Mün-

v. 22. Januar 1874 (R.G.Bl. S. 12), v. 7. März 1874 (R.G.Bl. S. 21), v. 16. Oktober 1874 (R.G.Bl. S. 126), v. 19. Dezember 1874 (R.G.Bl. S. 149), v. 19. Dezember 1874 (R.G.Bl. S. 152), v. 26. Februar 1875 (R.G.Bl. S. 134). Der Umlauf ist danach untersagt (Verbot, in Zahlung zu geben und zu nehmen) für: 1. österreichische und ungarische Ein- und Zweiguldenstücke; 2. niederländische Ein- und Zweieinhalbguldenstücke; 3. die finnischen Silbermünzen; 4. die Münzen des Konventionsfußes österreichischen Gepräges; 5. die in der Bekanntm. v. 19. Dezember 1874 (R.G.Bl. S. 152) unter 2 bezeichneten Münzen dänischen Gepräges; 6. die polnischen eindrittel und einsechstel Talerstücke.

[26] Vgl. Anm. 2, S. 13.

zen zu leisten waren, sind vorbehaltlich der Vorschriften Art. 9, 15 und 16 in Reichsmünzen zu leisten.

§ 2.[27] Die Umrechnung solcher Goldmünzen, für welche ein bestimmtes Verhältniß zu Silbermünzen gesetzlich nicht feststeht, erfolgt nach Maßgabe des Verhältnisses des gesetzlichen Feingehalts derjenigen Münzen, auf welche die Zahlungsverpflichtung lautet, zu dem gesetzlichen Feingehalte der Reichsgoldmünzen.

Bei der Umrechnung anderer Münzen werden

der Thaler zum Werthe von 3 Mark,

der Gulden süddeutscher Währung zum Werthe von $1\frac{5}{7}$ Mark,

die Mark lübischer oder hamburgischer Kurantwährung zum Werthe von $1\frac{1}{5}$ Mark,

die übrigen Münzen derselben Währungen zu entsprechenden Werthen nach ihrem Verhältniß zu den genannten berechnet.

Bei der Umrechnung werden Bruchtheile von Pfennigen der Reichswährung zu einem Pfennig berechnet, wenn sie einen halben Pfennig oder mehr betragen, Bruchtheile unter einem halben Pfennig werden nicht gerechnet.

§. 3. Werden Zahlungsverpflichtungen nach Eintritt der Reichswährung unter Zugrundelegung vormaliger inländischer Geld- oder Rechnungswährungen begründet, so ist die Zahlung vorbehaltlich der Vorschriften Art. 9, 15 und 16 in Reichsmünzen unter Anwendung der Vorschriften des §. 2 zu leisten.

[27] Vgl. Ges. v. 4. Dezember 1871 § 8 — oben I, S. 8.

§. 4. In allen gerichtlich oder notariell aufgenommenen Urkunden, welche auf einen Geldbetrag lauten, desgleichen in allen zu einem Geldbetrag verurtheilenden gerichtlichen Entscheidungen ist dieser Geldbetrag, wenn für denselben ein bestimmtes Verhältniß zur Reichswährung gesetzlich feststeht, in Reichswährung auszudrücken; woneben jedoch dessen gleichzeitige Bezeichnung nach derjährigen Währung, in welcher ursprünglich die Verbindlichkeit begründet war, gestattet bleibt.

Art. 15.[28] An Stelle der Reichsmünzen sind bei

[28] Art. 15 ist ergänzt durch folgende Gesetze:

a. Gesetz, betreffend die Abänderung des Artikel 15 des Münzgesetzes vom 9. Juli 1873. Vom 20. April 1874. (R.G.Bl. S. 35. Ausgegeben am 30. April 1874.)

Wir Wilhelm, von Gottes Gnaden Deutscher Kaiser, König von Preußen 2c.
verordnen im Namen des Deutschen Reichs, nach erfolgter Zustimmung des Bundesraths und des Reichstags, was folgt:

Einziger Artikel.

Die Bestimmung im Artikel 15, Ziffer 1 des Münzgesetzes vom 9. Juli 1873 (Reichs-Gesetzbl. S. 233) findet auch auf die in Oesterreich bis zum Schlusse des Jahres 1867 geprägten Vereinsthaler und Vereinsdoppelthaler Anwendung.

Urkundlich unter Unserer Höchsteigenhändigen Unterschrift und beigedrucktem Kaiserlichen Insiegel.

Gegeben Berlin, den 20. April 1874.

(L. S.) Wilhelm.

Fürst v. Bismarck.

Wegen der Beschränkung auf die bis Ende 1867 geprägten Münzen jener Art s. Vertrag v. 13. Juni 1867 (Preuß. Ges.-Samml. 1867 S. 1801).

b. Gesetz, betreffend die Abänderung des Artikel 15 des Münzgesetzes vom 9. Juli 1873. Vom 6. Januar 1876. (R.G.Bl. S. 3. Ausgegeben am 18. Januar 1876.)

Wir Wilhelm, von Gottes Gnaden Deutscher Kaiser, König von Preußen 2c.
verordnen im Namen des Deutschen Reichs, nach erfolgter Zustimmung des Bundesraths und des Reichstags, was folgt:

allen Zahlungen bis zur Außerkurssetzung anzunehmen:

1) im gesammten Bundesgebiete an Stelle aller Reichsmünzen die Ein- und Zweithalerstücke deutschen Gepräges unter Berechnung des Thalers zu 3 Mark;
2) im gesammten Bundesgebiete an Stelle der Reichssilbermünzen, Silberkurantmünzen deutschen Gepräges zu $^1/_3$ und $^1/_6$ Thaler unter Berechnung des $^1/_3$ Thalerstücks zu einer Mark und des $^1/_6$ Thalerstücks zu einer halben Mark;
3) in denjenigen Ländern, in welchen gegenwärtig die Thalerwährung gilt, an Stelle der Reichs-, Nickel- und Kupfermünzen die nachbezeichneten Münzen der Thalerwährung zu den daneben bezeichneten Werthen:

$^1/_{12}$ Thalerstücke	zum	Werthe	von	25	Pfennig,
$^1/_{15}$	=	=	=	20	=
$^1/_{30}$	=	=	=	10	=
$^1/_2$ Groschenstücke	=	=	=	5	=

Der Artikel 15 des Münzgesetzes vom 9. Juli 1873 (Reichs-Gesetzbl. S. 233) erhält folgenden Zusatz:

(Folgt die dem Artikel 15 in gesperrter Schrift hinzugefügte Bestimmung.)

Urkundlich unter Unserer Höchsteigenhändigen Unterschrift und beigedruckten Kaiserlichen Insiegel.

Gegeben Berlin, den 6. Januar 1876.

(L. S.) **Wilhelm.**

Fürst v. Bismarck.

Alle anderen unter Art. 15 fallenden Münzen sind bereits außer Kurs gesetzt (vgl. Art. 8 und Anm. 16, S. 21).

Einen Zusatz für Elsaß-Lothringen enthält das Gesetz wegen Einführung der Reichs-Münzgesetze in Elsaß-Lothringen v. 15. November 1874 § 5 (unten III).

$^1/_5$ Groschenstücke zum Werthe von 2 Pfennig,
$^1/_{10}$ und $^1/_{12}$ = = = = 1 =

4) in denjenigen Ländern, in welchen die Zwölftheilung des Groschens besteht, an Stelle der Reichs-, Nickel- und Kupfermünzen die auf der Zwölftheilung des Groschens beruhenden Dreipfennigstücke zum Werthe von $2^1/_2$ Pfennig;
5) in Bayern an Stelle der Reichskupfermünzen die Hellerstücke zum Werthe von $^1/_2$ Pfennig;
6) in Mecklenburg an Stelle der Reichskupfermünzen die nach dem Marksystem ausgeprägten Fünfpfennigstücke, Zweipfennigstücke und Einpfennigstücke zum Werthe von 5, 2 und 1 Pfennig.

Die sämmtlichen sub 3 und 4 verzeichneten Münzen sind an allen öffentlichen Kassen des gesammten Bundesgebietes zu den angegebenen Werthen bis zur Außerkurssetzung in Zahlung anzunehmen.

Der Bundesrath ist befugt, zu bestimmen, daß die Einthalerstücke deutschen Gepräges, sowie die in Oesterreich bis zum Schlusse des Jahres 1867 geprägten Vereinsthaler bis zu ihrer Außerkurssetzung nur noch an Stelle der Reichssilbermünzen, unter Berechnung des Thalers zu 3 Mark, in Zahlung anzunehmen sind.

Eine solche Bestimmung ist durch das Reichs-Gesetzblatt zu veröffentlichen und tritt frühestens einen Monat nach ihrer Veröffentlichung in Kraft.

Art. 16. Deutsche Goldkronen, Landesgoldmünzen und landesgesetzlich den inländischen Münzen gleichgestellte ausländische Goldmünzen, sowie grobe Silbermünzen, welche einer anderen Landeswährung als der Thalerwährung angehören, sind bis zur Außerkurssetzung als Zahlung anzunehmen, soweit die Zahlung nach den bisherigen Vorschriften in diesen Münzsorten angenommen werden mußte.[29]

Art. 17. Schon vor Eintritt der Reichsgoldwährung können alle Zahlungen, welche gesetzlich in Münzen einer inländischen Währung oder in ausländischen, den inländischen Münzen landesgesetzlich gleichgestellten Münzen geleistet werden dürfen, ganz oder theilweise in Reichsmünzen, vorbehaltlich der Vorschrift Art. 9, dergestalt geleistet werden, daß die Umrechnung nach den Vorschriften Art. 14 §. 2 erfolgt.[30]

Art. 18. Bis zum 1. Januar 1876 sind sämmtliche nicht auf Reichswährung lautenden Noten der Banken einzuziehen. Von diesem Termine an dürfen nur solche Banknoten, welche auf Reichswährung in Beträgen von nicht weniger als 100 Mark lauten, in Umlauf bleiben oder ausgegeben werden.[31]

[29] Alle diese Münzen sind außer Kurs gesetzt (vgl. Art. 8 und 13, sowie die Bekanntm. v. 6. Dezember 1873 (R.G.Bl. S. 3), v. 7. März 1874 (R.G.Bl. S. 21), v. 19. Dezember 1874 (R.G.Bl. S. 149).

[30] Wegen der Umrechnung von Münzen der Frankenwährung vgl. Ges. v. 15. November 1874 § 4 (unten III).

[31] Durch diese Bestimmung wurde die mit dem Ges. v. 27. März 1870 (B.G.Bl. S. 51) begonnene Reform des Banknotenwesens wesentlich gefördert. Ihr nächstes Stadium beschritt die letztere durch das zur Ausführung des Art. 18 erlassene Ges., betr. die

Dieselben Bestimmungen gelten für die bis jetzt von Korporationen ausgegebenen Scheine.[32]

Das von den einzelnen Bundesstaaten ausgegebene Papiergeld ist spätestens bis zum 1. Januar 1876 einzuziehen und spätestens sechs Monate vor diesem Termine öffentlich aufzurufen. Dagegen wird nach Maßgabe eines zu erlassenden Reichsgesetzes eine Ausgabe von Reichspapiergeld stattfinden. Das Reichsgesetz wird über die Ausgabe und den Umlauf des Reichspapiergeldes, sowie über die den einzelnen Bundesstaaten zum Zweck der Einziehung ihres Papiergeldes zu gewährenden Erleichterungen die näheren Bestimmungen treffen.[33]

Urkundlich unter Unserer Höchsteigenhändigen Unterschrift und beigedrucktem Kaiserlichen Insiegel.

Gegeben Bad Ems, den 9. Juli 1873.

(L. S.) **Wilhelm.**

Fürst v. Bismarck.

Ausgabe von Banknoten, v. 21. Dezember 1874 Art. II (R.G.Bl. S. 193). Vgl. auch Bankgesetz v. 14. März 1875 § 3 (unten C I).

[32] Vgl. Bankgesetz v. 14. März 1875 § 54.

[33] Aus praktischen Rücksichten ist die mit dem Ges. v. 16. Juni 1870 (B.G.Bl. S. 507) begonnene Reform des Papiergeldwesens mit der des Banknotenwesens verbunden. Die Ausführung der vorliegenden Bestimmung enthält das Ges., betr. die Ausgabe von Reichskassenscheinen, v. 30. April 1874 (unten B I).

III.

Gesetz wegen Einführung der Reichs-Münzgesetze in Elsaß-Lothringen. Vom 15. November 1874.

(R.G.Bl. S. 131. Ausgegeben am 19. November 1874. Gesetzbl. für Elsaß-Lothringen S. 39.)

Wir Wilhelm, von Gottes Gnaden Deutscher Kaiser, König von Preußen ꝛc. verordnen im Namen des Deutschen Reichs, nach erfolgter Zustimmung des Bundesraths und des Reichstags, was folgt:

§. 1. Die Wirksamkeit der anliegenden Reichsgesetze, nämlich des Gesetzes, betreffend die Ausprägung von Reichs-Goldmünzen, vom 4. Dezember 1871 (Reichs-Gesetzbl. S. 404)[1] und des Münzgesetzes vom 9. Juli 1873 (Reichs-Gesetzbl. S. 233)[2] wird mit den aus den folgenden Paragraphen sich ergebenden Maßgaben auf Elsaß-Lothringen ausgedehnt.

§. 2. Eine Einziehung von Münzen der Frankenwährung auf Rechnung des Reichs findet nicht statt.

§. 3. Der letzte Satz des Artikels 8 des Münzgesetzes vom 9. Juli 1873, welcher lautet:

> „Eine Außerkurssetzung darf erst eintreten, wenn eine Einlösungsfrist von mindestens vier Wochen festgesetzt und mindestens drei Monate vor ihrem Ablaufe durch die vorbezeichneten Blätter bekannt gemacht worden ist."

[1] oben I.
[2] oben II.

bleibt in Betreff der Münzen der Frankenwährung außer Anwendung.[3]

§. 4. Bei der Umrechnung von Münzen der Frankenwährung (§. 8 des Gesetzes vom 4. Dezember 1871, Artikel 14 §. 2 und Artikel 17 des Münzgesetzes vom 9. Juli 1873) werden der Frank zum Werthe von 0,8 Mark, die übrigen Münzen der Frankenwährung zu entsprechenden Werthen nach ihrem Verhältniß zum Frank berechnet.

§. 5. Dem Artikel 15 des Münzgesetzes vom 9. Juli 1873 tritt folgende Bestimmung hinzu:

An Stelle der Reichsmünzen sind in Elsaß-Lothringen folgende Münzen der Frankenwährung[4] bis zur Außerkurssetzung zu den daneben bezeichneten Werthen bis zu den im Artikel 9 Absatz 1 bestimmten Beträgen in Zahlung zu nehmen:

a) an Stelle der Reichs-Nickel- und Kupfermünzen:

Fünfcentimen-Stücke zum Werthe von	4	Pfenn.
Zehncentimen-Stücke	8	=
Zwanzigcentimen-Stücke	16	=

b) an Stelle der Reichs-Silbermünzen:

Fünfzigcentimen-Stücke zum Werthe von	40	Pfenn.
Einfrank-Stücke	80	=
Zweifranken-Stücke . . 1 Mark	60	=

[3] Vgl. die Bekanntm. v. 21. September 1875, betr. die Außerkurssetzung der Silber- und Bronzemünzen der Frankenwährung (R.G.Bl. S. 307). Wegen der Goldmünzen vgl. § 1 der Bekanntm. v. 6. Dezember 1873, betr. die Außerkurssetzung der Landesgoldmünzen und der landesgesetzlich den inländischen Münzen gleichgestellten ausländischen Goldmünzen (R.G.Bl. S. 375).

[4] Also nicht die durch die Außerkurssetzung (vgl. Anm. 3) ebenfalls betroffenen silbernen Fünffrankenstücke (Kurantmünzen).

Auch die Reichs- und die Landeskassen sind nicht verpflichtet, die vorstehend bezeichneten Münzen der Frankenwährung in höheren als den im Artikel 9 Absatz 1 bestimmten Beträgen in Zahlung zu nehmen.

Urkundlich unter Unserer Höchsteigenhändigen Unterschrift und beigedrucktem Kaiserlichen Insiegel.

Gegeben Berlin, den 15. November 1874.

(L. S.) **Wilhelm.**

Fürst v. Bismarck.

IV.

Bekanntmachung des Reichskanzlers, betreffend die Umwechselung von Reichs-Goldmünzen gegen Reichs-Silber-, Nickel- und Kupfermünzen. Vom 19. Dezember 1875. (Centralbl. S. 802.)

Auf Grund des Artikels 9 des Münzgesetzes vom 9. Juli 1873 (Reichs-Gesetzblatt S. 233)[1] hat der Bundesrath Folgendes bestimmt:

Vom 1. Januar 1876 ab werden bei folgenden Kassen:

1. der Reichsbank-Hauptkasse in Berlin,

2. den Kassen der Reichsbank-Hauptstellen in Frankfurt a. M., Königsberg i. P. und München Reichs-Goldmünzen gegen Einzahlung von Reichs-Silbermünzen oder von Nickel- und Kupfermünzen auf Verlangen verabfolgt werden.

[1] Vgl. oben II, S. 22.

Die Einlieferung der umzutauschenden Münzen hat in kassenmäßig formirten Beuteln oder Tüten, und zwar die der Silbermünzen in Beträgen von mindestens 200 Mark, die der Nickel- und Kupfermünzen in Beträgen von mindestens 50 Mark zu erfolgen.

Die Auszahlung des Gegenwerthes in Gold erfolgt an den Einlieferer nach bewirkter Durchzählung der eingelieferten Münzen, welche von den gedachten Kassen in der Regel sofort, spätestens aber binnen fünf Tagen nach der Einlieferung bewirkt werden wird.

V.

Falsche, beschädigte und abgenutzte Reichsmünzen.

Bekanntmachung des Reichskanzlers vom 9. Mai 1876. (Centralbl. S. 260.)[1]

Auf Grund des Artikels 7 der Reichsverfassung[2] hat der Bundesrath in seiner Sitzung vom 24. März 1876 nachstehende Bestimmungen über die Behandlung der bei Reichs- und Landeskassen eingehenden nachge-

[1] Vgl. oben II Anm. 20, S. 22. Diese Bestimmungen sind auch für die Reichsbank-Kassen maßgebend.

[2] Hiernach hat der Bundesrath u. A. zu beschließen „über die zur Ausführung der Reichsgesetze erforderlichen allgemeinen Verwaltungsvorschriften und Einrichtungen, sofern nicht durch Reichsgesetz etwas Anderes bestimmt ist."

machten, verfälschten oder nicht mehr umlaufsfähigen Reichsmünzen, beschlossen:

Falschstücke.

I. 1. Sämmtliche Reichs- und Landeskassen haben die bei ihnen eingehenden nachgemachten oder verfälschten Reichsmünzen (§§. 146—148 des Strafgesetzbuchs) anzuhalten.

2. Wird ein eingehendes Falschstück als solches von den Kassenbeamten ohne weiteres erkannt, so hat der Vorsteher der Kasse sofort der zuständigen Justiz- oder Polizeibehörde Anzeige zu machen und das angehaltene Falschstück vorzulegen, unter Beifügung des eingegangenen Begleitschreibens, Etiketts ꝛc., beziehungsweise der über die Einzahlung aufzunehmenden kurzen Verhandlung.

3. Erscheint die Unechtheit eines Stückes zweifelhaft, so ist dasselbe, nachdem dem bisherigen Inhaber eine Bescheinigung über den Sachverhalt ertheilt worden, an das Münz-Metall-Depot des Reichs bei der Königlich preußischen Münzstätte in Berlin (Unterwasserstraße 2—4) und zwar, wenn das Stück in Bayern, Sachsen, Württemberg, Baden, Hessen oder Hamburg angehalten ist, durch Vermittelung der Landesmünzstätte einzusenden. Die Königlich preußische Münzstätte in Berlin wird diese Stücke einer Untersuchung unterwerfen und

a) im Falle der Echtheit für Rechnung des Reichs den Werth der einsendenden Kasse zur Aus händigung an den Einzahler zusenden lassen, die Münzstücke aber, sofern sie zum Umlauf nicht geeignet sind, zur Einziehung bringen;

b) im Falle der Unechtheit das Falschstück an die einsendende Kasse zurückgeben, damit dieselbe in Gemäßheit der Vorschrift unter I. 2 verfahre.

Gewaltsam ꝛc. beschädigte Münzen.

II. Durch gewaltsame oder gesetzwidrige Beschädigung am Gewicht verringerte echte Reichsmünzen (§. 150 des Strafgesetzbuchs) sind von den Reichs- und Landeskassen gleichfalls anzuhalten.

Liegt der Verdacht eines Münzvergehens gegen eine bestimmte Person vor, so ist in der unter I. 2 vorgeschriebenen Weise zu verfahren.

Liegt ein solcher Verdacht nicht vor, so ist das Münzstück durch Zerschlagen oder Einschneiden für den Umlauf unbrauchbar zu machen und alsdann dem Einzahler zurückzugeben.

Abgenutzte Reichsmünzen.

III. Reichsgoldmünzen, welche in Folge längerer Zirkulation und Abnutzung am Gewicht soviel eingebüßt haben, daß sie das Passirgewicht (§. 9 des Gesetzes vom 4. Dezember 1871, Reichs-Gesetzblatt S. 403)[3] nicht mehr erreichen,

sowie

Reichs-Silber-, Nickel- und Kupfermünzen, welche in Folge längerer Zirkulation und Abnutzung an Gewicht oder Erkennbarkeit erheblich eingebüßt haben,

[3] Oben I, S. 9.

sind von allen Reichs- und Landeskassen zum vollen Werth anzunehmen und in der Weise für Rechnung des Reichs einzuziehen, daß sie den dazu bestimmten Sammelstellen — der Reichs-Hauptkasse und den Ober-Postkassen, in Preußen: der General-Staatskasse und den Regierungs- beziehungsweise Bezirks-Hauptkassen, in den übrigen Bundesstaaten: der Landes-Zentralkasse — zugeführt werden.

Die Sammelstellen haben die Münzen, sobald sich ein angemessener Betrag angesammelt hat, kassenmäßig verpackt und bezeichnet dem Münz-Metall-Depot des Reichs bei der Königlich preußischen Münzstätte zu Berlin gegen Anerkenntniß einzusenden und den Werth des Anerkenntnisses der Reichs-Hauptkasse in Aufrechnung zu bringen.

Die vorstehenden Bestimmungen finden auf deutsche Landesmünzen so lange Anwendung, als dieselben noch nicht außer Kurs gesetzt sind.

IV. Postsendungen, welche in Ausführung gegenwärtiger Bestimmungen zwischen Landesbehörden und Landeskassen einerseits und dem Reichs-Münz-Metall-Depot andererseits erfolgen, sind als Reichsdienstsachen portofrei zu befördern.

VI.

Bekanntmachung des Reichskanzlers, betreffend die Ausprägung von Reichsgoldmünzen auf den deutschen Münzstätten für Rechnung von Privatpersonen. Vom 8. Juni 1875. (Centralblatt S. 348.)

Zum Vollzuge des Artikels 12 des Münzgesetzes vom 9. Juli 1873 (Reichs-Gesetzblatt S. 233)[1] hat der Bundesrath die nachfolgenden Bestimmungen erlassen:

Die deutschen Münzstätten, und zwar:

die Königlich preußischen Münzstätten zu Berlin, Frankfurt a. M.* und Hannover*, die Königlich bayerische Münzstätte zu München, die Königlich sächsische zu Dresden, die Königlich württembergische zu Stuttgart, die Großherzoglich badische zu Karlsruhe, die Großherzoglich hessische zu Darmstadt* und die Münzstätte der freien und Hansestadt Hamburg[2]

prägen, soweit sie nicht für das Reich beschäftigt sind, Reichsgoldmünzen für Rechnung von Privatpersonen gegen eine Prägegebühr von drei Mark für das Pfund Feingold unter folgenden Bedingungen:

1. Das auszuprägende Gold ist in der Münzstätte in Barren von mindestens fünf Pfund Rauhgewicht unter Beifügung der Probirscheine einzuliefern.

[1] Vgl. oben II Anm. 21, S. 23.

[2] Die mit * bezeichneten Münzstätten sind demnächst aufgehoben. Vgl. oben I Anm. 6, S. 3.

2. Nach Feststellung des Rauhgewichts, die in Gegenwart des Einlieferers oder seines Beauftragten erfolgt, nimmt die Münzstätte zwei Aushiebe von jedem Barren.

Die Münzstätte ermittelt durch zwei Proben von jedem Barren den Feingehalt bis auf $^1/_{5000}$. Als Gebühr für diese Ermittelung ist von dem Einlieferer für jede Probe der Betrag von $1,_{50}$ Mark, also für beide Proben zusammen der Betrag von $3,_{00}$ Mark zu zahlen. Die Aushiebe verbleiben dem Einlieferer.

Barren, deren Feingehalt von der Münzstätte, welcher sie zur Ausprägung überliefert werden, schon früher vorschriftsmäßig festgestellt ist und auf Grund dieser Feststellung nachgewiesen werden kann, werden mit dem nachgewiesenen Feingehalt ohne neue Prüfung angenommen.

3. Nach Feststellung des Feingehalts wird dem Einlieferer eine Abschrift des Probirscheines und eine Berechnung des Werthbetrages, zu welchem das Gold, einschließlich der Aushiebe und abzüglich der Prägegebühr, angenommen werden soll, unter Angabe des Tages, an welchem die Auszahlung zu erfolgen hat, übersandt. Erklärt der Einlieferer nicht binnen drei Tagen, daß er die Barren zurückziehe oder der Feingehaltsbestimmung widerspreche, so werden dieselben verarbeitet.

4. Widerspricht der Einlieferer der Feingehaltsbestimmung, ohne den Barren zurückzuziehen, so

findet auf seine Kosten eine weitere Probe zweier Aushiebe statt, welche durch einen vom Reichskanzler zu bezeichnenden Probirer vorgenommen wird, und für die Münzstätte definitiv maßgebend ist. Giebt sich der Einlieferer auch mit dieser Feingehaltsbestimmung nicht zufrieden, so hat er den Barren binnen drei Tagen zurückzunehmen.

5. Die Auszahlung der Prägeergebnisse erfolgt in Doppelkronen, der Einlieferer ist jedoch verpflichtet, auch Kronen in Zahlung anzunehmen.
6. Barren mit einem Feingehalt von weniger als 900 Tausendtheilen ist die Münzstätte befugt, zurückzugeben.
7. Barren, welche vor der Einschmelzung als spröde oder iridiumhaltig erkannt werden, ist der Einlieferer zurückzunehmen verpflichtet.

VII.

Münzgewicht.

1) Maaß- und Gewichtsordnung für den Norddeutschen Bund vom 17. August 1868 (B.G.Bl. S. 473).

Art. 8. In Betreff des Münzgewichts verbleibt es bei den im Artikel 1. des Münzvertrages vom 24. Januar 1857. gegebenen Bestimmungen.

Art. 10. Zum Zumessen und Zuwägen im öffentlichen Verkehre dürfen nur in Gemäßheit dieser Maaß- und Gewichtsordnung gehörig gestempelte Maaße, Gewichte und Waagen angewendet werden.

Der Gebrauch unrichtiger Maaße, Gewichte und Waagen ist untersagt, auch wenn dieselben im Uebrigen den Bestimmungen dieser Maaß- und Gewichtsordnung entsprechen. Die näheren Bestimmungen über die äußersten Grenzen der im öffentlichen Verkehr noch zu duldenden Abweichungen von der absoluten Richtigkeit erfolgen nach Vernehmung der im Artikel 18.[1] bezeichneten technischen Behörde durch den Bundesrath.

2) Münzvertrag vom 24. Januar 1857 (Preuß. Gesetz-Samml. S. 312).

Art. 1. Das Pfund, in der Schwere von 500 Grammen, wie solches bereits bei der Erhebung der Zölle zur Anwendung kommt, soll in den vertragenden Staaten der Ausmünzung zur Grundlage dienen und auf deren Münzstätten als ausschließliches Münzgewicht eingeführt werden, auch zu diesem Zwecke eine selbstständige Eintheilung in Tausendtheile mit weiterer dezimaler Abstufung erhalten.[2]

[1] Art. 18 bezeichnet die Befugnisse der „Normal-Eichungs-Kommission".

[2] Diese Vorschrift (bzw. Art. 8 der Maaß- und Gewichtsordnung) ist noch in voller Geltung. Das in Tausendtheile eingetheilte Zollpfund bildet nach wie vor die Grundlage der Ausmünzung. Dagegen ist die weitergehende Vorschrift des preuß. Gesetzes über das Münzgewicht v. 5. Mai 1871 (Ges.Samml. S. 325), wonach das gedachte Pfund auch im öffentlichen Verkehr ausschließlich zur Anwendung kommen soll, durch Art. 10 der Maaß- und Gewichtsordnung beseitigt.

3) Auf Grund des § 12 des Ges. vom 4. Dezember 1871[3] sind erlassen:

a) Bekanntmachung der Vorschriften über die Eichung und Stempelung der Goldmünz-Gewichte. Vom 31. Januar 1872 (Reichsgesetzblatt 1872 Nr. 12. Bes. Beilage S. III—VI, Centralblatt 1873 S. 12—14, Ges.Bl. f. Elsaß-Lothr. 1875 S. 135 ff.).

Auf Grund von §. 12 des Gesetzes, betreffend die Ausprägung von Reichs-Goldmünzen, vom 4. Dezember 1871, Reichsgesetzblatt, S. 404, wird bezüglich der Eichung und Stempelung der Goldmünz-Gewichte Nachfolgendes bestimmt:

Vorschriften
über die
Eichung und Stempelung der Goldmünz-Gewichte.

§. 1.
Arten der zulässigen Gewichte.

Zur Eichung und Stempelung werden zugelassen:

a) Gewichtsstücke, deren Schwere dem Normalgewicht der einzelnen Goldmünzen gleichkommt, und zwar:

Gewichtsstücke für das

Zehn-Mark-Stück in einer Schwere von $3{,}982_5$ Gramm.
Zwanzig-Mark-Stück " " " " $7{,}965_0$ "

[3] Oben I, S. 11.

b) Gewichtsstücke, deren Schwere dem Passirgewicht der einzelnen Goldmünzen gleichkommt, und zwar:

Gewichtsstücke für das

Zehn-Mark-Stück	in einer Schwere von $3{,}962_8$ Gramm.
Zwanzig-Mark-Stück	= = = $7{,}925_1$ =

c) Gewichtsstücke, deren Schwere gewisse Vielfache der Normalgewichte von Goldmünzen beträgt, und zwar:

Gewichtsstücke für	in einer Schwere von
50 Mark oder 5 Zehn-Mark-Stücke	19,912 Gramm.
100 Mark oder 10 Zehn-Mark-Stücke oder 5 Zwanzig-Mark-Stücke	39,825 =
200 Mark oder 20 Zehn-Mark-Stücke oder 10 Zwanzig-Mark-Stücke	79,650 =
500 Mark oder 50 Zehn-Mark-Stücke oder 25 Zwanzig-Mark-Stücke	199,124 =
1000 Mark oder 100 Zehn-Mark-Stücke oder 50 Zwanzig-Mark-Stücke	398,248 =
2000 Mark . . . . oder 100 Zwanzig-Mark-Stücke	796,495 =

§. 2.

Material der Gewichte.

Sämmtliche im §. 1 aufgeführten Gewichte werden aus einer Legirung von Kupfer und Zinn hergestellt.

§. 3.

Gestalt der Gewichte.

Es erhalten

die Gewichtsstücke unter §. 1a. die Gestalt einer kreisrunden Scheibe mit kleinem Knopfe, die Gewichtsstücke unter §. 1 b. die Gestalt eines flachen sechsseitigen Prisma mit kleinem Knopfe,

die Gewichtsstücke unter §. 1 c. die Gestalt eines Cylinders, bei dem der Durchmesser größer ist als die Höhe, und der mit einem Knopfe versehen ist.

§. 4.

Bezeichnung der Gewichte.

Je nachdem die in §. 1 aufgeführten Gewichtsstücke für das Normal- oder das Passirgewicht der Goldmünzen bestimmt sind, erhalten sie die Bezeichnung N. oder P., außerdem die Angabe der Markzahl, zu deren Wägung sie dienen sollen, also z. B.

N. 10 Mk., P. 10 Mk., N. 100 Mk.

§. 5.

Sonstige Beschaffenheit der Gewichte.

Alle in §. 1 aufgeführten Gewichtsstücke müssen in Bezug auf ihre sonstige Beschaffenheit den allgemeinen Anforderungen entsprechen, welche die Eichordnung im ersten Abschnitt unter IV. für zulässige Gewichte aufgestellt hat.

§. 6.

Die von den Eichungsstellen innezuhaltenden Fehlergrenzen.

Die unter a. und b. in §. 1 aufgeführten Gewichtsstücke für das Normal- und Passirgewicht einzelner Goldmünzen dürfen nur dann gestempelt werden, wenn die Abweichung von der Sollschwere, welche durch das Gebrauchsnormal nach Maßgabe des §. 7 bestimmt wird, im Sinne des Mehr oder des Weniger bei den

10 Mk.=Stücken nicht mehr als 2 Milligramm,
20 = = = = 3 =

beträgt.

Sie erhalten daher auch zur Kennzeichnung der bei ihnen inne zu haltenden Genauigkeit einen zweifachen Abdruck des Stern=Stempels.

Die unter c. im §. 1 aufgeführten Gewichte werden als Präzisionsgewichte angesehen; dieselben dürfen daher nur dann gestempelt werden, wenn eine größere Abweichung von dem Gebrauchsnormal im Sinne des Mehr oder des Weniger nicht vorhanden ist als

für	50	Mk.	15	Milligramm,
=	100	=	20	=
=	200	=	25	=
=	500	=	50	=
=	1000	=	90	=
=	2000	=	160	=

Die Gewichtsstücke dieser Art erhalten den einfachen Stern=Stempel.

§. 7.

Normale zur Prüfung der Goldmünz=Gewichte.

Bei den für die Gewichtsstücke unter §. 1a. und b. dienenden Gebrauchs= und Kontrol=Normalen muß in dem Beglaubigungsscheine der denselben anhaftende Fehler, welcher bei der Prüfung der zu eichenden Ge=

wichte in Rechnung zu bringen ist, mit einer Genauigkeit von Zehntheilen des Milligramm angegeben sein.

Für die Gebrauchs- und Kontrol-Normale zu den Gewichtsstücken unter §. 1c. haben die Vorschriften des §. 54a. und §. 59 der Eichordnung Geltung.

Die Gebrauchs-Normale müssen sämmtlich in Bezug auf Form und sonstige Beschaffenheit den für den Verkehr zugelassenen Gewichtsstücken, zu deren Prüfung sie dienen sollen, entsprechen; doch sind sie zu größerer Sicherung zu vergolden. — Die Kontrol-Normale, welche ebenfalls zu vergolden sind, können auch die Formen der gewöhnlichen Normalgewichte erhalten.

§. 8.

Eichgebühren.

An Eichgebühren sind zu berechnen:

	für die Eichung.	für Berichtigung.	für Prüfung ohne Stempelung.
bei jedem Gewichtsstücke unter §. 1a. und b.	2 Sgr.	2 Sgr.	1 Sgr.
bei den Gewichtsstücken unter §. 1c.			
für 50 Mk. . .	1/2 „	1/2 „	1/2 „
für 100 und 200 Mk.	1 „	1 „	1/2 „
für 500 Mk. . .	2 „	1 „	1 „
für 1000 und 2000 Mk.	3 „	1 1/2 „	1 1/2 „

§. 9.

Eichscheine.

Für die Eichscheine gilt folgendes Schema:

Eichschein V.b. No. . . . . . . für Goldmünz-Gewichte.

Für Herrn . . . . zu . . . .
sind nachfolgend aufgeführte Goldmünz-Gewichte, nachdem sie innerhalb der zulässigen Abweichung für richtig befunden worden sind, geeicht und die beibemerkten taxmäßigen Gebühren, über deren Empfang hierdurch Quittung ertheilt wird, berechnet worden.

Stückzahl.	Bezeichnung und Schwere.	Taxmäßige Gebühren für Eichung Thlr.	Sgr.	Pf.	Berichtigung. Thlr.	Sgr.	Pf.
Zusammen							

Ort. Unterschrift der Eichungsbehörde.

§. 10.

Bedingungen der Befugniß zur Eichung der Goldmünz-Gewichte.

Die Befugniß zur Eichung und Stempelung von Goldmünz-Gewichten darf nur solchen Eichungsbehörden oder Eichungsämtern ertheilt werden, welche nicht nur die erforderlichen Gebrauchs- und Kontrol-Normale, sondern auch die feineren Einrichtungen, die zur Ausführung dieser Eichungen erforderlich sind, besitzen.

Zu diesen Einrichtungen gehört für die Eichung der in §. 1 unter a. und b. aufgeführten Gewichtsstücke eine Waage, deren Empfindlichkeit mindestens fünfmal so groß ist, als die im §. 67 der Eichordnung für die Waage Nr. 5 vorgeschriebene, also eine Waage, welche der kleinsten Gattung der im §. 68 für die Aufsichtsbehörden vorgeschriebenen Waagen entspricht.

Berlin, den 31. Januar 1872.

Kaiserliche Normal-Eichungskommission.
Foerster.

b) Bekanntmachung, betreffend die Eichung und Stempelung von Gewichtsstücken, welche das Normalgewicht und das Passirgewicht des goldenen Fünfmarkstücks angeben. Vom 27. Januar 1877. (Centralbl. 1877 S. 90).

Zur Ergänzung der Vorschriften in dem Erlasse vom 31. Januar 1872, betreffend die Eichung und Stempelung der Goldmünzgewichte, (Beilage zu Nr. 12

des Reichs-Gesetzblattes)[1] wird hierdurch Folgendes bestimmt:

Außer den in dem §. 1 des vorbezeichneten Erlasses aufgeführten Gewichtsstücken werden ferner zur Eichung und Stempelung zugelassen:

a) Gewichtsstücke, deren Schwere dem Normalgewicht des goldenen Fünfmarkstücks (= $1,_{9912}$ Gramm) gleichkommt;

b) Gewichtsstücke, deren Schwere dem Passirgewicht des goldenen Fünfmarkstücks (= $1,_{9753}$ Gramm) gleichkommt.

Die Bestimmungen der §§. 2 bis 10 des Erlasses vom 31. Januar 1872 finden auf diese Gewichtsstücke entsprechende Anwendung mit der Maßgabe, daß dieselben nur dann gestempelt werden dürfen, wenn die Abweichung von der Sollschwere im Mehr oder Weniger nicht mehr als 2 Milligramm beträgt.

Berlin, den 27. Januar 1877.

Kaiserliche Normal-Eichungs-Kommission.
Foerster.

[1] Oben unter VII, 3 a, S. 43 ff.

4) Bekanntmachung des Reichskanzlers vom 14. Dezember 1872, betreffend die bei Goldmünz-Gewichten, bei Meßapparaten für Flüssigkeiten und bei Federwaagen für Eisenbahn-Passagier-Gepäck im öffentlichen Verkehr noch zu duldenden Abweichungen von der absoluten Richtigkeit. (Centralbl. 1873 S. 3).

Auf Grund des Artikels 10 der Maaß- und Gewichtsordnung vom 17. August 1868[1] hat der Bundesrath nach Vernehmung der Normal-Eichungskommission für das Gebiet des Deutschen Reichs mit Ausnahme von Bayern bestimmt, wie folgt:

1. Die in dem Erlasse der Normal-Eichungskommission vom 31. Januar 1872 (vergl. Beilage zu Nr. 12 des Reichs-Gesetzblattes)[2] zugelassenen Goldmünzgewichte betreffend:

Die unter a und b im §. 1 des Erlasses aufgeführten Gewichtsstücke für das Normal- und Passirgewicht einzelner Goldmünzen, welche durch den doppelten Abdruck des Präzisionsstempels gekennzeichnet sind, werden zum Zuwägen im öffentlichen Verkehr unzulässig, wenn die Abweichung von der absoluten Richtigkeit im Sinne des Mehr oder Weniger beträgt:

bei den Stücken für 10 Mark mehr als 4 Milligramm,
" " " " 20 " " " 6 "

[1] Oben unter VII, 1, S. 42.
[2] Oben unter VII, 3 a, S. 43.

Die unter c aufgeführten Normalgewichte für gewisse Vielfache der Goldmünzen, durch den einfachen Abdruck des Präzisionsstempels gekennzeichnet, werden zum Zuwägen im öffentlichen Verkehr unzulässig, wenn die Abweichung von der absoluten Richtigkeit beträgt:

bei	den	Stücken	für	50	Mark	mehr	als	30	Milligramm,
=	=	=	=	100	=	=	=	40	=
=	=	=	=	200	=	=	=	50	=
=	=	=	=	500	=	=	=	100	=
=	=	=	=	1000	=	=	=	180	=
=	=	=	=	2000	=	=	=	320	=

2 (betrifft die Meßapparate für Flüssigkeiten).

3 (betrifft die Federwaagen für Eisenbahn Passagiergepäck).

Berlin, den 14. Dezember 1872.

Der Reichskanzler.
In Vertretung:
Delbrück.

VIII.

Vergleichende Uebersicht der Münzen nach Maßgabe der in Betreff der Mittelwerthe zur Berechnung des Wechselstempels sowie der Stempelabgabe von ausländischen Werthpapieren erlassenen Bekanntmachungen vom 1. Februar 1882 und vom 6. Februar 1884.

(Centralbl. 1882 S. 26, 1884 S. 27.)

		Deutsche Reichswährung Mark
1	süddeutscher Gulden, sowie ein Gulden niederländischer Währung . .	1,70
1	Mark Banko	1,50
1	österreichischer Gulden (Silber oder Papier)	1,70
1	österreichischer Gulden Gold . . .	2,00
1	Pfund Sterling	20,40
1	Frank, Lira, finnische Mark, spanische Peseta Gold	0,80
1	spanischer Piaster	4,00
100	spanische Realen	21,00
1	portugiesischer Milreis	4,50
1	türkischer Piaster	0,18
1	rumänischer Piaster	0,30
1	rumänischer Leu	0,80
1	polnischer Gulden	0,33
1	russischer Silberrubel	2,25
1	russischer Goldrubel	3,20
100	schwedische, norwegische oder dänische Kronen	112,50
1	dänischer Riksdaler	2,25
1	schwedischer Riksdaler	1,125
1	Spezies-Riksdaler	4,50
1	amerikanischer Dollar	4,25

B.

Papiergeld-Gesetzgebung.

I.

Gesetz, betreffend die Ausgabe von Reichskassenscheinen. Vom 30. April 1874. (R.G.Bl. S. 40. Ausgegeben am 5. Mai 1874.)[1]

Wir Wilhelm, von Gottes Gnaden Deutscher Kaiser, König von Preußen rc. verordnen im Namen des Deutschen Reichs, nach erfolgter Zustimmung des Bundesraths und des Reichstags, was folgt:

§. 1. Der Reichskanzler wird ermächtigt, Reichskassenscheine zum Gesammtbetrage von 120 Millionen Mark[2] in Abschnitten zu 5, 20 und 50 Mark[3] ausfertigen zu

[1] Das Gesetz enthält in Verwirklichung der in Art. 18 des Münzgesetzes v. 9. Juli 1873 (oben A II, S. 30) gegebenen Zusage die nach Art. 4 Nr. 3 der Reichsverfassung der Beaufsichtigung und Gesetzgebung des Reichs unterliegende Feststellung der Grundsätze über die Emission von Papiergeld, indem es an Stelle des nach jener Vorschrift einzuziehenden (und nur auf Grund eines Reichsgesetzes neu auszugebenden; vgl. unten § 8 und Ges. v. 16. Juni 1870 — B.G.Bl. S. 507) Staatspapiergeldes die Ausgabe von Reichspapiergeld anordnet.

[2] Mit Rücksicht auf die damalige Bevölkerungsziffer von rund 40 Millionen. Vgl. jedoch § 3.

[3] Also höchstens zum Betrage der Hälfte des niedrigsten Banknoten-Appoints (vgl. Münzgesetz Art. 18 Abs. 1).

lassen und unter die Bundesstaaten nach dem Maßstabe ihrer durch die Zählung vom 1. Dezember 1871 festgestellten Bevölkerung zu vertheilen.[4]

Ueber die Vertheilung des Gesammtbetrages auf die einzelnen Abschnitte beschließt der Bundesrath.[5]

§. 2. Jeder Bundesstaat hat das von ihm seither ausgegebene Staatspapiergeld spätestens bis zum 1. Juli 1875 zur Einlösung öffentlich aufzurufen und thunlichst schnell einzuziehen.[6]

Zur Annahme von Staatspapiergeld sind vom 1. Januar 1876 an nur die Kassen desjenigen Staats verpflichtet, welcher das Papiergeld ausgegeben hat.

Periodische Uebersichten der ausgegebenen Reichskassenscheine sind im Centralblatt veröffentlicht (vgl. Centralbl. 1875 S. 662 ff. u. s. w.).

[4] Eine vorläufige Uebersicht siehe in Anlage 2 zu den Motiven des Gesetz-Entwurfs (Aktenstück Nr. 70. Sten.Ber. d. R.T. 2. Leg.Per. I. Sess. 1874 Bd. 3 S. 263 ff. — Anlagen).

[5] Diese Bestimmungen haben mehrfach gewechselt. Durch Beschluß v. 25. Juni 1881 wurde bestimmt, daß der für den Umlauf in Abschnitten zu 20 und 5 Mark festgestellte Betrag von je 40 Mill. Mark auf je 10 Mill. Mark herabzusetzen und die Reduktion theils durch Umtausch gegen Fünfzigmarkscheine neuer Ausgabe, (v. 10. Jan. 1882), theils im Wege der alljährlich stattfindenden Einziehung von Mark 3 659 320 in Reichskassenscheinen (vgl. § 3) zu bewerkstelligen sei. Unter Abänderung dieses Beschlusses hat der Bundesrath am 15. November 1883 beschlossen, daß der Umlauf der Reichskassenscheine zu 20 Mark vorläufig nur auf 20 000 000 Markherabzusetzen sei. Nach den Motiven des Entwurfs des Gesetzes v. 21. Juli 1884 (unten II) ist der Umtausch der mit dem Datum vom 11. Juli 1874 ausgefertigten Reichskassenscheine gegen die mit dem Datum vom 10. Januar 1882 ausgefertigten Reichskassenscheine soweit vorgeschritten, daß Ende April 1884 nur 15 194 890 Mark in Scheinen alter Ausgabe — gegen 129 650 680 Mark in Scheinen neuer Ausgabe — sich in Verkehr befanden.

[6] Die Vorschrift entspricht dem Art. 18 Abs. 3 Satz 1 des Münzgesetzes v. 9. Juli 1873 (oben A II). Die Summe des danach einzuziehenden Papiergeldes betrug nach der Anlage 1 zu den Motiven des Gesetzentwurfes 61 374 600 Thaler einschließlich 2 228 000 Thaler preußischer Darlehnskassenscheine (vgl. unten Anm. 15).

§. 3. Denjenigen Staaten, deren Papiergeld den ihnen nach §. 1 zu überweisenden Betrag von Reichskassenscheinen übersteigt, werden zwei Drittheile des überschießenden Betrages aus der Reichskasse als ein Vorschuß überwiesen und zwar, soweit die Bestände der letzteren es gestatten, in baarem Gelde, soweit sie es nicht gestatten, in Reichskassenscheinen.[7]

Der Reichskanzler wird zu diesem Zwecke ermächtigt, Reichskassenscheine über den im §. 1 festgesetzten Betrag hinaus bis auf Höhe des zu leistenden Vorschusses anfertigen zu lassen, und soweit als nöthig in Umlauf zu setzen.[8]

Ueber die Art der Tilgung dieses Vorschusses wird gleichzeitig mit der Ordnung des Zettelbankwesens Bestimmung getroffen.[9] In Ermangelung einer solchen Bestimmung hat die Rückzahlung des Vorschusses innerhalb 15 Jahren, vom 1. Januar 1876 an gerechnet, in gleichen Jahresraten zu erfolgen.[10]

Die auf den Vorschuß eingehenden Rückzahlungen sind zunächst zur Einziehung der nach vorstehenden Bestimmungen ausgefertigten Reichskassenscheine zu verwenden.

§. 4. Diejenigen Bundesstaaten, welche Papiergeld ausgegeben haben, werden die ihnen ausgefolgten

[7] Vgl. die Anlage 2 zu den Motiven des Gesetzentwurfs (vgl. Anm. 4).

[8] Periodische Uebersichten über die Ausführung des Gesetzes enthält das Centralblatt monatlich, später in längeren Zwischenräumen (1875 S. 662, 734, 804 ff. u. s. w., 1884 S. 114).

[9] Dies ist nicht geschehen.

[10] Zurückgezahlt sind bis Ende März 1884: 29 274 560 Mark (Centralbl. 1884 S. 114).

Reichskassenscheine (§§. 1 und 3), soweit der Betrag der letzteren den Betrag des ausgegebenen Staatspapiergeldes nicht übersteigt, nur in dem Maße in Umlauf setzen, als Staatspapiergeld zur Einziehung gelangt.

§. 5. Die Reichskassenscheine werden bei allen Kassen des Reichs und sämmtlicher Bundesstaaten nach ihrem Nennwerthe in Zahlung angenommen und von der Reichs-Hauptkasse[11] für Rechnung des Reichs jederzeit auf Erfordern gegen baares Geld eingelöst.

Im Privatverkehr findet ein Zwang zu ihrer Annahme nicht statt.

§. 6. Die Ausfertigung der Reichskassenscheine wird der Preußischen Haupt-Verwaltung der Staatsschulden unter der Benennung „Reichsschulden-Verwaltung" übertragen.

Die Reichsschulden-Verwaltung hat für beschädigte oder unbrauchbar gewordene Exemplare für Rechnung des Reichs Ersatz zu leisten, wenn das vorgelegte Stück zu einem echten Reichskassenscheine gehört und mehr als die Hälfte eines solchen beträgt. Ob in anderen Fällen ausnahmsweise ein Ersatz geleistet werden kann, bleibt ihrem pflichtmäßigen Ermessen überlassen.[12]

[11] Dieselbe ist eine Abtheilung der Reichsbank-Hauptkasse (vgl. Bankges. v. 14. März 1875 § 22 — unten C I; Bekanntm. v. 29. Dezember 1875 — unten C VI). Ob die Einlösungspflicht durch Klage erzwingbar, ist streitig. Wegen Einlösung der Reichskassenscheine alter Ausgabe s. d. Ges. v. 21. Juli 1884 — unten II.

[12] Bekanntmachung der Reichsschulden-Verwaltung, betreffend den Umtausch beschädigter oder unbrauch-

§. 7. Vor der Ausgabe der Reichskassenscheine ist eine genaue Beschreibung derselben öffentlich bekannt zu machen.[13]

Die Kontrole über die Ausfertigung und Ausgabe der Reichskassenscheine übt die Reichsschulden-Kommission.[14]

§. 8. Von den Bundesstaaten darf auch ferner nur auf Grund eines Reichsgesetzes Papiergeld ausgegeben oder dessen Ausgabe gestattet werden.[15]

bar gewordener Reichskassenscheine. Vom 18. Mai 1876. (Centralbl. S. 296.)

In Folge höherer Anordnung wird hierdurch zur öffentlichen Kenntniß gebracht, daß zur Förderung des Umtausches beschädigter oder unbrauchbar gewordener Reichskassenscheine gegen neue vom Bundesrath die nachfolgenden Bestimmungen getroffen sind:

1. Sämmtliche Reichs- und Landeskassen haben die ihnen bei Zahlungen angebotenen beschädigten oder unbrauchbar gewordenen (einschließlich der geklebten und der beschmutzten) Reichskassenscheine, deren Umtauschfähigkeit (§. 6 Absatz 2 des Gesetzes, betreffend die Ausgabe von Reichskassenscheinen vom 30. April 1874, Reichs-Gesetzblatt S. 40) zweifellos ist, anzunehmen aber nicht wieder auszugeben.
2. Solche Reichskassenscheine sind außer von der Reichs-Hauptkasse auch von den Kaiserlichen Ober-Postkassen, der Königlich preußischen General-Staatskasse, den Königlich preußischen Regierungs- beziehungsweise Bezirks-Hauptkassen und von den Landes-Zentralkassen der übrigen Bundesstaaten gegen umlaufsfähige Reichskassenscheine oder baares Geld umzutauschen.

[13] Vgl. Centralbl. 1875 S. 48. Für die neuen Scheine vgl. Reichsanzeiger v. 1. April 1882 Nr. 79 Anlage, v. 18. Januar 1883 Nr. 16 Anlage. — Wegen gefälschter oder verfälschter Reichskassenscheine vgl. die Strafbestimmungen der §§ 146—149, 151, 152, 360 Nr. 6 des Strafgesetzbuchs.

[14] Vgl. Ges. v. 19. Juni 1868 § 4 (B.G.Bl. S. 339 — unten E II).

[15] Hiermit wird die Bestimmung des Ges. v. 16. Juni 1870 (B.G.Bl. S. 507) wiederholt. Zu dem „Papiergeld" gehört auch das sog. fundirte; vgl. Ges. v. 21. Juli 1870, betr. die Gründung öffentlicher Darlehnskassen und die Ausgabe von Darlehnskassenscheinen (B.G.Bl. S. 499) und Ges. v. 6. März 1878, betr. die Einlösung und Präklusion der von dem vormaligen Norddeutschen Bunde ausgegebenen Darlehnskassenscheine (R.G.Bl. S. 5).

Urkundlich unter Unserer Höchsteigenhändigen Unterschrift und beigedrucktem Kaiserlichen Insiegel.

Gegeben Berlin, den 30. April 1874.

(L. S.) **Wilhelm.**

Fürst v. Bismarck.

II.

Gesetz, betreffend die Einziehung der mit dem Datum vom 11. Juli 1874 ausgefertigten Reichskassenscheine. Vom 21. Juli 1884. (R.G.Bl. S. 172. Ausgegeben am 2. August 1884.)

Wir Wilhelm, von Gottes Gnaden Deutscher Kaiser, König von Preußen rc. verordnen im Namen des Reichs, nach erfolgter Zustimmung des Bundesraths und des Reichstags, was folgt:

Die Bestimmung des §. 5 Absatz 1 des Gesetzes, betreffend die Ausgabe von Reichskassenscheinen, vom 30. April 1874 (Reichs-Gesetzbl. S. 40)[1] tritt bezüglich der mit dem Datum vom 11. Juli 1874 ausgefertigten Reichskassenscheine mit Ende des Monats Juni 1885 außer Wirksamkeit.

Vom 1. Juli 1885 ab werden diese Scheine nur noch bei der Königlich preußischen Kontrole der Staatspapiere eingelöst.[2]

[1] Oben I, S. 57.

[2] Vgl. oben I Anm. 5, S. 55, Eine mildere Form der Außerkurssetzung.

Urkundlich unter Unserer Höchsteigenhändien Unterschrift und beigedrucktem Kaiserlichen Insiegel.

Gegeben Bad Gastein, den 21. Juli 188.

(L. S.) Wilhelm.

Fürst von Bismarck.

C.

Bankgesetzgebung.

I.

Bankgesetz. Vom 14. März 1875. (R.G.Bl. S. 177. Ausgegeben am 18. März 1875.) [1]

Wir Wilhelm, von Gottes Gnaden Deutscher Kaiser, König von Preußen rc. verordnen im Namen des Deutschen Reichs, nach erfogter Zustimmung des Bundesraths und des Reichstags, was folgt:

Titel I.

Allgemeine Bestimmungen.

§. 1. Die Befugniß zur Ausgabe von Banknoten kann nur durch Reichsgesetz erworben, oder über den

[1] Das Bankgesetz enthält die nach Art. 4 Nr. 4 der Reichsverfassung der Reichsgesetzgebung anheimfallende Reform des Banknotenwesens. Vorbereitet ist dieselbe durch das in seiner Wirksamkeit bis zum 31. Dezember 1875 verlängerte Ges. v. 27. März 1870 (B.G.Bl. S. 51), ferner durch Art. 18 des Münzges. v. 9. Juli 1873 (oben A II) endlich durch die zu dessen Ausführung erlassenen Bestimmungen in Art. II des Ges. v. 21. Dezember 1874 (R.G.Bl. S. 193 — s. unten Anm. 13); das Bankgesetz ist, bis auf die in § 60 bezeichneten, am 1. Januar 1876 in Kraft getretenen Bestimmungen, am 1. April 1875 im ganzen Deutschen Reiche in Kraft getreten (vgl. Reichsverfassung Art. 2).

bei Erlaß des gegenwärtigen Gesetzes zulässigen Betrag der Notenausgabe hinaus erweitert werden.[2]

Den Banknoten im Sinne dieses Gesetzes wird dasjenige Staatspapiergeld gleich geachtet, dessen Ausgabe einem Bankinstitute zur Verstärkung seiner Betriebsmittel übertragen ist.[3]

§. 2. Eine Verpflichtung zur Annahme von Banknoten bei Zahlungen, welche gesetzlich in Geld zu leisten sind, findet nicht statt und kann auch für Staatskassen durch Landesgesetz nicht begründet werden.[4]

[2] Die Bestimmung ist an die Stelle der §§ 1, 2 des Ges. v. 27. März 1870 (B.G.Bl. S. 51) getreten. Vgl. auch Bankges. §§ 44 Abs. 4, 46 Abs. 1. Ein Antrag der betheiligten Bundes-Regierung ist nicht mehr erforderlich. Indessen sind dergleichen Gesetze bisher nicht erlassen. Eine Beschränkung des § 1 Abs. 1 hinsichtlich Bayerns enthält § 47 Abs. 3. Hinsichtlich der Reichsbank vgl. § 16.

Bei Verkündung des Bankgesetzes bestanden im Deutschen Reich 33 Notenbanken, darunter die Preußische Bank und 5 andere mit unbegrenztem, die übrigen mit mehr oder weniger begrenztem Notenrecht (vgl. Anlage zum § 9 — unten S. 111).

Strafbestimmungen wegen unbefugter Notenausgabe siehe in §§ 55, 59 Nr. 3. Vgl. auch § 48.

[3] Die Bestimmung bezieht sich auf die Oldenburgische Landesbank, welcher nach dem Ges. für das Herzogthum Oldenburg, betr. die Ausgabe von Papiergeld, v. 12. August 1868 und einem vorangegangenen Vertrage zwischen der Großherzoglichen Regierung und den Gründern der Bank ein Betrag von 2 Millionen Thaler Oldenburgisches Staatspapiergeld für ihren Betrieb überwiesen worden ist (vgl. Anlage I zum Entwurf des Bankgesetzes, Aktenstück d. Reichstags Nr. 27. 2. Leg.Per. II Sess. 1874 S. 31 Anm.).

§ 1 Abs. 2 entspricht dem § 5 des Ges. v. 27. März 1870.

[4] Hier ist das Gegentheil des Zwangskurses bestimmt. Nur administrative Ermächtigungen bestehen für die Reichs- und Landeskassen. (Vgl. z. B. für Preußen die Verf. des Finanz-Ministers v. 5. Januar 1876 und des Justiz-Ministers v. 11. Februar 1876. Preuß. Ministerialbl. für die ges. innere Verw. S. 13; Preuß. Justiz-Ministerialbl. S. 35.) Wegen der Bankkassen vgl. § 4 und Anm. 7, §§ 19, 44 Nr. 5. Die §§ 2—6 gelten auch für die von Korporationen ausgegebenen Noten 2c. (§ 54).

In Betreff der Privatbanken vgl. noch § 44 Abs. 1 Nr. 6.

§. 3. Banknoten dürfen nur auf Beträge von 100, 200, 500 und 1000 Mark oder von einem Vielfachen von 1000 Mark ausgefertigt werden.[5]

§. 4. Jede Bank ist verpflichtet, ihre Noten sofort auf Präsentation zum vollen Nennwerthe einzulösen,[6] auch solche nicht nur an ihrem Hauptsitz, sondern auch bei ihren Zweiganstalten jederzeit zum vollen Nennwerthe in Zahlung anzunehmen.[7]

Für beschädigte Noten hat sie Ersatz zu leisten, sofern der Inhaber entweder einen Theil der Note präsentirt, welcher größer ist, als die Hälfte, oder den Nachweis führt, daß der Rest der Note, von welcher er nur die Hälfte oder einen geringeren Theil als die Hälfte präsentirt, vernichtet sei.[8]

[5] Vgl. die periodisch im Centralbl. seit Februar 1877 (S. 206) bis Ende November 1880 (Nr. 51 v. 17. Dezember 1880 S. 786, 787) veröffentlichten statistischen Nachweisungen der deutschen Banknoten und von da ab die „Bemerkungen" zu den ebendaselbst seit September 1875 (S. 674) abgedruckten „Status der deutschen Notenbanken". Bei Weitem der größte Betrag ist in Noten zu 100 ℳ ausgegeben. Noten zu 200 ℳ kommen nur bei der „Provinzial-Aktienbank des Großh. Posen" vor, Noten zu 1000 ℳ nur bei der Reichsbank, der „Städtischen Bank zu Breslau" und der „Frankfurter Bank"; Noten zu höheren Beträgen sind bisher nicht ausgegeben. Noten zu kleineren Beträgen als 100 ℳ verbietet bereits Art. 18 des Münzges. v. 9. Juli 1873 (oben A II). Wegen der von Korporationen ausgegebenen Noten 2c. siehe unten § 54.

[6] D. h. an ihrem Sitze; nur die Verpflichtung der Reichsbank ist eine weitere (§ 18 Litt. b). Wegen anderer Einlösungsstellen der Privat-Notenbanken vgl. § 44 Abs. 1 Nr. 4, § 45. Wegen eventueller Entziehung der Befugniß zur Notenausgabe vgl. § 50 Abs. 1 Nr. 3.

[7] Wegen der Annahme von Noten anderer Banken vgl. § 19, § 44 Abs. 1 Nr. 5.

[8] Aehnlich bei Reichskassenscheinen nach dem Ges. v. 30. April 1874 § 6 Abs. 2 (oben B I).

Für vernichtete oder verlorene Noten Ersatz zu leisten ist sie nicht verpflichtet.[9]

§. 5. Banknoten, welche in die Kasse der Bank oder einer ihrer Zweiganstalten oder in eine von ihr bestellte Einlösungskasse in beschädigtem oder beschmutztem Zustande zurückkehren, dürfen nicht wieder ausgegeben werden.

§. 6. Der Aufruf und die Einziehung der Noten einer Bank oder einer Gattung von Banknoten darf nur auf Anordnung oder mit Genehmigung des Bundesraths erfolgen.

Die Anordnung erfolgt, wenn ein größerer Theil des Umlaufs sich in beschädigtem oder beschmutztem Zustande befindet, oder wenn die Bank die Befugniß zur Notenausgabe verloren hat.

Die Genehmigung darf nur ertheilt werden, wenn nachgewiesen wird, daß Nachahmungen der aufzurufenden Noten in den Verkehr gebracht sind.[10]

[9] Hiernach giebt es auch kein Aufgebot behufs Kraftloserklärung einzelner Banknoten. Anders der Aufruf des § 6.

[10] Wegen der Behandlung nachgemachter und verfälschter Reichsbanknoten hat der Bundesrath am 30. November 1876 beschlossen:

„1. Den nachstehenden Bestimmungen seine Zustimmung zu ertheilen:

I. Sämmtliche Reichs- und Landeskassen haben die bei ihnen eingehenden nachgemachten oder verfälschten Reichsbanknoten (§§. 146—149 des Strafgesetzbuches) anzuhalten.

II. Wird ein eingehendes Falschstück als solches von den Kassenbeamten *ohne weiteres* erkannt, so hat der Vorsteher der Kasse sofort der zuständigen Justiz- oder Polizeibehörde Anzeige zu machen und derselben das angehaltene Falschstück unter Beifügung des eingegangenen Begleitschreibens, Etiketts ꝛc. bezw. der über

In allen Fällen schreibt der Bundesrath die Art, die Zahl und die Fristen der über den Aufruf zu erlassenden Bekanntmachungen, den Zeitraum, innerhalb dessen und die Stellen, an welchen die Noten eingelöst werden sollen, die Maßgaben, unter denen nach Ablauf der Fristen eine Einlösung der aufgerufenen Noten

die Einzahlung aufzunehmenden kurzen Verhandlung vorzulegen.

III. Erscheint die Unechtheit einer Note zweifelhaft, so ist dieselbe, nachdem dem bisherigen Inhaber eine Bescheinigung über den Sachverhalt ertheilt worden ist, an das Reichsbank-Direktorium (Berlin W., Jägerstraße Nr. 34) einzusenden. Dasselbe wird diese Noten einer Prüfung unterworfen und

a) im Falle der Echtheit den Werth der einsendenden Kasse zur Aushändigung an den Einzahler zustellen,

b) im Falle der Unechtheit das Falschstück an die einsendende Kasse zurückgeben, damit dieselbe in Gemäßheit der Vorschriften unter II verfahre.

IV. Dem Reichsbank-Direktorium ist von jeder wegen Fälschung oder Nachmachung von Reichsbanknoten erfolgten Einleitung eines Untersuchungs- oder Ermittelungsverfahrens durch die betreffende Justiz- oder Polizeibehörde sofort Mittheilung zu machen und sobald es ohne Nachtheil für das Verfahren geschehen kann, das Falschstück vorzulegen.

Auch ist das Reichsbank-Direktorium von dem Fortgang des Verfahrens in Kenntniß zu erhalten und von dem schließlichen Ergebnisse desselben unter Vorlegung der Akten und der Falschstücke zu benachrichtigen. Letztere sind von dem Reichsbank-Direktorium aufzubewahren.

2. Es sei zu veranlassen, daß den betreffenden Reichs- und Landesbehörden die unter Ziff. 1 erwähnten Bestimmungen zur Nachachtung mitgetheilt werden, unter besonderem Hinweis auf die einschlägigen Bestimmungen des Strafgesetzbuchs in den §§ 146—149, 151, 152 und 360 Ziff. 4—6."

Letzteres ist geschehen (vgl. z. B. die Verfügung des Preuß. Finanzministers v. 13. Februar 1877 — Preuß. Ministerialbl. für die ges. innere Verw. S. 70; Allgem. Verfügung des Preuß. Justizministers v. 20. März 1877 — Justiz-Ministerialbl. S. 54).

noch stattzufinden hat, und die zur Sicherung der Noteninhaber sonst erforderlichen Maßregeln vor.

Die nach dem Vorstehenden von dem Bundesrathe zu erlassenden Vorschriften sind durch das Reichs-Gesetzblatt zu veröffentlichen.[11]

§. 7.[12] Den Banken, welche Noten ausgeben, ist nicht gestattet:

1. Wechsel zu akzeptiren,
2. Waaren oder kurshabende Papiere für eigene oder für fremde Rechnung auf Zeit zu kaufen oder auf Zeit zu verkaufen, oder für die Erfüllung solcher Kaufs- oder Verkaufsgeschäfte Bürgschaft zu übernehmen.

§. 8. Banken, welche Noten ausgeben, haben

1. den Stand ihrer Aktiva und Passiva vom 7., 15., 23. und Letzten jedes Monats, spätestens am fünften Tage nach diesen Terminen[13] und
2. spätestens drei Monate nach dem Schlusse jedes

[11] So hinsichtlich der Einhundertmarknoten der Bayerischen Hypotheken- und Wechselbank die Bekanntm. v. 7. Juni 1877 (R.G.Bl. S. 527); hinsichtlich der Einhundertmarknoten der Rostocker Bank die Bekanntm. v. 19. Dezember 1877 (R.G.Bl. S. 575), v. 9. April 1878 (R.G.Bl. S. 350) und v. 19. Oktober 1878 (R.G.Bl. S. 11); der Einhundertmarknoten der vormaligen Preußischen Bank die Bekanntm. v. 15. März 1878 (R.G.Bl. S. 6) und v. 10. April 1878 (R.G.Bl. S. 12).

Diese Bekanntmachungen sind auch im Centralblatt abgedruckt (vgl. z. B. Centralbl. 1877 S. 653, 1878 S. 138, 173 u. s. w.).

[12] Vgl. die Strafbestimmung in § 58 Abs. 2.

[13] Auf diesen Wochenübersichten beruhen die monatlich im Centralbatt veröffentlichten „Status der deutschen Notenbanken" (vgl. Anm. 5).

Außerdem gilt noch folgende Bestimmung des Gesetzes, betr. die Ausgabe von Banknoten, v. 29. Dezember 1874 Art. II (s. oben Anm. 1):

Geschäftsjahres eine genaue Bilanz ihrer Aktiva und Passiva, sowie den Jahresabschluß des Gewinn- und Verlustkontos

durch den Reichsanzeiger auf ihre Kosten zu veröffentlichen.

Die wöchentliche Veröffentlichung muß angeben

1. auf Seiten der Passiva:
   das Grundkapital,
   den Reservefonds,
   den Betrag der umlaufenden Noten,
   die sonstigen täglich fälligen Verbindlichkeiten,
   die an eine Kündigungsfrist gebundenen Verbindlichkeiten,
   die sonstigen Passiva;
2. auf Seiten der Aktiva:
   den Metallbestand (den Bestand an kursfähigem deutschem Gelde und an Gold in

„§. 4. Die Banken sind ferner verpflichtet, dem Reichskanzler behufs der Veröffentlichung spätestens am siebenten Tage eines jeden Monats den am letzten Tage des voraus gegangenen Monats vor handen gewesenen Betrag
der umlaufenden —
der in den Bankkassen (einschließlich der Filiale, Agenturen und sonstigen Zweiganstalten) befindlichen —
eintretendenfalls auch der nach erfolgter Einlösung vernichteten —
Noten, nach den einzelnen Abschnitten (Appoints) gesondert, anzuzeigen."

Die erste Nachweisung dieser Art wurde durch „Bekanntmachung" des Reichskanzlers v. 15. Januar 1875 veröffentlicht (Centralbl. S. 91 ff.). Vgl. ferner Centralbl. 1875 S. 132, 178 190, 278, 312, 352, 432, 460, 514, 664, 684, 730, 788; 1876 S. 34 ff. In den ferneren Nachweisungen treten noch die präkludirten Banknoten hinzu (vgl. Centralbl. 1876 S. 112, 172, 228 ff. u. s. w. bis 1877 S. 124). In den folgenden Nachweisungen werden nur die im Umlauf und im Bestande befindlichen Banknoten nachgewiesen (Centralbl. 1877 S. 206,216, 280 u. s. w.). Vgl. auch §§ 8, 10 des Bankges. v. 14. März 1875.

Barren oder ausländischen Münzen, das Pfund fein zu 1392 Mark berechnet),[14]

den Bestand:

an Reichs-Kassenscheinen,

an Noten anderer Banken,

an Wechseln,

an Lombardforderungen,

an Effekten,[15]

an sonstigen Aktiven.

Welche Kategorien der Aktiva und Passiva in der Jahresbilanz gesondert nachzuweisen sind, bestimmt der Bundesrath.[16]

Außerdem sind in beiden Veröffentlichungen die aus weiterbegebenen im Inlande zahlbaren Wechseln entsprungenen eventuellen Verbindlichkeiten ersichtlich zu machen.

§. 9. Banken, deren Notenumlauf ihren Baarvorrath und den ihnen nach Maßgabe der Anlage[16a] zu-

[14] Vgl. § 14. Eine Sonderung der einzelnen Gattungen, z. B. von Gold und Silber, ist nicht vorgeschrieben.

[15] Der Antrag, hinzuzusetzen „zum Tageskurs", wurde von der Kommission des Reichstags als überflüssig abgelehnt. Vgl. Handelsgesetzbuch Art. 31, 185a Nr. 1 und Art. 239b in der Fassung des Ges. v. 18. Juli 1884 (R.G.Bl S. 123), sowie Statut der Reichsbank § 13 Nr. 1 (unten II).

[16] Diese Bestimmungen enthält die Bekanntmachung des Reichskanzlers, betreffend die Vorschriften über die von den Notenbanken in der Jahresbilanz gesondert nachzuweisenden Aktiva und Passiva, vom 15. Januar 1877 (unten IV).

Besondere Vorschriften für die Jahresbilanz der Reichsbank enthält § 13 des Statuts der Reichsbank (unten II).

Strafbestimmungen wegen wissentlich falscher Angaben in den Wochenübersichten und Bilanzen enthält § 59 Nr. 1 des Bankgesetzes Vgl. auch § 48.

[16a] Unten S. 111.

gewiesenen Betrag übersteigt, haben vom 1. Januar 1876 ab von dem Ueberschusse eine Steuer von jährlich Fünf vom Hundert an die Reichskasse zu entrichten.[17] Als Baarvorrath gilt bei Feststellung der Steuer der in den Kassen der Bank befindliche Betrag an kursfähigem deutschem Gelde, an Reichs-Kassenscheinen, an Noten anderer deutscher Banken[18] und an Gold in Barren oder ausländischen Münzen, das Pfund fein zu 1392 Mark berechnet.[19]

Erlischt die Befugniß einer Bank zur Notenausgabe (§. 49), so wächst der derselben zustehende Antheil an dem Gesammtbetrage des der Steuer nicht unterliegenden ungedeckten Notenumlaufs dem Antheile der Reichsbank zu.[20]

[17] Diese Bestimmung enthält das wichtige Prinzip der sog. indirekten Kontingentirung der Notenausgabe (vgl. darüber die Motive zum Entwurfe des Bankges. S. 18 ff., Kommissions-Bericht — Aktenstück Nr. 195 2. Leg.Per. II. Sess. 1874 S. 15 ff., Stenogr. Berichte des Reichstags S. 215 ff., 1268 ff.). Die steuerfreie Noten-Reserve, d. h. die Differenz zwischen dem Baarvorrath und dem der betreffenden Bank an ungedeckten Noten zugewiesenen Betrage einerseits und dem Notenumlauf andrerseits, ist danach ein bedeutsamer Faktor der Bankpolitik.

[18] Durch die Hinzurechnung dieser Noten (vgl. § 19, § 44 Abs. 1 Nr. 6) unterscheidet sich diese Vorschrift von denen über die sog. Dritteldeckung (§ 17, § 44 Nr. 3).

[19] Vgl. § 14.

[20] Zunächst verzichteten 13 Banken mit einem Ge-

sammtbetrage von	ℳ 22 561 000,
sodann die Homburger Bank mit	„ 159 000,
endlich die Rostocker Bank mit	„ 1 155 000,
zusammen	ℳ 23 875 000
an steuerfreien ungedeckten Noten — auf das Recht der Notenausgabe, sodaß der Antheil der Reichsbank sich auf	ℳ 273 875 000
erhöhte; den übrigen 17 Banken verblieben	„ 111 125 000
zusammen	ℳ 385 000 000

§. 10. Zum Zweck der Feststellung der Steuer hat die Verwaltung der Bank am 7., 15., 23. und Letzten jedes Monats den Betrag des Baarvorraths und der umlaufenden Noten der Bank festzustellen [21] und diese Feststellung an die Aufsichtsbehörde [22] einzureichen. Am Schluß jedes Jahres wird von der Aufsichtsbehörde auf Grund dieser Nachweisungen die von der Bank zu zahlende Steuer in der Weise festgestellt, daß von dem aus jeder dieser Nachweisungen sich ergebenden steuerpflichtigen Ueberschusse des Notenumlaufs $^{5}/_{48}$ Prozent als Steuersoll berechnet werden. Die Summe dieser für jede einzelne Nachweisung als Steuersoll berechneten Beträge ergiebt die von der Bank spätestens am 31. Januar des folgenden Jahres zur Reichskasse abzuführende Steuer. [23]

§. 11. Ausländische Banknoten oder sonstige auf den Inhaber lautende unverzinsliche Schuldverschreibungen ausländischer Korporationen, Gesellschaften oder Privaten dürfen, wenn sie ausschließlich oder neben anderen Werthbestimmungen in Reichswährung oder einer deutschen Landeswährung ausgestellt sind, innerhalb des Reichsgebietes zu Zahlungen nicht gebraucht werden. [24]

Das Nähere enthalten die unten V abgedruckten Bekanntmachungen v. 1. April 1876, 23. April 1876 u. 13. Oktober 1877.

[21] Die Daten ergeben sich aus den Wochenübersichten (§ 8).

[22] Die „Aufsichtsbehörde" ist der Reichskanzler (vgl. § 48). Die Strafbestimmung wegen unrichtiger Angaben enthält § 59 Nr 2.

[23] Die fragliche Steuer ist auch von der Reichsbank bereits zu wiederholten Malen zu entrichten gewesen.

[24] Die entsprechende Strafbestimmung enthält § 57.

Titel II.
Reichsbank.[25]

§. 12. Unter dem Namen

„Reichsbank“

wird eine unter Aufsicht[26] und Leitung[27] des Reichs stehende Bank errichtet, welche die Eigenschaft einer juristischen Person[28] besitzt und die Aufgabe hat, den Geldumlauf im gesammten Reichsgebiete zu regeln, die Zahlungsausgleichungen zu erleichtern[29] und für die Nutzbarmachung verfügbaren Kapitals zu sorgen.

Die Reichsbank hat ihren Hauptsitz in Berlin. Sie ist berechtigt, aller Orten im Reichsgebiete Zweiganstalten zu errichten.[30]

Der Bundesrath kann die Errichtung solcher Zweiganstalten an bestimmten Plätzen anordnen.

[25] Die Reichsbank hat eine von den übrigen Banken (Privat-Notenbanken — Titel III) abweichende Stellung als Central-Notenbank des Reichs, welche nicht sowohl dem Erwerbe, als öffentlichen, volkswirthschaftlichen Zwecken dienen soll und daher im öffentlichen Interesse mit gewissen Rechten ausgestattet und mit entsprechenden Pflichten belastet ist. Ihre Verwaltung ist deshalb dem Organismus der Reichsbehörden eng angeschlossen.

[26] Vgl. § 25.

[27] Vgl. § 26.

[28] Die Reichsbank ist somit vermögensrechtlich von dem Reichsfiskus getrennt; aber sie ist *keine Aktiengesellschaft*, sondern hat ihr eigenes in dem Bankgesetz und ihrem Statut enthaltenes Sonderrecht, neben welchem sie freilich als „öffentliche Bank“ den von *Kaufleuten* handelnden Bestimmungen des Handelsgesetzbuchs unterliegt (vgl. das. Art. 5). Vgl. auch § 66.

[29] Diesem Zwecke dient hauptsächlich der *Giroverkehr* (§ 13 Nr. 7). Weiter gefördert wird derselbe durch die bei der Reichsbank in Berlin, Bremen, Breslau, Dresden, Frankfurt a./M., Hamburg, Leipzig, Köln und Stuttgart errichteten *Abrechnungsstellen* (Clearing-Häuser).

[30] Vgl. §§ 36, 37.

§. 13. Die Reichsbank ist befugt, folgende Geschäfte zu betreiben:[31]

1. Gold und Silber in Barren und Münzen zu kaufen[32] und zu verkaufen;
2. Wechsel,[33] welche eine Verfallzeit von höchstens drei Monaten haben und aus welchen in der Regel drei, mindestens aber zwei als zahlungsfähig bekannte Verpflichtete haften, ferner Schuldverschreibungen des Reichs, eines deutschen Staats oder inländischer kommunaler Korporationen, welche nach spätestens drei Monaten mit ihrem Nennwerthe fällig sind, zu diskontiren, zu kaufen und zu verkaufen;
3. zinsbare Darlehne auf nicht länger als drei Monate gegen bewegliche Pfänder zu ertheilen (Lombardverkehr),[34] und zwar:
   a) gegen Gold und Silber, gemünzt und ungemünzt,[35]
   b) gegen zinstragende oder spätestens nach einem Jahre fällige und auf den Inhaber lautende Schuldverschreibungen des Reichs, eines deutschen Staats oder inländischer kommunaler

[31] Die civilrechtliche Gültigkeit einzelner nicht unter § 13 fallender Rechtsgeschäfte wird hierdurch nicht berührt (vgl. Stenogr. Berichte des Reichstags S. 1317). Vgl. auch § 35. Wegen der Privat-Notenbanken vgl. § 44 Nr. 1.

[32] Vgl. §§ 14, 32, 33.

[33] Nur Wechsel — keine Anweisungen, Checks (wo diese keine Wechsel sind) und ähnliche Papiere. Vgl. auch § 17.

[34] Vgl. § 32 Abs. 2 Litt. d.

[35] Ein Abschlag von dem Metallwerthe, wie der Entwurf wollte, ist nicht vorgeschrieben.

Korporationen,[36] oder gegen zinstragende, auf den Inhaber lautende Schuldverschreibungen, deren Zinsen vom Reiche oder von einem Bundesstaate garantirt sind, gegen voll eingezahlte Stamm- und Stammprioritätsaktien und Prioritätsobligationen deutscher Eisenbahngesellschaften, deren Bahnen in Betrieb befindlich sind,[37] sowie gegen Pfandbriefe landschaftlicher, kommunaler oder anderer unter staatlicher Aufsicht stehender[38] Bodenkreditinstitute Deutschlands und deutscher Hypothekenbanken auf Aktien, zu höchstens drei Viertel des Kurswerthes,

c) gegen zinstragende, auf den Inhaber lautende Schuldverschreibungen nicht deutscher Staaten, sowie gegen staatlich garantirte ausländische Eisenbahn-Prioritätsobligationen, zu höchstens 50 Prozent des Kurswerthes,[38a]

d) gegen Wechsel, welche anerkannt solide Verpflichtete aufweisen, mit einem Abschlage von mindestens 5 Prozent ihres Kurswerthes,

e) gegen Verpfändung im Inlande lagernder Kaufmannswaaren, höchstens bis zu zwei Drittheilen ihres Werthes;

[36] D. h. Provinzen, Kreise, Gemeinden ꝛc.

[37] Der Relativsatz ist ein Zusatz des Reichstags (Kommissions-Bericht S. 38).

[38] Das Erforderniß der staatlichen Aufsicht bezieht sich nicht auf die Hypothekenbanken (Kommissions-Bericht S. 38, Stenogr. Berichte S. 1318).

[38a] Welche Papiere gegenwärtig lombardfähig sind, ergiebt das Verzeichniß im Anhang unter 1a (S. 112).

4. Schuldverschreibungen der vorstehend unter 3. b. bezeichneten Art zu kaufen und zu verkaufen; die Geschäftsanweisung für das Reichsbank-Direktorium (§. 26)[39] wird feststellen, bis zu welcher Höhe die Betriebsmittel der Bank in solchen Schuldverschreibungen angelegt werden dürfen;
5. für Rechnung von Privatpersonen, Anstalten und Behörden Inkassos zu besorgen und nach vorheriger Deckung Zahlungen zu leisten und Anweisungen oder Ueberweisungen auf ihre Zweiganstalten oder Korrespondenten auszustellen;
6. für fremde Rechnung Effekten aller Art, sowie Edelmetalle nach vorheriger Deckung zu kaufen und nach vorheriger Ueberlieferung zu verkaufen;[40]
7. verzinsliche und unverzinsliche Gelder im Depositengeschäft und im Giroverkehr anzunehmen; die Summe der verzinslichen Depositen[41] darf diejenige des Grundkapitals und des Reservefonds der Bank nicht übersteigen;
8. Werthgegenstände in Verwahrung und in Verwaltung zu nehmen.[42]

[39] Nicht das Bankgesetz selbst, wie bei den Privat-Notenbanken (§ 44 Nr. 1). Vgl. § 32 Abs. 2 Litt. d.

[40] Das Nähere über die erforderliche Sicherstellung (vgl. § 40 Nr. 11) enthält § 19 des Reichsbankstatuts v. 21. Mai 1875 (unten II).

[41] Die verzinslichen Depositen sind zurückgezahlt (vgl. Vertrag über die Abtretung der Preußischen Bank an das Deutsche Reich v. 17/18. Mai 1875 §§ 12, 13 und Anm. 10 dazu (unten III). Solche werden seit dem 31. Mai 1879 überhaupt nicht mehr angenommen. „Der Giroverkehr beruht auf den Bestimmungen" im Anhange unter 2 (S. 128).

[42] Offen und verschlossen nach Maßgabe der „Bedingungen" im Anhange unter 3 (S. 135) u. 4 (S. 145).

§. 14. Die Reichsbank ist verpflichtet, Barrengold zum festen Satze von 1392 Mark für das Pfund fein gegen ihre Noten umzutauschen.[43]

Die Bank ist berechtigt, auf Kosten des Abgebers solches Gold durch die von ihr zu bezeichnenden Techniker prüfen und scheiden zu lassen.

§. 15. Die Reichsbank hat jeweilig den Prozentsatz öffentlich bekannt zu machen, zu welchem sie diskontirt (§. 13, 2) oder zinsbare Darlehne ertheilt (§. 13, 3).[44] Die Aufstellung ihrer Wochen-Uebersichten erfolgt auf Grundlage der Bücher des Reichsbank-Direktoriums und der demselben unmittelbar untergeordneten Zweiganstalten.[45]

§. 16. Die Reichsbank hat das Recht, nach Bedürfniß ihres Verkehrs[46] Banknoten auszugeben.

[43] Die Bestimmung, welche erst in Folge der Kommissions-Verhandlungen in das Gesetz aufgenommen ist (Kommissions-Bericht S. 40, Stenogr. Berichte S. 1319 ff.), ersetzt in gewissem Maße das Prägerecht der Privaten (vgl. Münzgesetz v. 9. Juli 1873 Art. 12 — oben A II). Die Münzgebühr ist damit thatsächlich auf 3 ℳ (1395—1392 = 3) ermäßigt. Periodische Uebersichten über die Goldankäufe der Reichsbank enthält das Centralblatt.

[44] Sie diskontirt jedoch thatsächlich sog. erste Wechsel auch unter dem bekannt gemachten Satze. Aehnlich die Privat-Notenbanken (vgl. § 44 Nr. 1).

[45] Vgl. §§ 8, 36, 37, 48.

[46] Eine Beschränkung liegt indirekt in den §§ 9, 10, 17.

Wegen der Ausgabe der Noten zu 100 ℳ und 1000 ℳ vgl. die Bekanntm. des Reichsbank-Direktoriums v. 6. August 1876 (Reichsanzeiger Nr. 187 v. 10. August 1876) 20. Juni 1877 (Reichsanzeiger Nr. 149 v. 28. Juni 1877), 10. November 1884 (Reichsanzeiger Nr. 267 v. 12. Novbr. 1884). Laut Bekanntm. des Reichskanzlers v. 16. Dezember 1875 gelten v. 1. Januar 1876 ab alle bis dahin von der Preußischen Bank ausgegebenen Banknoten als Noten der Reichsbank. (Die Noten der Preuß. Bank zu 100 ℳ sind inzwischen eingezogen — vgl. § 6 und Anm. 11 dazu). Vgl. Anm. 3 zum Reichsbank-Statut (unten II).

Die An- und Ausfertigung, Einziehung und Vernichtung derselben erfolgt unter Kontrole der Reichsschulden-Kommission,[47] welcher zu diesem Zwecke ein vom Kaiser ernanntes Mitglied hinzutritt.[48]

§. 17. Die Reichsbank ist verpflichtet, für den Betrag ihrer im Umlauf befindlichen Banknoten jederzeit mindestens ein Drittheil in kursfähigem deutschen Gelde, Reichs-Kassenscheinen oder in Gold in Barren oder ausländischen Münzen, das Pfund fein zu 1392 Mark gerechnet,[49] und den Rest in diskontirten Wechseln, welche eine Verfallzeit von höchstens drei Monaten haben, und aus welchen in der Regel drei, mindestens aber zwei als zahlungsfähig bekannte Verpflichtete haften, in ihren Kassen als Deckung bereit zu halten.[50]

§. 18. Die Reichsbank ist verpflichtet, ihre Noten:

a) bei ihrer Hauptkasse in Berlin sofort auf Präsentation,

b) bei ihren Zweiganstalten, soweit es deren Baarbestände und Geldbedürfnisse gestatten,[51]

[47] Vgl. Ges. v. 19. Juni 1868 §§ 4—7 (unten E II).

[48] Gegenwärtig der Direktor im Reichs-Justizamt Hanauer (zufolge Allerh. Erl. v. 16. Dezember 1875).

[49] Vgl. § 14.

[50] Silber in Barren und Lombard-Forderungen sind zur Deckung nicht geeignet. Gleiche Deckungsvorschriften für die Privatnotenbanken enthält § 44 Nr. 3.

Landesgesetzlich können unter gewissen Voraussetzungen etwaige Pfand- und Vorzugsrechte der Banknoteninhaber erhalten werden nach § 12 des Einführungsges. zur Konkursordnung v. 10. Februar 1877 (R.G.Bl. S. 390) und § 13 des Einführungsges. zur Civilprozeßordnung v. 30. Januar 1877 (R.G.Bl. S. 244).

[51] Ueber die Gründe dieser Beschränkung vgl. Stenogr. Berichte des Reichstags S. 1332 ff.

dem Inhaber gegen kursfähiges deutsches Geld einzulösen.[52]

§. 19. Die Reichsbank ist verpflichtet, die Noten der, vom Reichskanzler nach der Bestimmung im §. 45 dieses Gesetzes bekannt gemachten Banken sowohl in Berlin, als auch bei ihren Zweiganstalten in Städten von mehr als 80000 Einwohnern[53] oder am Sitze der Bank, welche die Noten ausgegeben hat,[54] zum vollen Nennwerthe in Zahlung zu nehmen, so lange die ausgebende Bank ihrer Noteneinlösungspflicht pünktlich nachkommt. Die auf diesem Wege angenommenen Banknoten dürfen nur entweder zur Einlösung präsentirt oder zu Zahlungen an diejenige Bank, welche dieselben ausgegeben hat, oder zu Zahlungen an dem Orte, wo letztere ihren Hauptsitz hat, verwendet werden.

Die Reichsbank ist ermächtigt, mit anderen deutschen Banken Vereinbarungen über Verzichtleistung der letzteren auf das Recht zur Notenausgabe abzuschließen.[55]

§. 20. Wenn der Schuldner eines im Lombardverkehr (§. 13 Ziffer 3) gewährten Darlehns im Verzuge ist, ist die Reichsbank berechtigt, ohne gerichtliche Ermächtigung oder Mitwirkung das bestellte Faustpfand durch einen ihrer Beamten oder durch einen zu Versteigerungen befugten Beamten öffentlich verkaufen, oder, wenn der verpfändete Gegenstand einen Börsenpreis

[52] Vgl. § 4 und Anm. 6.

[53] Thatsächlich geht die Reichsbank noch weiter, indem sie auf das natürliche Umlaufsgebiet Rücksicht nimmt.

[54] Abweichend § 44 Nr. 5.

[55] Dies ist in mehreren Fällen geschehen. Vgl. § 9 Abs. 2, § 32 Abs. 2 Litt. f.

oder Marktpreis hat, den Verkauf auch nicht öffentlich durch einen ihrer Beamten, oder durch einen Handelsmakler, oder, in Ermangelung eines solchen, durch einen zu Versteigerungen befugten Beamten zum laufenden Preise bewirken zu lassen, und sich aus dem Erlöse wegen Kapital, Zinsen und Kosten bezahlt zu machen. Dieses Recht behält die Bank auch gegenüber anderen Gläubigern und gegenüber der Konkursmasse des Schuldners.[56]

§. 21. Die Reichsbank und ihre Zweiganstalten sind im gesammten Reichsgebiete frei von staatlichen Einkommen- und Gewerbesteuern.[57]

§. 22. Die Reichsbank ist verpflichtet, ohne Entgelt für Rechnung des Reichs Zahlungen anzunehmen und bis auf Höhe des Reichsguthabens zu leisten.[58]

[56] Die Vorschrift findet sich in ähnlicher Fassung in § 117 der Preußischen Bankordnung v. 5. Oktober 1846 (Ges.Samml. S. 435). Vgl. auch Handelsgesetzbuch Art. 311, 353.

[57] Nicht von kommunalen Steuern dieser Art und von staatlichen Steuern auf andere Objekte, z. B. Grund- und Gebäudesteuern.

Wegen des Handelsregisters vgl. § 66.

[58] Eine Erweiterung der Verpflichtung enthält § 11 des Statuts der Reichsbank v. 21. Mai 1875 (unten II).

Auf Grund dieser Bestimmungen ist die Bekanntm. v. 29. Dezember 1875, betr. die Reichs-Hauptkasse, erlassen (unten VI).

Beispielsweise ist der Reichsbank-Hauptkasse die Umwechselung von Reichsmünzen nach Art. 9 des Münzges. v. 9. Juli 1873 übertragen (vgl. Bekanntm. des Reichskanzlers v. 19. Dezember 1875 — oben A IV, S. 34).

Für die Reichshauptkasse ist vom Reichskanzler eine Geschäftsanweisung unterm 30. Dezember 1875 erlassen (vgl. Verfügung des Preuß. Finanzministers v. 31. Dezember 1875 und v. 15. Januar 1876 nebst Auszug aus der Geschäftsanweisung — Preuß. Ministerialbl. für die ges. innere Verw. 1876 S. 63 ff.).

Sie ist berechtigt, die nämlichen Geschäfte für die Bundesstaaten zu übernehmen.[59]

§. 23. Das Grundkapital der Reichsbank besteht aus einhundertundzwanzig Millionen Mark, getheilt in vierzigtausend auf Namen lautende Antheile von je dreitausend Mark.[60]

Die Antheilseigner haften persönlich für die Verbindlichkeiten der Reichsbank nicht.

§. 24.[61] Aus dem beim Jahresabschlusse sich ergebenden Reingewinn der Reichsbank wird:

1. zunächst den Antheilseignern eine ordentliche Dividende von vier und einhalb Prozent des Grundkapitals berechnet, sodann
2. von dem Mehrbetrage eine Quote von zwanzig Prozent dem Reservefonds zugeschrieben, so lange derselbe nicht ein Viertel des Grundkapitals beträgt,
3. der alsdann verbleibende Ueberrest zur Hälfte an die Antheilseigner und zur Hälfte an die Reichskasse gezahlt, soweit die Gesammtdividende der Antheilseigner nicht acht Prozent übersteigt. Von dem weiter verbleibenden Reste erhalten die Antheilseigner ein Viertel, die Reichskasse drei Viertel.

Erreicht der Reingewinn nicht volle vier und ein-

[59] Dies ist für Preußen und Baden geschehen.

[60] Das Nähere siehe im Reichsbank-Statut v. 21. Mai 1875 §§ 2—8 (unten II).

[61] Vgl. Reichsbank-Statut §§ 2 Abs. 2, 3, 9, 14, 15, 21.

halb Prozent des Grundkapitals, so ist das Fehlende aus dem Reservefonds zu ergänzen.

Das bei Begebung von Antheilsscheinen der Reichsbank etwa zu gewinnende Aufgeld fließt dem Reservefonds zu.[62]

Dividendenrückstände verjähren binnen vier Jahren, von dem Tage ihrer Fälligkeit an gerechnet,[62a] zum Vortheil der Bank.

§. 25. Die dem Reiche zustehende Aufsicht über die Reichsbank wird von einem Bank-Kuratorium ausgeübt, welches aus dem Reichskanzler als Vorsitzenden und vier Mitgliedern besteht. Eines dieser Mitglieder ernennt der Kaiser,[63] die drei anderen der Bundesrath.

Das Kuratorium versammelt sich vierteljährlich einmal. In diesen Versammlungen wird ihm über den Zustand der Bank und alle darauf Bezug habenden Gegenstände Bericht erstattet und eine allgemeine Rechenschaft von allen Operationen und Geschäftseinrichtungen der Bank ertheilt.

§. 26. Die dem Reiche zustehende Leitung der Bank wird vom Reichskanzler, und unter diesem von dem Reichsbank-Direktorium ausgeübt; in Behinderungsfällen des Reichskanzlers wird die Leitung durch

[62] Das Aufgeld betrug 30 Prozent (Bekanntm. des Reichskanzlers v. 24. Mai 1875. Reichsanzeiger Nr. 120. Beilage 1. v. 26. Mai 1875).

[62a] Vgl. § 15 des Statuts der Reichsbank (unten II).

[63] Gegenwärtig der preußische Finanzminister v. Scholz. Die Einrichtungen sind der preußischen Bankordnung v. 5. Oktober 1846 §§ 41 ff. (Ges.Samml. S. 435) nachgebildet.

einen vom Kaiser hierfür ernannten Stellvertreter wahrgenommen.[64]

Der Reichskanzler leitet die gesammte Bankverwaltung innerhalb der Bestimmungen dieses Gesetzes und des zu erlassenden Statuts (§. 40). Er erläßt die Geschäftsanweisungen für das Reichsbank-Direktorium und für die Zweiganstalten,[64a] sowie die Dienstinstruktionen für die Beamten der Bank, und verfügt die erforderlichen Abänderungen der bestehenden Geschäftsanweisungen (Reglements) und Dienstinstruktionen.

§. 27. Das Reichsbank-Direktorium ist die verwaltende und ausführende, sowie die, die Reichsbank nach außen vertretende Behörde.

Es besteht aus einem Präsidenten und der erforderlichen Anzahl von Mitgliedern,[65] und faßt seine Beschlüsse nach Stimmenmehrheit, hat jedoch bei seiner Verwaltung überall den Vorschriften und Weisungen des Reichskanzlers Folge zu leisten.

Präsident und Mitglieder des Reichsbank-Direkto-

[64] Gegenwärtig der allgemeine Stellvertreter des Reichskanzlers, Staatssekretär des Reichsamts des Innern, Staatsminister v. Bötticher. Seine Vorgänger waren die Staatsminister Delbrück und v. Hofmann.

[64a] Auf Grund dieser Bestimmung sind vom Reichskanzler erlassen:
a) die Geschäftsanweisung für die Reichsbankhauptstellen und Reichsbankstellen vom 30. Nov. 1875;
b) die Geschäftsanweisung für die Reichsbanknebenstellen vom 17. Dezember 1875;
c) die Geschäftsanweisung für diejenigen Reichsbanknebenstellen, welche durch zwei kautionspflichtige Bankbeamte verwaltet werden, vom 21. April 1883;

sämmtlich nicht veröffentlicht.

[65] Gegenwärtig sechs. Vgl. § 32 Abs. 2 Litt. c.

riums werden auf den Vorschlag des Bundesraths vom Kaiser auf Lebenszeit ernannt.

§. 28. Die Beamten der Reichsbank haben die Rechte und Pflichten der Reichsbeamten.[66]

Ihre Besoldungen, Pensionen und sonstigen Dienstbezüge, sowie die Pensionen und Unterstützungen für ihre Hinterbliebenen, trägt die Reichsbank. Der Besoldungs- und Pensionsetat des Reichsbank-Direktoriums wird jährlich durch den Reichshaushalts-Etat,[67] der der übrigen Beamten jährlich vom Kaiser im Einvernehmen mit dem Bundesrathe auf den Antrag des Reichskanzlers festgesetzt.[68]

Kein Beamter der Reichsbank darf Antheilscheine derselben besitzen.

§. 29. Die Rechnungen der Reichsbank unterliegen

[66] Wegen der Anstellung der Reichsbankbeamten, welche übrigens den gewöhnlichen Diensteid der unmittelbaren Reichsbeamten (Verord. v. 29. Juni 1871 — R.G.Bl. S. 303) leisten, und behufs Anwendung des Reichsbeamtengesetzes ist die Verord., betreffend die Anstellung der Beamten und die Zuständigkeit zur Ausführung des Gesetzes vom 31. März 1873 bei der Verwaltung der Reichsbank, vom 19. Dezember 1875 (unten VII) erlassen.

Wegen der vierteljährlichen Zahlung der Gehälter an die Reichsbankbeamten ist vom Reichskanzler die Bekanntmachung v. 27. Dezember 1875 erlassen (unten VIII).

[67] Vgl. Reichsgesetzblatt 1877 S. 408, 425, 489; 1878 S. 10, 17, 83; 1879 S. 19, 82; 1880 S. 27, 94; 1881 S. 41, 67; 1882 S. 11, 57; 1883 S. 28, 147.

[68] Wegen Abänderungen vgl. § 32 Abs. 2 Litt. b.

Wegen Zahlung der Gehälter vgl. Anm. 66

In Betreff des Pensions- und Kautionswesens vgl. die auf Grund des § 40 erlassenen Verord. v. 23. Dezember 1875 (unten IX) und v. 31. März 1880 (unten X). Wegen des Wittwen- und Waisengeldes vgl. Verord. v. 8. Juni 1881 (unten XI).

der Revision durch den Rechnungshof des Deutschen Reichs.[69]

Die Form, in welcher die jährliche Rechnungslegung zu erfolgen hat, wird durch den Reichskanzler bestimmt. Die hierüber ergehenden Bestimmungen sind dem Rechnungshof mitzutheilen.[70]

§. 30. Die Antheilseigner üben die ihnen zustehende Betheiligung an der Verwaltung der Reichsbank durch die Generalversammlung,[71] außerdem durch einen aus ihrer Mitte gewählten ständigen Zentralausschuß[72] nach Maßgabe der nachfolgenden Bestimmungen aus.

§. 31. Der Zentralausschuß ist die ständige Vertretung der Antheilseigner gegenüber der Verwaltung. Er besteht aus fünfzehn Mitgliedern, neben welchen fünfzehn Stellvertreter zu wählen sind. Die Mitglieder und die Stellvertreter werden von der Generalversammlung aus der Zahl der im Besitze von mindestens je drei auf ihren Namen lautenden Antheilscheinen befindlichen Antheilseigner gewählt. Sämmtliche Mitglieder und Stellvertreter müssen im Reichsgebiete und wenigstens neun Mitglieder und neun Stellvertreter

[69] Die Kontrole ist alljährlich durch Gesetz der preußischen Oberrechnungskammer übertragen. (Vgl. Ges., betr. die Kontrole des Reichshaushaltes, v. 22. Mai 1877 (R.G.Bl. S. 499), 1. Juni 1878 (R.G.Bl. S. 97), 5. Juli 1879 (R.G.Bl. S. 173), 30. Mai 1880 (R.G.Bl. S. 119), 1. Juni 1881 (R.G.Bl. 100), 4. Januar 1882 (R.G.Bl. S. 1), 3. März 1883 (R.G.Bl. S. 30), 30. April 1884 (R.G.Bl. S. 47).

[70] Die erforderliche (nicht veröffentlichte) Bestimmung ist unterm 5. Februar 1877 erlassen.

Wegen der Organisations- und Verwaltungskosten vgl. auch Reichsbankstatut § 13 Nr. 2 (unten II).

[71] Vgl. Reichsbankstatut §§ 2 Abs. 2, 16—22.

[72] Vgl. das. §§ 22—26, 29.

in Berlin ihren Wohnsitz haben. Ein Drittel der Mitglieder scheidet jährlich aus. Die Ausscheidenden sind wieder wählbar.[73]

Der Zentralausschuß versammelt sich unter Vorsitz des Präsidenten des Reichsbank-Direktoriums wenigstens einmal monatlich, kann von demselben aber auch außerordentlich berufen werden. Er ist beschlußfähig bei Anwesenheit von wenigstens sieben Mitgliedern; die Geschäftsanweisung wird festsetzen, in welchen Fällen und in welcher Reihenfolge die Einberufung von Stellvertretern zu bewirken ist.[74]

§. 32. Dem Zentralausschuß werden in jedem Monat die wöchentlichen Nachweisungen über die Diskonto-, Wechsel- und Lombardbestände, den Notenumlauf, die Baarfonds, die Depositen, über den An- und Verkauf von Gold, Wechseln und Effekten, über die Vertheilung der Fonds auf die Zweiganstalten zur Einsicht vorgelegt, und zugleich die Ergebnisse der ordentlichen und der außerordentlichen Kassenrevisionen, sowie die Ansichten und Vorschläge des Reichsbank-Direktoriums über den Gang der Geschäfte im Allgemeinen und über die etwa erforderlichen Maßregeln mitgetheilt.

Insbesondere ist der Zentralausschuß gutachtlich[75] zu hören:

[73] Vgl. Anm. 72.

[74] Dies ist durch besondere Verfügung des Reichskanzlers vom 26. November 1875 geschehen. Vgl. auch § 34.

[75] Einer „Zustimmung“ des Centralausschusses bedarf es nur in den Fällen § 32 Abs. 2 Litt. d, § 35 des Bankges. und des § 16 Abs. 2 des Reichsbank-Statuts (unten II). Einen ferneren Fall bloß gutachtlicher Aeußerung siehe im Reichsbank-Statut § 14

a) über die Bilanz und die Gewinnberechnung, welche nach Ablauf des Geschäftsjahres vom Reichsbank-Direktorium aufgestellt, mit dessen Gutachten dem Reichskanzler zur definitiven Festsetzung überreicht, und demnächst den Antheilseignern in deren ordentlicher Generalversammlung mitgetheilt wird;[76]

b) über Abänderungen des Besoldungs- und Pensionsetats (§. 28);

c) über die Besetzung erledigter Stellen im Reichsbank-Direktorium, mit Ausnahme der Stelle des Präsidenten, vor der Beschlußfassung des Bundesraths (§. 27);

d) über den Höchstbetrag, bis zu welchem die Fonds der Bank zu Lombarddarlehen verwendet werden können.

Der Ankauf von Effekten für Rechnung der Bank kann nur erfolgen, nachdem die Höhe des Betrages, bis zu welcher die Fonds der Bank zu diesem Zwecke verwendet werden können, zuvor mit Zustimmung des Zentralausschusses festgesetzt ist;

e) über die Höhe des Diskontosatzes und des Lombard-Zinsfußes, sowie über Veränderungen in den Grundsätzen und Fristen der Kreditertheilung;

f) über Vereinbarung mit anderen deutschen Ban-

Abs. 2. Zu hören ist der Centralausschuß auch nach § 2 Abs. 2 und § 7 das.

[76] Vgl. Reichsbank-Statut §§ 13, 14, 21.

ken (§. 19), sowie über die in den Geschäftsbeziehungen zu denselben zu beobachtenden Grundsätze.

Allgemeine Geschäftsanweisungen und Dienstinstruktionen sind dem Zentralausschusse alsbald nach ihrem Erlasse (§. 26) zur Kenntnißnahme mitzutheilen.

§. 33. Die Mitglieder des Zentralausschusses beziehen keine Besoldung.

Wenn ein Ausschußmitglied das Bankgeheimniß (§. 39) verletzt, die durch sein Amt erlangten Aufschlüsse gemißbraucht oder sonst das öffentliche Vertrauen verloren hat, oder wenn durch dasselbe überhaupt das Interesse des Instituts gefährdet erscheint, so ist die Generalversammlung berechtigt, seine Ausschließung zu beschließen.

Ein Ausschußmitglied, welches in Konkurs geräth, während eines halben Jahres den Versammlungen nicht beigewohnt, oder eine der Voraussetzungen seiner Wählbarkeit (§. 31) verloren hat, wird für ausgeschieden erachtet.

§. 34. Die fortlaufende spezielle Kontrole über die Verwaltung der Reichsbank üben drei, von dem Zentralausschusse aus der Zahl seiner Mitglieder auf ein Jahr gewählte Deputirte des Zentralausschusses beziehungsweise deren gleichzeitig zu wählende Stellvertreter. Die Geschäftsanweisung wird festsetzen, in welchen Fällen und in welcher Reihenfolge die Einberufung von Stellvertretern zu bewirken ist.[77]

Die Deputirten sind insbesondere berechtigt, allen

[77] Vgl. Reichsbank-Statut § 24 (unten II). — Vgl. Anm. 64 a, 74.

Sitzungen des Reichsbank-Direktoriums mit berathender Stimme beizuwohnen.[78]

Sie sind ferner berechtigt und verpflichtet, in den gewöhnlichen Geschäftsstunden und im Beisein eines Mitgliedes des Reichsbank-Direktoriums von dem Gange der Geschäfte Kenntniß zu nehmen, die Bücher und Portefeuilles der Bank einzusehen und den ordentlichen, wie außerordentlichen Kassenrevisionen beizuwohnen. Ueber ihre Wirksamkeit erstatten sie in den monatlichen Versammlungen des Zentralausschusses Bericht.

Im Fall des §. 33 Absatz 2 kann ein Deputirter bereits vor der Entscheidung der Generalversammlung durch den Zentralausschuß suspendirt werden.

§. 35. Geschäfte mit den Finanzverwaltungen des Reichs oder deutscher Bundesstaaten dürfen nur innerhalb der Bestimmungen dieses Gesetzes und des Bankstatuts gemacht und müssen, wenn andere als die allgemein geltenden Bedingungen des Bankverkehrs in Anwendung kommen sollen, zuvor zur Kenntniß der Deputirten gebracht, und, wenn auch nur Einer derselben darauf anträgt, dem Zentralausschuß vorgelegt werden. Sie müssen unterbleiben, wenn der letztere nicht in einer beschlußfähigen Versammlung mit Stimmenmehrheit für die Zulässigkeit sich ausspricht.

§. 36. Außerhalb des Hauptsitzes der Bank sind an, vom Bundesrathe zu bestimmenden, größeren Plätzen Reichsbankhauptstellen zu errichten, welche unter Leitung

[78] Obligatorisch ist die Anhörung der Deputirten außerdem nur in den Fällen des § 35. Wegen der Prüfung der Jahresbilanz siehe Reichsbank-Statut § 14. Vgl. übrigens Anm. 75.

eines aus wenigstens zwei Mitgliedern bestehenden Vorstandes, und unter Aufsicht eines vom Kaiser ernannten Bank-Kommissarius stehen.[79]

Bei jeder Reichsbankhauptstelle soll, wenn sich daselbst eine hinreichende Zahl geeigneter Antheilseigner vorfindet, ein Bezirksausschuß bestehen, dessen Mitglieder vom Reichskanzler aus den vom Bank-Kommissar und vom Zentralausschuß aufgestellten Vorschlagslisten der am Sitz der Bankhauptstelle oder in dessen unmittelbarer Nähe wohnhaften Antheilseigner ausgewählt werden. Dem Ausschuß werden in seinen monatlich abzuhaltenden Sitzungen die Uebersichten über die Geschäfte der Bankhauptstelle und die von der Zentralverwaltung ergangenen allgemeinen Anordnungen mitgetheilt. Anträge und Vorschläge des Bezirksausschusses, welchen vom Vorstande der Bankhauptstelle nicht in eigener Zuständigkeit entsprochen wird, werden von letzterem dem Reichskanzler mittelst Berichts eingereicht.[80]

Eine fortlaufende spezielle Kontrole über den Geschäftsgang bei den Bankhauptstellen nach Maßgabe der Bestimmungen im §. 34 üben, soweit es ohne Störung

[79] Vgl. § 12. Die Hauptstellen sind aufgeführt in der auf Grund der §§ 36, 37 erlassenen Bekanntmachung des Reichskanzlers vom 17. Dezember 1875 (unten XII).

Später hinzugetreten ist die frühere Reichsbankstelle zu Danzig zufolge Bekanntmachung des Reichskanzlers vom 24. April 1879 (unten XIII).

Vgl. auch die Bekanntm. des Reichsbank-Direktoriums v. 1. Januar 1876, den Beginn der Thätigkeit der Reichsbank-Anstalten betreffend (Reichs-Anzeiger 1876 Nr. 1).

Das Verzeichniß der Reichsbankanstalten ist im Anhange (unter 5, S. 147 ff.) mitgetheilt.

[80] Vgl. Reichsbank-Statut §§ 27—29 (unten II).

der täglichen laufenden Geschäfte geschehen kann, 2 bis 3 Beigeordnete, welche vom Bezirksausschuß aus seiner Mitte gewählt, oder, wo ein Bezirksausschuß nicht besteht,[81] vom Reichskanzler nach Absatz 2 ernannt werden.

§ 37. Die Errichtung sonstiger Zweiganstalten erfolgt, sofern dieselben dem Reichsbank-Direktorium unmittelbar untergeordnet werden (Reichsbankstellen), durch den Reichskanzler,[82] sofern sie einer anderen Zweiganstalt untergeordnet werden, durch das Reichsbank-Direktorium.[83]

§. 38. Die Reichsbank wird in allen Fällen, und zwar auch wo die Gesetze eine Spezialvollmacht erfordern, durch die Unterschrift des Reichsbank-Direktoriums oder einer Reichsbankhauptstelle verpflichtet, sofern diese Unterschriften von zwei Mitgliedern des Reichsbank-Direktoriums beziehungsweise von zwei Mitgliedern des Vorstandes der Reichsbankhauptstelle oder den als Stellvertretern der letzteren bezeichneten Beamten vollzogen sind.

Unter welchen Voraussetzungen und in welcher Form

[81] Ein Bezirksausschuß besteht zur Zeit bei allen Reichsbankhauptstellen.

[82] Den in der Bekanntm. v. 17. Dezember 1875 (Anm. 79) genannten sind hinzugetreten die Reichsbankstellen in Stolp (Bekanntm. v. 16. Mai 1877, Reichsanzeiger Nr. 115) und Cottbus (Bekanntm. v. 9. November 1883, Reichsanzeiger Nr. 265). Weggefallen ist die Reichsbankstelle in Danzig, welche in eine Reichsbankhauptstelle umgewandelt ist (vgl. Anm. 79).

[83] Die Reichsbank-Kommanditen in Cöslin und Insterburg, ferner 132 Reichsbanknebenstellen, von welchen die zu Wiesbaden, Duisburg, Bochum und Darmstadt, durch 2 Beamte mit einer der der Kommanditen ähnlichen Verfassung (Geschäftsanweisung vom 21. April 1883 — vgl. Anm. 64a) verwaltet werden, die Regierungs-Hauptkassen zu Trier und Marienwerder und 25 (hauptsächlich zur Vermittelung von Lombard-Geschäften bestimmte) Waarendepots.

die Unterschriften der Bankstellen eine Verpflichtung für die Reichsbank begründen, wird vom Reichskanzler bestimmt und besonders bekannt gemacht.[84]

Gegen die Reichsbankhauptstellen und Bankstellen können alle Klagen, welche auf den Geschäftsbetrieb derselben Bezug haben, bei dem Gerichte des Orts erhoben werden, wo die Zweiganstalt errichtet ist.[85]

§. 39. Sämmtliche bei der Verwaltung der Bank als Beamte, Ausschußmitglieder, Beigeordnete betheiligte Personen sind verpflichtet, über alle einzelne Geschäfte der Bank, besonders über die mit Privatpersonen und über den Umfang des den letzteren gewährten Kredits, Schweigen zu beobachten. Die Deputirten des Zentralausschusses und deren Stellvertreter, sowie die Beigeordneten bei den Reichsbankhauptstellen sind hierzu vor Antritt ihrer Funktionen mittelst Handschlags an Eidesstatt besonders zu verpflichten.[86]

§. 40. Das Statut der Reichsbank wird nach Maßgabe der vorstehend in den §§ 12 bis 39 enthaltenen Vorschriften vom Kaiser im Einvernehmen mit dem Bundesrath erlassen.[87]

[84] Die Bestimmung ist enthalten in der Bekanntmachung vom 27. Dezember 1875 (unten XIV).

[85] Die Bestimmung ist aufrecht erhalten nach § 13 Abs. 1 des Einführungsges. zur Civilprozeßordnung v. 30. Januar 1877 (R.G.Bl. S. 390). Vgl. auch § 22 der Civilprozeßordnung (R.G.Bl. S. 83).

[86] Vgl. § 33 Abs. 2, § 34 Abs. 4, § 36 Abs. 3.

[87] Auf Grund des § 40 sind auch die Verordnungen, betr. die Pensionen und Kautionen der Reichsbankbeamten (Anm. 68) erlassen; auf Grund der §§ 28 und 40 die Verord., betr. die Fürsorge für die Wittwen und Waisen der Reichsbankbeamten, v. 8. Juni 1881 (ebenda).

Dasselbe muß insbesondere Bestimmungen enthalten:

1. über die Form der Antheilscheine der Reichsbank und der dazu gehörigen Dividendenscheine und Talons;[88]
2. über die bei Uebertragung oder Verpfändung von Antheilscheinen zu beachtenden Formen;[89]
3. über die Mortifikation verlorener oder vernichteter Antheilscheine, sowie über das Verfahren in Betreff abhanden gekommener Dividendenscheine und Talons;[90]
4. über die Grundsätze, nach denen die Jahresbilanz der Reichsbank aufzunehmen ist;[91]
5. über Termine und Modalitäten der Erhebung der Dividende;[92]
6. über die Form, in welcher die Zusammenberufung der Generalversammlungen geschieht, sowie über die Bedingungen und die Art der Ausübung des Stimmrechts der Antheilseigner; die Ausübung des Stimmrechts darf jedoch nicht durch den Besitz von mehr als einem Antheilsscheine bedingt, noch dürfen mehr als hundert Stimmen in einer Hand vereinigt werden;[93]
7. über die Modalitäten der Wahl des Zentral-

[88] Vgl. Reichsbank-Statut § 3 (unten II).
[89] Vgl. §§ 4—6 das.; auch § 7 das.
[90] Vgl. §§ 8, 9 das.
[91] Vgl. §§ 12, 13 das.; auch § 14 das. und Bankges. § 8 Abs. 3, 4.
[92] Vgl. Reichsbank-Statut § 15.
[93] Vgl. §§ 16—22, 30 das.

ausschusses und der Deputirten desselben, der Bezirksausschüsse und der Beigeordneten bei den Reichsbankhauptstellen;[94]

8. über die Form, in welcher die von der Gesellschaft ausgehenden Bekanntmachungen erfolgen, sowie über die öffentlichen Blätter, in welche dieselben aufzunehmen sind;[95]
9. über die im Fall der Aufhebung der Reichsbank (§. 41) eintretende Liquidation;[96]
10. über die Form, in welcher die Mitwirkung der Antheilseigner oder deren Vertreter zu einer durch Reichsgesetz festzustellenden Erhöhung des Grundkapitals herbeigeführt werden soll;[97]
11. über die Voraussetzungen der Sicherstellung, unter denen Effekten für fremde Rechnung gekauft oder verkauft werden dürfen."[98]

§. 41. Das Reich behält sich das Recht vor, zuerst zum 1. Januar 1891, alsdann aber von zehn zu zehn Jahren nach vorausgegangener einjähriger Ankündigung, welche auf Kaiserliche Anordnung, im Einvernehmen mit dem Bundesrath, vom Reichskanzler an das Reichsbank-Direktorium zu erlassen und von letzterem zu veröffentlichen ist, entweder

a) die auf Grund dieses Gesetzes errichtete Reichsbank aufzuheben und die Grundstücke derselben

[94] Vgl. §§ 22—29 des Reichsbank-Statuts (unten II).
[95] Vgl. § 30 das.
[96] Vgl. § 31 das.
[97] Vgl. §§ 2, 31 das.
[98] Vgl. § 10 das.

gegen Erstattung des Buchwerthes zu erwerben, oder

b) die sämmtlichen Antheile der Reichsbank zum Nennwerthe zu erwerben.[99]

In beiden Fällen geht der bilanzmäßige Reservefonds, soweit derselbe nicht zur Deckung von Verlusten in Anspruch zu nehmen ist, zur einen Hälfte an die Antheilseigner, zur andern Hälfte an das Reich über.

Zur Verlängerung der Frist nach Inhalt des ersten Absatzes ist die Zustimmung des Reichstags erforderlich.

Titel III.

Privat-Notenbanken.

§. **42.** Banken, welche sich bei Erlaß dieses Gesetzes im Besitze der Befugniß zur Notenausgabe befinden,[100] dürfen außerhalb desjenigen Staates, welcher ihnen diese Befugniß ertheilt hat, Bankgeschäfte durch Zweiganstalten weder betreiben noch durch Agenten für ihre Rechnung betreiben lassen, noch als Gesellschafter an Bankhäusern sich betheiligen.

§. **43.**[101] Die Noten einer Bank, welche sich bei Erlaß dieses Gesetzes im Besitze der Befugniß zur Notenausgabe befindet, dürfen außerhalb desjenigen Staates, welcher derselben diese Befugniß ertheilt hat, zu Zahlungen nicht gebraucht werden.

[99] Vgl. § 3 des Reichsbank-Statuts.

[100] Vgl. Anm. 2; ferner § 44 Abs. 3, 4, § 45 Abs. 2 Nr. 1, §§ 48, 50 Abs. 1 Nr. 2 und die Strafbestimmung des § 58.

[101] Vgl. §§ 44—48, 50 Abs. 1 Nr. 3, § 54 und die Strafbestimmung des § 56.

Der Umtausch solcher Noten gegen andere Banknoten, Papiergeld oder Münzen unterliegt diesem Verbote nicht.

§. 44. Die beschränkenden Bestimmungen des §. 43 finden auf diejenigen Banken keine Anwendung, welche bis zum 1. Januar 1876 folgende Voraussetzungen erfüllen:

1. Die Bank darf ihre Betriebsmittel nur in den im §. 13 unter 1 bis 4 bezeichneten Geschäften, und zwar zu 4 höchstens bis zur Höhe der Hälfte des Grundkapitals der Bank und der Reserven,[102] anlegen.

   Bezüglich des Darlehnsgeschäfts ist der Bank eine Frist bis zum 1. Januar 1877 eingeräumt, innerhalb welcher sie ihre Darlehne den Bestimmungen des §. 13 Nr. 3 zu konformiren hat.

   Sie hat jeweilig den Prozentsatz öffentlich bekannt zu machen, zu welchem sie diskontirt oder zinsbare Darlehne gewährt.

2. Die Bank legt von dem sich jährlich über das Maß von 4½ Prozent des Grundkapitals hinaus ergebenden Reingewinn jährlich mindestens 20 Prozent so lange zur Ansammlung eines Reservefonds zurück, als der letztere nicht ein Viertheil des Grundkapitals beträgt.[103]

3. Die Bank verpflichtet sich, für den Betrag ihrer im Umlauf befindlichen Banknoten jederzeit

[102] Vgl. Anm. 39 und § 44 Abs. 4 sowie § 46.
[103] Vgl. § 24 Nr. 2, § 44 Abs. 4.

mindestens ein Drittheil in kursfähigem deutschem Gelde, Reichs-Kassenscheinen oder in Gold in Barren oder ausländischen Münzen, das Pfund fein zu 1392 Mark gerechnet, und den Rest in diskontirten Wechseln, welche eine Verfallzeit von höchstens drei Monaten haben und aus welchen in der Regel drei, mindestens aber zwei als zahlungsfähig bekannte Verpflichtete haften, in ihren Kassen als Deckung bereit zu halten.[104]

4. Die Bank verpflichtet sich, ihre Noten bei einer von ihr zu bezeichnenden Stelle in Berlin oder Frankfurt, deren Wahl der Genehmigung des Bundesraths unterliegt, dem Inhaber gegen kursfähiges deutsches Geld einzulösen.[105]

   Die Einlösung hat spätestens vor Ablauf des auf den Tag der Präsentation folgenden Tages zu erfolgen.

5. Die Bank verpflichtet sich, alle deutschen Banknoten, deren Umlauf im gesammten Reichsgebiete gestattet ist, an ihrem Sitze, sowie bei denjenigen ihrer Zweiganstalten, welche in Städten von mehr als 80,000 Einwohnern ihren Sitz haben, zu ihrem vollen Nennwerthe in Zahlung zu nehmen, so lange die Bank, welche solche Noten ausgegeben hat, ihrer Noteneinlösungspflicht

[104] Uebereinstimmend mit § 17. Vgl. § 46.

[105] Vgl. §§ 4, 18, 45 Abs. 1 Nr. 2, Abs. 2 Nr. 2; §§ 46, 47, 50 Abs. 1 Nr. 3 Litt. b.

Wegen der bestimmten Einlösungsstellen vgl. Anm. 108.

pünktlich nachkommt. Alle bei einer Bank eingegangenen Noten einer anderen Bank dürfen, soweit es nicht Noten der Reichsbank sind, nur entweder zur Einlösung präsentirt, oder zu Zahlungen an diejenige Bank, welche dieselben ausgegeben hat, oder zu Zahlungen an dem Orte, wo letztere ihren Hauptsitz hat, verwendet werden. [106]

6. Die Bank verzichtet auf jedes Widerspruchsrecht, welches ihr entweder gegen die Ertheilung der Befugniß zur Ausgabe von Banknoten an andere Banken, oder gegen die Aufhebung einer etwa bestehenden Verpflichtung der Landesregierung, ihre Noten in den öffentlichen Kassen statt baaren Geldes in Zahlung nehmen zu lassen, zustehen möchte.

7. Die Bank willigt ein, daß ihre Befugniß zur Ausgabe von Banknoten zu den in §. 41 bezeichneten Terminen durch Beschluß der Landesregierung oder des Bundesraths mit einjähriger Kündigungsfrist aufgehoben werden könne, ohne daß ihr ein Anspruch auf irgend welche Entschädigung zustände. [106a]

Von Seiten des Bundesraths wird eine Kündigung nur eintreten zum Zwecke weiterer einheitlicher Regelung des Notenbankwesens oder wenn eine Notenbank den Anordnungen gegenwärtigen Gesetzes zuwidergehandelt

[106] Vgl. §§ 19, 46.
[106a] Vgl. Ges. v. 27. März 1870 § 3 (B.G.Bl. S. 51).

hat. Ob diese Voraussetzungen vorliegen, entscheidet der Bundesrath.

Einer Bank, welche die vorstehend unter 1 bis 7 bezeichneten Voraussetzungen erfüllt hat, kann der Betrieb von Bankgeschäften durch Zweiganstalten oder Agenturen außerhalb des im §. 42 bezeichneten Gebietes auf Antrag der für den Ort, wo dies geschehen soll, zuständigen Landesregierung durch den Bundesrath gestattet werden.

Banken, welche bis zum 1. Januar 1876 nachweisen, daß der Betrag der nach ihrem Statut oder Privileg ihnen gestatteten Notenausgabe auf den Betrag des Grundkapitals eingeschränkt ist, welcher am 1. Januar 1874 eingezahlt war, sind von der Erfüllung der unter 2 bezeichneten Voraussetzung entbunden und erlangen mit der Gestattung des Umlaufs ihrer Noten im gesammten Reichsgebiete zugleich die Befugniß, im gesammten Reichsgebiete durch Zweiganstalten oder Agenturen Bankgeschäfte zu betreiben. Dem Bundesrath bleibt vorbehalten, diesen Banken einzelne der durch die Bestimmungen unter 1 ausgeschlossenen Formen der Krediterteilung, in deren Ausübung dieselben sich bisher befunden haben, auf Grund des nachgewiesenen besonderen Bedürfnisses zeitweilig oder widerruflich auch ferner zu gestatten und die hierfür etwa nothwendigen Bedingungen festzusetzen.[107]

[107] Der Schlußsatz ist durch den Reichstag hinzugefügt.
Von der Befugniß ist insofern Gebrauch gemacht, als einzelnen Privatbanken die Beleihung gewisser sonst gesetzlich nicht beleihbarer Papiere bis zu bestimmten Höchstbeträgen gestattet ist.

§. 45. Banken, welche von den Bestimmungen im §. 44 zu ihren Gunsten Gebrauch machen wollen, haben dem Reichskanzler nachzuweisen:

1. daß ihre Statuten den durch den §. 44 aufgestellten Voraussetzungen entsprechen;
2. daß die erforderliche Einlösungsstelle eingerichtet ist.

Sobald dieser Nachweis geführt ist, erläßt der Reichskanzler eine durch das Reichs-Gesetzblatt zu veröffentlichende Bekanntmachung,[108] in welcher:

1. die beschränkenden Bestimmungen der §§. 42 und 43 oder des §. 43 dieses Gesetzes zu Gunsten der zu bezeichnenden Bank als nicht anwendbar erklärt,
2. die Stelle, an welcher die Noten der Bank eingelöst werden, bezeichnet wird.

§. 46. Kann die Dauer einer bereits erworbenen Befugniß zur Ausgabe von Banknoten durch eine vom Staate oder einer öffentlichen Behörde ausgehende, an einen bestimmten Termin gebundene Kündigung auf eine bestimmte Zeit beschränkt werden, so tritt diese Kündigung zu dem frühesten zulässigen Termine kraft gegenwärtigen Gesetzes ein, es sei denn, daß die Bank den zulässigen Betrag ihrer Notenausgabe auf den am 1. Januar 1874 eingezahlten Betrag ihres Grundkapi-

[108] Es sind demzufolge erlassen: die Bekanntmachungen, betreffend die Anwendung der §§. 42 und 43 des Bankgesetzes v. 14. März 1875, v. 29. Dezember 1875, v. 7. Januar 1876, v. 3. September 1879 u. v. 27. Februar 1883 (unten XV).

tals beschränkt und sich den Bestimmungen im §. 44 unter 1 und 3 bis 7 unterworfen hat.[109]

Statutarische Bestimmungen, durch welche die Dauer einer Bank oder der derselben ertheilten Befugniß zur Notenausgabe von der unveränderten Fortdauer des Notenprivilegiums der Preußischen Bank abhängig gemacht ist, treten außer Kraft.

§. 47. Jede Abänderung der Bestimmungen des Grundgesetzes, Statuts oder Privilegiums einer Bank, welche die Befugniß zur Ausgabe von Banknoten bereits erworben hat, bedarf, so lange der Bank diese Befugniß zusteht, zu ihrer Gültigkeit der Genehmigung des Bundesraths, sofern sie das Grundkapital, den Reservefonds, den Geschäftskreis oder die Deckung der auszugebenden Noten, oder die Dauer der Befugniß zur Notenausgabe zum Gegenstande hat.[110] Landesgesetzliche Vorschriften und Konzessionsbedingungen, durch welche eine Bank bezüglich des Betriebs des Diskonto-, des Lombard-, des Effekten- und des Depositengeschäfts Beschränkungen unterworfen ist, welche das

Die Braunschweiger Bank hat sich nicht unterworfen. Die übrigen in jenen Bekanntmachungen nicht genannten Notenbanken haben auf ihr Notenrecht verzichtet (vgl. Anm. 20).

[109] Vgl. die Bekanntmachungen in Anm. 108 und Ges. v. 27. März 1870 § 4 (B.G.Bl. S. 51).

[110] Vgl. § 54. Eine solche Genehmigung ist z. B. ertheilt: der städtischen Bank zu Breslau (Bundesrathsbeschl. v. 13. April 1878, Reichs-Anzeiger Nr. 90; Allerh. Erl. v. 16. Mai 1878, Reichs-Anzeiger Nr. 120), der Kölnischen Privatbank (Beschl. d. Bundesraths v. 13. Juli 1879, Reichs-Anzeiger Nr. 162; Allerh. Erl. v. 15 Oktober 1879, Reichs-Anzeiger 1880 Nr. 2), der Magdeburger und der Posener Privatbank (Bundesraths-Beschlüsse v. 16. Dezember 1880, Reichs-Anzeiger Nr. 297 und Allerh. Erl. v. 2. Februar 1881, Reichs-Anzeiger Nr. 44).

gegenwärtige Gesetz nicht enthält, stehen einer solchen Aenderung nicht entgegen.

Die Genehmigung wird, nach Erfüllung der sonstigen gesetzlichen Erfordernisse, durch die betheiligte Landesregierung beantragt und muß versagt werden, wenn die Bank nicht von den Bestimmungen des §. 44 Gebrauch macht.

Die bayerische Regierung ist berechtigt, bis zum Höchstbetrage von 70 Millionen Mark die Befugniß zur Ausgabe von Banknoten für die in Bayern bestehende Notenbank zu erweitern, oder diese Befugniß einer anderen Bank zu ertheilen, sofern die Bank sich den Bestimmungen des §. 44 unterwirft.[111]

§. 48. Der Reichskanzler ist jederzeit befugt, sich nöthigenfalls durch kommissarische Einsichtnahme von den Büchern, Geschäftslokalen und Kassenbeständen der Noten ausgebenden Banken die Ueberzeugung zu verschaffen, daß dieselben die durch Gesetz oder Statut festgestellten Bedingungen und Beschränkungen der Notenausgabe innehalten, oder die Voraussetzungen der zu ihren Gunsten etwa ausgesprochenen Nichtanwendbarkeit der §§. 42 und 43 oder des §. 43 dieses Gesetzes erfüllen und daß die von ihnen veröffentlichten Wochen- und Jahresübersichten (§. 8), sowie die behufs der

[111] Zufolge Vertrages mit der Bayerischen Hypotheken- und Wechselbank vom 20. März 1875 hat diese ihr Noten-Emissionsrecht der neu gegründeten Bayerischen Notenbank überlassen, welche sich den Bestimmungen in § 44 Nr. 1—7 unterworfen hat (vgl. Bekanntm. v. 29. Dezember 1875 Nr. 7, unten XV, 1). Die entsprechende Gesetzesänderung enthält das bayerische Ges. v. 15. April 1875 (Gesetz- und Verordnungsblatt Nr. 23).

Steuerberechnung abgegebenen Nachweise (§. 10) der wirklichen Sachlage entsprechen.

Das Aufsichtsrecht der Landesregierungen wird durch diese Bestimmung nicht berührt.

§. 49. Die Befugniß zur Ausgabe von Banknoten geht verloren:

1. durch Ablauf der Zeitdauer, für welche sie ertheilt ist,
2. durch Verzicht,
3. im Falle des Konkurses durch Eröffnung des Verfahrens gegen die Bank,
4. durch Entziehung kraft richterlichen Urtheils,
5. durch Verfügung der Landesregierung nach Maßgabe der Statuten oder Privilegien.

§. 50. Die Entziehung der Befugniß zur Notenausgabe wird auf Klage des Reichskanzlers oder der Regierung des Bundesstaates, in welchem die Bank ihren Sitz hat, durch gerichtliches Urtheil ausgesprochen:

1. wenn die Vorschriften der Statuten, des Privilegiums oder des gegenwärtigen Gesetzes über die Deckung für die umlaufenden Noten verletzt worden sind oder der Notenumlauf die durch Statut, Privilegium oder Gesetz bestimmte Grenze überschritten hat;
2. wenn die Bank vor Erlaß der in §. 45 erwähnten Bekanntmachung des Reichskanzlers außerhalb des durch §. 42 ihr angewiesenen Gebiets die in §. 42 ihr untersagten Geschäfte betreibt,

oder außerhalb des durch §. 43 ihr angewiesenen Gebiets ihre Noten vertreibt oder vertreiben läßt;

3. wenn die Bank die Einlösung präsentirter Noten nicht bewirkt
   a) an ihrem Sitze am Tage der Präsentation,
   b) an ihrer Einlösungsstelle (§. 44 Nr. 4) bis zum Ablaufe des auf den Tag der Präsentation folgenden Tages,
   c) an sonstigen durch die Statuten bestimmten Einlösungsstellen bis zum Ablaufe des dritten Tages nach dem Tage der Präsentation;

4. sobald das Grundkapital sich durch Verluste um ein Drittheil vermindert hat.

Die Klage ist im ordentlichen Verfahren zu verhandeln. Der Rechtsstreit gilt im Sinne der Reichs- und Landesgesetze als Handelssache.[112]

In dem Urtheile ist zugleich die Verpflichtung zur Einziehung der Noten auszusprechen.

§. 51. Das Urtheil ist erst nach Eintritt der Rechtskraft vollstreckbar. Die Vollstreckung wird auf Antrag durch das Prozeßgericht verfügt. Das Gericht bestimmt zu diesem Zwecke die Frist, innerhalb welcher von der Bankverwaltung die Bekanntmachung über die Einziehung der Noten zu erlassen ist.

[112] Diese Vorschrift ist in § 101 des Gerichtsverfassungsgesetzes v. 27. Januar 1877 (R.G.Bl. S. 41) nicht berücksichtigt. Die vorliegenden Sachen gehören also vor die Civilkammern der Landgerichte. Dagegen behält die Bestimmung ihre Bedeutung insofern, als die Kompetenz des Reichsgerichts durch die Landesgesetzgebung nicht beseitigt werden darf (Einführungsges. zum Gerichtsverfassungsges. v. 27. Januar 1877 § 8 Abs. 2 (R.G.Bl. S. 77).

Sofern nicht der Konkurs über die Bank ausgebrochen ist, setzt das Gericht einen Kurator ein, welcher die Einziehung der Noten zu überwachen und, wenn die Bank den für diesen Fall vorgesehenen Verpflichtungen nicht nachkommt, die Liquidation der Bank beim Gerichte zu beantragen verpflichtet ist.

Eingehende Noten sind von der Bank an eine vom Reichskanzler zu bezeichnende, am Sitze der Bank gelegene Kasse abzuliefern.

§. 52. Sechs Monate, nachdem das Urtheil (§. 50) die Rechtskraft erlangt hat, zahlt die Bank an die vom Reichskanzler bezeichnete Kasse einen Betrag in baarem Gelde ein, welcher dem bis dahin nicht abgelieferten Betrage ihrer Noten gleichkommt. Dieser Baarbetrag wird ihr nach Maßgabe der weiter von ihr abgelieferten Noten und der verbleibende Rest nach Ablauf der letzten vom Bundesrathe für die Einlösung festgesetzten Frist zurückgezahlt.

§. 53. Die an die Kasse abgelieferten Noten (§. 51 und §. 52) werden in Gegenwart des Kurators der Kasse und des für die Einziehung der Noten bestellten Kurators vernichtet. Ueber die Vernichtung wird ein gerichtliches oder notarielles Protokoll aufgenommen. Die Verwaltung der Bank ist befugt, an der Vernichtung durch zwei Abgeordnete Theil zu nehmen. Der für die Vernichtung bestimmte Termin ist ihr jedesmal spätestens acht Tage vorher von der der Kasse vorgesetzten Behörde anzuzeigen. Die Vernichtung kann in einem oder in mehreren Terminen erfolgen.

§. 54. Für diejenigen Korporationen, welche, ohne Zettelbanken zu sein, sich beim Erlaß dieses Gesetzes im Besitz der Befugniß zur Ausgabe von Noten, Kassenscheinen oder sonstigen auf den Inhaber ausgestellten unverzinslichen Schuldverschreibungen befinden, und für das von ihnen ausgegebene Papiergeld gelten insolange, als sie von der Befugniß, Papiergeld in Umlauf zu erhalten, Gebrauch machen, die Bestimmungen der §§. 2 bis einschließlich 6, dann des §. 43 und des §. 47 Absatz 1 dieses Gesetzes, soweit sich derselbe auf die Befugniß zur Ausgabe von Papiergeld, auf deren Dauer, oder auf die Deckung des Papiergeldes bezieht.[113]

Titel IV.

Strafbestimmungen.

§. 55. Wer unbefugt Banknoten oder sonstige auf den Inhaber lautende unverzinsliche Schuldverschreibungen ausgiebt, wird mit einer Geldstrafe bestraft, welche dem Zehnfachen des Betrages der von ihm ausgegebenen Werthzeichen gleichkommt, mindestens aber fünftausend Mark beträgt.

§. 56. Mit Geldstrafe bis zu einhundertfünfzig Mark wird bestraft, wer der Verbotsbestimmung des §. 43 zuwider, Noten inländischer Banken, oder Noten oder sonstige Geldzeichen inländischer Korporationen

[113] Dergleichen Befugniß haben einzelne Stadtgemeinden 2c., z. B. die Stadt Hannover, die landständische Bank in Bautzen. — Vgl. §§ 57, 59 Abs. 2. — Wegen ausländischer Scheine dieser Art vgl. §§ 11, 57.

außerhalb desjenigen Landesgebiets, für welches dieselben zugelassen sind, zur Leistung von Zahlungen verwendet.

§. 57. Mit Geldstrafe von fünfzig Mark bis zu fünftausend Mark wird bestraft, wer der Verbotsbestimmung in §. 11 zuwider, ausländische Banknoten oder sonstige auf den Inhaber lautende unverzinsliche Schuldverschreibungen ausländischer Korporationen, Gesellschaften oder Privaten, welche ausschließlich oder neben anderen Werthbestimmungen in Reichswährung oder einer deutschen Landeswährung ausgestellt sind, zur Leistung von Zahlungen verwendet.

Geschieht die Verwendung gewerbsmäßig, so tritt neben der Geldstrafe Gefängniß bis zu einem Jahre ein. Der Versuch ist strafbar.

§. 58. Mit Geldstrafe bis zu fünftausend Mark wird bestraft, wer den Bestimmungen im §. 42 zuwider, für Rechnung von Banken als Vorsteher von Zweiganstalten oder als Agent Bankgeschäfte betreibt oder mit Banken als Gesellschafter in Verbindung tritt.

Die gleiche Strafe trifft die Mitglieder des Vorstandes einer Bank, welche den Bestimmungen des §. 7 entgegenhandeln, oder welche dem Verbote des §. 42 zuwider

a) Zweiganstalten oder Agenturen bestellen, oder

b) die von ihnen vertretene Bank als Gesellschafter an Bankhäusern betheiligen.

§. 59.[114] Die Mitglieder des Vorstandes einer Bank werden:

1. wenn sie in den durch die Bestimmungen des §. 8 vorgeschriebenen Veröffentlichungen wissentlich den Stand der Verhältnisse der Bank unwahr darstellen oder verschleiern, mit Gefängniß bis zu drei Monaten bestraft;
2. wenn sie durch unrichtige Aufstellung der im §. 10 vorgeschriebenen Nachweisungen den steuerpflichtigen Notenumlauf zu gering angeben, mit einer Geldstrafe bestraft, welche dem Zehnfachen der hinterzogenen Steuer gleichsteht, mindestens aber fünfhundert Mark beträgt;
3. wenn die Bank mehr Noten ausgiebt, als sie auszugeben befugt ist, mit einer Geldstrafe bestraft, welche dem Zehnfachen des zuviel ausgegebenen Betrages gleichkommt, mindestens aber fünftausend Mark beträgt.

Die Strafe zu 3. trifft auch die Mitglieder des Vorstandes solcher Korporationen, welche zur Ausgabe von auf den Inhaber lautenden unverzinslichen Schuldverschreibungen befugt sind, wenn sie mehr solche Geldzeichen ausgeben, als die Korporation auszugeben befugt ist.

[114] Die Strafkammern der Landgerichte sind nach § 74 Nr. 5 des Gerichtsverfassungsgesetzes v. 27. Jan. 1877 (R.G.Bl. S. 41) für diese Zuwiderhandlungen ausschließlich zuständig.

Titel V.
Schlußbestimmungen.

§. 60. Die §§. 6, 42 und 43, sowie die auf die letzteren bezüglichen Strafbestimmungen in den §§. 56 und 58 gegenwärtigen Gesetzes treten am 1. Januar 1876 in Kraft.

§. 61. Der Reichskanzler wird ermächtigt, mit der Königlich preußischen Regierung wegen Abtretung der Preußischen Bank an das Reich auf folgenden Grundlagen einen Vertrag abzuschließen:[115]

1. Preußen tritt nach Zurückziehung seines Einschußkapitals von 1,906,800 Thalern, sowie der ihm zustehenden Hälfte des Reservefonds die Preußische Bank mit allen ihren Rechten und Verpflichtungen mit dem 1. Januar 1876 unter den nachstehend Ziffer 2 bis 6 bezeichneten Bedingungen an das Reich ab. Das Reich wird diese Bank an die nach Maßgabe der Bestimmungen dieses Gesetzes zu errichtende Reichsbank übertragen.
2. Preußen empfängt für Abtretung der Bank eine Entschädigung von fünfzehn Millionen Mark, welche aus den Mitteln der Reichsbank zu decken ist.
3. Den bisherigen Antheilseignern der Preußischen Bank wird die Befugniß vorbehalten, gegen Verzicht auf alle ihnen durch ihre Bankantheilsscheine

[115] Vgl. den Vertrag über die Abtretung der Preußischen Bank an das Deutsche Reich v. 17./18. Mai 1875 (unten III).

verbrieften Rechte zu Gunsten der Reichsbank den Umtausch dieser Urkunden gegen Antheilsscheine der Reichsbank von gleichem Nominalbetrage zu verlangen.

4. Die Reichsbank hat denjenigen Antheilseignern, welche nach den Bestimmungen der §§. 16 und 19 der Bankordnung vom 5. Oktober 1846 (Preuß. Gesetz-Samml. S. 435) die Herauszahlung des eingeschossenen Kapitals und ihres Antheils an dem Reservefonds der Preußischen Bank verlangen, diese Zahlung zu leisten.

5. Die Reichsbank wird zur Erfüllung der von der Preußischen Bank durch Vertrag vom 28./31. Januar 1856 hinsichtlich der Staatsanleihe von sechszehn Millionen fünfhundertachtundneunzigtausend Thalern übernommenen Verbindlichkeiten an Preußen für die Jahre 1876 bis einschließlich 1925 jährlich 621,910 Thaler in halbjährlichen Raten zahlen. Wird die Konzession der Reichsbank nicht verlängert, so wird das Reich dafür sorgen, daß, so lange keine andere Bank in diese Verpflichtung eintritt, die Rente bis zu dem ebengedachten Zeitpunkte der preußischen Staatskasse unverkürzt zufließe.

6. Eine Auseinandersetzung zwischen Preußen und der Reichsbank wegen der Grundstücke der Preußischen Bank bleibt vorbehalten.

§. 62. Der Reichskanzler wird ermächtigt:

1. diejenigen Antheilsscheine der Reichsbank zu be-

geben, welche nicht nach §. 61 Nr. 3 gegen Antheilsscheine der Preußischen Bank umzutauschen sind,[116]

2. auf Höhe der nicht begebenen Antheilsscheine zur Beschaffung des nach §. 23 erforderlichen Grundkapitals der Reichsbank verzinsliche, spätestens am 1. Mai 1876 fällig werdende Schatzanweisungen auszugeben.

§. 63. Die Ausfertigung der Schatzanweisungen (§. 62 Nr. 2) wird der Preußischen Hauptverwaltung der Staatsschulden übertragen. Den Zinssatz bestimmt der Reichskanzler. Bis zum 1. Mai 1876 kann, nach Anordnung des Reichskanzlers, der Betrag der Schatzanweisungen wiederholt, jedoch nur zur Deckung der in Verkehr gesetzten Schatzanweisungen ausgegeben werden.

§. 64. Die zur Verzinsung und Einlösung der Schatzanweisungen erforderlichen Beträge müssen der Reichsschulden-Verwaltung aus den bereitesten Einkünften des Reichs zur Verfallzeit zur Verfügung gestellt werden.

§. 65. Die Ausgabe der Schatzanweisungen ist durch die Reichskasse zu bewirken.

[116] Sämmtliche nicht umgetauschte Antheilscheine sind begeben, und zwar:

20 000 Stück im Wege öffentlicher Subskription (vgl. Bekanntm. des Reichskanzlers v. 24. Mai 1875. Reichsanzeiger Nr. 120. Erste Beil. v. 26. Mai 1875).

81 Stück (bei denen von der Umtausch-Befugniß kein Gebrauch gemacht worden war) durch Verkauf an der Börse.

Von der in § 62 Nr. 2 ertheilten Befugniß war mithin kein Gebrauch zu machen; die §§ 63—65 sind also gegenstandslos geblieben.

Die Zinsen der Schatzanweisungen verjähren binnen vier Jahren, die verschriebenen Kapitalbeträge binnen 30 Jahren nach Eintritt des in jeder Schatzanweisung auszudrückenden Fälligkeitstermins.

§. 66. Die Bestimmungen des Handelsgesetzbuchs über die Eintragung in das Handelsregister und die rechtlichen Folgen derselben finden auf die Reichsbank keine Anwendung.[117]

Urkundlich unter Unserer Höchsteigenhändigen Unterschrift und beigedrucktem Kaiserlichen Insiegel.

Gegeben Berlin, den 14. März 1875.

(L. S.) **Wilhelm.**

Fürst v. Bismarck.

[117] Die Bestimmung ist erst vom Reichstag bei der zweiten Lesung zur Beseitigung möglicher Zweifel hinzugefügt (Stenogr. Berichte S. 1395 ff.).

Anlage zum §. 9.

Laufende №	Bezeichnung der Bank.	Ungedeckter Notenumlauf. Mark.
1.	Reichsbank	250,000,000
2.	Ritterschaftliche Privatbank in Pommern (Stettin)	1,222,000
3.	Städtische Bank in Breslau	1,283,000
4.	Bank des Berliner Kassenvereins	963,000
5.	Kölnische Bank	1,251,000
6.	Magdeburger Privatbank	1,173,000
7.	Danziger Privat-Aktienbank	1,272,000
8.	Provinzial-Aktienbank des Großherzogthums Posen	1,206,000
9.	Kommunalständische Bank für die preußische Oberlausitz (Görlitz)	1,307,000
10.	Hannoversche Bank	6,000,000
11.	Landgräflich hessische konzessionirte Landesbank	159,000
12.	Frankfurter Bank	10,000,000
13.	Bayerische Banken	32,000,000
14.	Sächsische Bank zu Dresden	16,771,000
15.	Leipziger Bank	5,348,000
16.	Leipziger Kassenverein	1,440,000
17.	Chemnitzer Stadtbank	441,000
18.	Württembergische Notenbank	10,000,000
19.	Badische Bank	10,000,000
20.	Bank für Süddeutschland	10,000,000
21.	Rostocker Bank	1,155,000
22.	Weimarische Bank	1,971,000
23.	Oldenburgische Landesbank	1,881,000
24.	Braunschweigische Bank	2,829,000
25.	Mitteldeutsche Kreditbank in Meiningen	3,187,000
26.	Privatbank zu Gotha	1,344,000
27.	Anhalt-Dessauische Landesbank	935,000
28.	Thüringische Bank (Sondershausen)	1,658,000
29.	Geraer Bank	1,651,000
30.	Niedersächsische Bank (Bückeburg)	594,000
31.	Lübecker Privatbank	500,000
32.	Kommerzbank in Lübeck	959,000
33.	Bremer Bank	4,500,000
	Zusammen	385,000,000

Anhang zu C I.
(Bankgesetz vom 14. März 1875. Titel II. Reichsbank.)

1.

Lombard-Geschäft der Reichsbank.

a. Verzeichniß der bei der Reichsbank beleihbaren Effekten.[1]

Klasse I.

zu beleihen mit $^3/_4$ des Kurswerthes.

1. Die vom Reiche oder einem Deutschen Staate ausgegebenen Anleihen und Schatzanweisungen sowie die von Deutschen Staaten ausgegebenen, zinstragenden Prämien-Anleihen, letztere jedoch nicht höher als fünfzehn Mark unter dem niedrigsten Prämiensatze der jedesmaligen nächsten Ziehung,

von Steuer-Behörden Deutscher Staaten ausgestellte Anerkenntnisse über Steuervergütung für ausgeführten Branntwein und Zucker,

die von der früheren Hannoverschen Regierung ausgegebenen Staatsanleihen,

Hessische Schuldverschreibungen der Haupt-Staats-Kasse von 1863,

Nassauische Staats-Schuldverschreibungen (vgl. Gesetz vom 29. Februar 1868, Ges.Samml. Seite 173),

die von der vormaligen freien Stadt Frankfurt a. M. emittirten Anleihen vom 9. April 1839, 2. Januar

[1] Vgl. Anm. 38a zum Bankgesetz (oben S. 78).

1844, 12. Mai 1846, 30. November 1848, 1. Februar 1858 (Ges. Samml. 1869 S. 388),
Kur- und Neumärkische Schuldverschreibungen,
Preußische und Lauenburgische Rentenbriefe und Paderborner Tilgungs-Kassen-Obligationen,
Holsteinische und Schleswigsche Domanial-Obligationen,
Königlich Bayerische 4 pCt. Grundrenten-Ablösungs-Schuldbriefe,
Königlich Sächsische Landrentenbriefe,
Königlich Sächsische Landescultur-Rentenscheine,
Mecklenburgische Eisenbahn-Schuldverschreibungen,
2. Braunschweigische Leihhaus-Schuldverschreibungen,
Hannoversche Schuldverschreibungen der Landes-Kredit-Kasse,
Hessische Schuldverschreibungen der Landes-Kredit-Kasse,
Landschaftliche Central-Pfandbriefe (Preußen),
Mecklenburgische Ritterschaftliche Pfandbriefe,
Obligationen der Kreis-Anleihe von Ober-Bayern zu 4½ pCt.,
Obligationen der Königl. Bayerischen Bank zu Nürnberg zu 4 und 4½ pCt.,
Pfandbriefe der Provinzial-Landschaften (Preußen),
die vom Berliner Pfandbriefamt ausgegebenen Berliner Pfandbriefe,
Pfandbriefe des Neuen Brandenburgischen Kredit-Instituts zu 4 und 4½ pCt.,

Pfandbriefe des Pommerschen Land-Kredit-Verbands zu $4^{1}/_{2}$ pCt.,
Pfandbriefe des Landwirthschaftlichen Kredit-Vereins im Königreich Sachsen zu Dresden,
Pfandbriefe des Landwirthschaftlichen Kredit-Verbandes für die Provinz Schleswig-Holstein,
Sächsische Erbländ.-Ritterschaftliche Kredit-Pfandbriefe zu $3^{1}/_{3}$, $3^{2}/_{3}$, 4 pCt.,
Sachsen-Altenburgische staatlich garantirte 4 pCt. Landesbank-Obligationen,
Sächsische Lausitzer Pfandbriefe zu 3, $3^{1}/_{2}$, 4 pCt.,
Schuldurkunden des Württembergischen Kredit-Vereins, in Stuttgart,
Schuldverschreibungen der Landessparkassen des Fürstenthums Reuß j. L. zu 4 pCt.,
Provinzial-, Kreis-, Stadt-, Deichbau- und andere Obligationen, zu deren Verzinsung und Amortisation die Beiträge im administrativen Wege gleich den Abgaben erhoben werden, innerhalb der vom Reichsbank-Direktorium dieserhalb festgestellten Grenzen.

3. Altenburg-Zeitzer	Eisenbahn-Stamm-Actien,
Altona-Kieler	do.
Bergisch-Märkische	do.
Berlin-Hamburger	do.
Berlin-Stettiner	do.
Breslau-Schweidnitz-Freiburger	do.

	Löbau-Zittauer, Litr. A. zu 3½ pCt., Litr. B. zu 4 pCt.	Eisenbahn-Stamm-Actien,
	Lübeck-Büchener	do.
	Magdeburg-Wittenberger	do.
	Mainz-Ludwigshafener (Hessische Ludwigsbahn)	do.
	Mecklenburgische Friedrich-Franz	do.
	Niederschlesisch-Märkische	do.
	Oberschlesische Litr. A. bis E.*)	do.
	Oels-Gnesener	do.
	Pfälzische Ludwigsbahn (Ludwigshafen-Bexbach)	do.
	Pfälzische Maxbahn	do.
	Pfälzische Nordbahn	do.
	Rechte Oderufer	do.
	Rheinische	do.
	Sächsisch-Schlesische	do.
	Stargard-Posener	do.
	Thüringer Litr. A.	do.
	Tilsit-Insterburger	do.
	Werra	do.
4.	Altenburg-Zeitzer	Stamm-Prior.-Actien,
	Magdeburg-Halberstädter Litr. B.	do.
	Oels-Gnesener	do.
	Ostpreußische Südbahn	do.
	Rechte Oderufer	do.

*) Litr. B. nicht über 100% des Nominalwerthes.

	Rheinische	Stamm-Prior.-Actien,
	Tilsit-Insterburger	do.
5.	Aachen-Düsseldorfer 1. bis 3. Emission.	Eisenbahn-Prior.-Oblig.,
	Altenburg-Zeitzer	do.
	Altona-Kieler zu 4 und $4^1/_2$ pCt.	
	Bergisch-Märkische 1., 2., 4. bis	do.
	9. und 3. Serie A. B. C.	do.
	Bergisch-Märkische Nordbahn zu $4^1/_2$ pCt. und Hessische Friedr.-Wilh.-Nordbahn zu 4 pCt.	do.
	Berlin-Anhalter	do.
	Berlin-Dresdener zu $4^1/_2$ pCt., vom Preußischen Staate garantirte	do.
	Berlin-Görlitzer zu $4^1/_2$ pCt., und B. und C. zu $4^1/_2$ pCt.	do.
	Berlin-Hamburger 1. und 2. Emission zu 4 und 3. Emission zu $4^1/_2$ pCt.	do.
	Berlin-Potsdam-Magdeburger	do.
	Berlin-Stettiner 2., 3. und 6. Emission	do.
	Bonn-Cölner	do.
	Braunschweigische	do.
	Breslau-Schweidnitz-Freiburger bis Litr. K. sowie zu 5 pCt. von 1876 und 1879	do.
	Cöln-Crefelder	do.

Cöln-Mindener	Eisenbahn-Prior.-Oblig.,
Cottbus-Großenhainer zu $4^1/_2$ pCt.	do.
Dortmund-Soester 1. u. 2. Serie	do.
Düsseldorf-Elberfelder 1. und 2. Serie	do.
Eutin-Lübecker zu 4 pCt. garantirt vom Großherzogthum Oldenburg und vom Lübeckischen Freistaate	do.
Halle-Sorau-Gubener zu $4^1/_2$ pCt., vom Staate garantirte	do.
Hamburg-Bergedorfer zu 4 pCt.	do.
Leipzig-Dresdener zu $3^1/_2$ u. 4 pCt.	do.
Lübeck-Büchener zu 4 pCt., garantirt vom Lübeckischen Freistaate	do.
Magdeburg-Halberstädter .	do.
Magdeburg-Leipziger	do.
Magdeburg-Wittenberger	do.
Mainz-Ludwigshafener (Hessische Ludwigsbahn) zu 4 u. 5 pCt.	do.
Märkisch-Posener zu $4^1/_2$ pCt.	do.
Mecklenburgische zu 4 pCt.	do.
Niederschlesisch-Märkische	do.
Nordhausen-Erfurter 1. Emission zu $4^1/_2$ pCt., 2. Emission von 1881 zu 4 pCt.	do.
Oberlausitzer (Kohlfurt-Falkenberger) zu $4^1/_2$ pCt.	do.

Oberschlesische Lit. A. bis H.	Eisenbahn-Prior.-Oblig.,
Oberschlesische zu 4 pCt. Emission von 1873, zu $4^1/_2$ pCt. Emissionen von 1874, 1879 und 1880 und zu 4 pCt. von 1883.	do
Oberschlesische (Brieg-Neisser)	do
Oberschlesische (Niederschlesische Zweigbahn)	do
Oels-Gnesener	do
Ostpreußische Südbahn zu $4^1/_2$ pCt.	do
Pfälzische Ludwigsbahn (Ludwigshafen-Bexbach) zu 4 pCt.	do
Pfälzische Maxbahn zu 4 pCt.	do
Pfälzische Nordbahn zu 4 pCt.	do
Rechte Oderufer zu 4 u. $4^1/_2$ pCt.	do
Rheinische	do
Ruhrort-Crefelder 1. bis 3. Emission	do
Saalbahn zu 4 pCt.	do
Schleswigsche zu $4^1/_2$ pCt.	do
Stargard-Posener 1. bis 3. Emission	do
Thüringer 1. bis 6. Emission	do
Werra zu 4 pCt.	do

Klasse II.

zu beleihen mit 50 Prozent des Kurswerthes

1. Bonds der Vereinigten Staaten von Ameria, Italienische Rente,

Oesterreichische in Gold verzinsliche Staatsrente-Anleihe zu 4 pCt.,
Russisch-Englische Anleihe von 1822,
do. von 1859,
do. von 1862,
do. von 1870,
do. von 1871,
do. von 1872,
do. von 1873,
Russische consolidirte Anleihe von 1875 in englischen und russischen Stücken,
Russische Anleihe von 1877,
do. von 1880,
do. von 1884,
Russische Goldrente von 1883 zu 6 pCt.,
Ungarische Goldrente zu 4 pCt.

2. Die vom Russischen Staate garantirten 3 pCt. Prioritäts-Obligationen der großen Russischen Eisenbahn-Gesellschaft 3. Emission,
die vom Russischen Staate **direkt** garantirten Eisenbahn-Obligationen:
Charkow-Azow,
Charkow-Krementschug,
Jelez-Orel,
Jelez-Woronesch,
Iwangorod-Dombrowo zu $4^1/_2$ pCt.,
Kozlow-Woronesch,
Kursk-Charkow,
Kursk-Kiew,

Mosco-Rjäsan,
Mosco-Smolensk,
Rjäsan-Kozlow,
Rjaschsk-Morschansk,
Schuja-Iwanowo,
Transkaukasische zu 3 pCt.
Warschau-Terespol.

---

b. Bedingungen des Lombardgeschäfts der Reichsbank.[1]

A. Allgemeine.

§. 1. Darlehne in Beträgen von weniger als 500 Mark werden in der Regel nicht ertheilt.

§. 2. Das Darlehn kann täglich zurückgezahlt und täglich ohne Kündigungsfrist zurückgefordert werden. Zum Nachweise der Rückforderung genügt die Absendung eines eingeschriebenen Briefes an die Adresse des Darlehnsnehmers.

§. 3. Geräth der Schuldner mit der Rückzahlung in Verzug (§. 2.) oder bleiben die Zinsen rückständig (§. 5.), so ist die Reichsbank berechtigt, das Pfand unter Beobachtung des §. 20. des Bankgesetzes vom 14. März 1875[2] verkaufen zu lassen und sich aus dem Erlöse wegen Kapitals, Zinsen und Kosten bezahlt zu machen.

§. 4. Die Reichsbank ist berechtigt, wenn sie es zu ihrer Sicherheit, zum Zwecke des Verkaufs oder aus

[1] Dieselben sind auf der Rückseite der von der Reichsbank dem Schuldner ertheilten „Pfandscheine“ abgedruckt.
[2] Oben S. 77.

sonstigen Gründen für angemessen erachtet, das Unterpfand auf Gefahr und Kosten des Verpfänders nach anderen Lagerstellen, sei es am Orte selbst oder außerhalb, bringen und dort aufbewahren oder verkaufen zu lassen.

§. 5. **Die Zinsen sind alle drei Monat zu entrichten.** Wird das Kapital jedoch schon früher vollständig zurückgezahlt, so sind die Zinsen gleichzeitig zu entrichten.

Die Zinsen werden nur bis zum Zahlungstage, bei den an den letzten vier Werktagen oder an dem ersten Werktage eines Monats gegen Verpfändung von Werthpapieren gewährten Darlehnen jedoch mindestens für acht Tage berechnet. Auf jeden Pfandschein sind aber mindestens 50 Pfennig zu entrichten.

Wird der Zinsfuß der Reichsbank allgemein erhöht oder ermäßigt, so tritt bei allen Darlehnen der neue Zinssatz sofort vom Tage der Einführung an in Kraft.

§. 6. Theilzahlungen sind nur in Beträgen von mindestens 10 Prozent der schuldigen Summe, jedoch nicht unter fünfhundert Mark, gestattet.

§. 7. Die Reichsbank übernimmt keine Verpflichtung, die Legitimation des Inhabers dieses Pfandscheins oder dessen, der über den Rückempfang des Pfandes quittirt, sowie die Echtheit der Quittung zu prüfen, sondern ist berechtigt, Jeden, welcher sie vollständig wegen aller ihrer Ansprüche an den Verpfänder befriedigt und diesen Pfandschein zurückgiebt oder ihn zu einem andern Zwecke präsentirt, für den rechtmäßigen

Eigenthümer desselben und des Unterpfandes anzusehen, auch dann, wenn der Pfandschein auf ihn nicht girirt ist. Dessenungeachtet behält sich die Reichsbank das Recht vor, die Legitimation des Präsentanten des Pfandscheins zu prüfen. Da sie eine Verpflichtung oder Gewährleistung deshalb aber in keiner Weise übernimmt, so hat der Verpfänder diesen Pfandschein vor ungetreuen Händen zu bewahren, damit das Unterpfand nicht an einen Unbefugten ausgeantwortet werde oder ein Unbefugter neue Darlehne darauf entnehme.

§. 8. Ohne Rückgabe des quittirten Pfandscheines wird weder das Unterpfand, noch im Fall des erfolgten Verkaufs desselben der dem Verpfänder etwa daraus verbliebene Ueberschuß eher herausgegeben, als bis derselbe den Pfandschein gerichtlich hat aufbieten und amortisiren lassen, auch der gedachte Ueberschuß bis dahin auf seine Gefahr nur als ein unzinsbares Depositum bei der Reichsbank aufbewahrt. Alle Zahlungen des Schuldners an Kapital, Zinsen und Kosten werden von der Reichsbank vorschriftsmäßig gebucht, außerdem aber sowohl auf diesem Original-Pfandschein, als auch auf dessen Abschrift (§. 12.) eingetragen und keine weiteren Quittungen darüber ertheilt. Rückzahlungen auf empfangene Darlehne, welche an eine Reichsbank-Nebenstelle geleistet werden, haben für die Reichsbank nur dann Gültigkeit, wenn der Zahlende gleichzeitig derjenigen Reichsbankhauptstelle oder Reichsbankstelle, welche den Pfandschein ausgestellt hat, unmittelbar davon Anzeige macht.

§. 9. Reicht das Unterpfand zur vollständigen Befriedigung der Reichsbank nicht aus, so bleibt der persönliche Anspruch wegen des Fehlenden an den Verpfänder vorbehalten, selbst wenn er seine Rechte und Verbindlichkeiten aus diesem Pfandschein einem Anderen übertragen sollte.

§. 10. Die auf diesem Pfandscheine von der Reichsbank nachgetragenen Veränderungen mit dem Kapital oder dem Unterpfande haben für beide Theile volle Beweiskraft und Verbindlichkeit.

§. 11. Alle Bestimmungen dieses Pfandscheins gelten für die etwa zugeschriebenen neuen Unterpfänder und Darlehne ebenfalls. Die sämmtlichen Unterpfänder haften für die ganze Forderung der Reichsbank, gleichviel zu welcher Zeit die Zuschreibung neuer Unterpfänder oder Darlehne erfolgt ist, und können nach der Wahl der Reichsbank zusammen oder einzeln zur Berichtigung der Forderung an Kapital, Zinsen und Kosten nach §. 3 veräußert werden.

§. 12. Der Verpfänder hat über den Empfang des Pfandscheins auf einer Abschrift davon, welche bei der Reichsbank bleibt, quittirt. Wenn dieser Pfandschein abhänden kommt, so soll gedachte Abschrift mit den darauf von der Reichsbank nachgetragenen Veränderungen für beide Theile volle Beweiskraft und Verbindlichkeit haben.

§. 13. Jede Gefahr der Unterpfänder, insbesondere auch die Kriegsgefahr, trägt allein der Verpfänder.

B. Besondere.

I. Bei Verpfändungen von Staats-, Kommunal-Papieren, Pfandbriefen, Aktien und anderen dergleichen Effekten, sowie auch von Wechseln.

§. 14. Bei verpfändeten Effekten, die einer Kündigung, Verloosung, Auszahlung oder sonstigen Veränderung unterliegen, hat der Verpfänder die zu seiner Sicherung nöthigen Maßregeln selbst zu besorgen oder in Antrag zu bringen, widrigenfalls die nachtheiligen Folgen ihn allein treffen.

§. 15. Sinkt während der Dauer des Darlehns der Cours des Unterpfandes um 5 Prozent, so ist der Verpfänder verpflichtet, binnen drei Tagen die ursprüngliche Sicherheit dadurch wiederherzustellen, daß er nach Wahl der Reichsbank entweder eine verhältnißmäßige Abschlagszahlung macht oder das Unterpfand auf das ursprüngliche Verhältniß erhöht, widrigenfalls die Reichsbank, wenn sie nicht die Wiederherstellung der Sicherheit im Rechtswege verfolgen will, jederzeit berechtigt, aber nicht verpflichtet ist, sich aus dem Unterpfande nach §. 3. bezahlt zu machen und den etwaigen Ausfall nach §. 9. von dem Verpfänder einzuziehen.

§. 16. Die Reichsbank ist behufs ihrer Befriedigung auch berechtigt, aber nicht verpflichtet, die verpfändeten Effekten zu dem Geld-Course, wofür sie am hiesigen Orte, und wenn solche hier nicht Cours haben, zu dem Geld-Course, wofür sie an einem anderen von ihr beliebig zu wählenden in- oder ausländischen Orte verkäuflich sind, in Zahlung anzunehmen oder nach §. 3. verkaufen zu lassen.

§. 17. Wechsel und andere nicht auf jeden Inhaber lautende Papiere müssen mit dem Blanco-Giro des Verpfänders versehen sein, und ist die Reichsbank behufs ihrer Befriedigung berechtigt, solche entweder nach §. 16. verkaufen zu lassen oder auf Gefahr des Verpfänders von den Schuldnern einzuziehen und in jedem Falle das Blanco-Giro auf sich selbst oder einen Dritten auszufüllen. Die Reichsbank behält sich, ohne jedoch irgend eine Verpflichtung oder Gewährleistung deshalb zu übernehmen, das Recht vor, die ihr verpfändeten Papiere, wenn solche auf jeden Inhaber lauten, für die Dauer der Verpfändung außer Cours zu setzen.

II. Bei Waaren-Verpfändungen.

§. 18. Der Lagerort der Waaren, deren Besitz an die Reichsbank übertragen ist, und das Datum der Taxe sind umstehend zu bemerken. Der Lagerort darf ohne Genehmigung der Reichsbank nicht geändert werden. Eine Umlagerung des Pfandes berührt den Pfandbesitz der Reichsbank nicht, welcher auch an dem neuen Lagerorte unverändert und ohne eine neue Uebergabe fortgesetzt wird.

§. 19. Lagern die Waaren auf Packhöfen, in Magazinen oder Niederlagen unter der Aufsicht öffentlicher Beamten oder in einem mehreren Privatpersonen gemeinschaftlich gehörigen Speicher oder Magazine oder sonst außerhalb der Reichsbank, so ist die Uebergabe des Pfandes an die Reichsbank in der nach Verschiedenheit jedes dieser Fälle gesetzlich erforderlichen Form zu bewirken.

§. 20. Die Waaren müssen, so lange sie der Reichsbank als Pfand dienen, gegen Feuersgefahr zur vollständigen Deckung der Reichsbank versichert werden. Der Versicherungsschein wird der Reichsbank ausgehändigt und dadurch mit der Befugniß verpfändet, sich daraus bei entstehendem Feuerschaden bezahlt zu machen. Die Reichsbank ist berechtigt, aber nicht verpflichtet, die Versicherung auf Gefahr und Kosten des Verpfänders zu bewirken und zu erneuern, und sind ihr alsdann die darüber erhaltenen Versicherungs- und Prolongations-Scheine, es mögen diese auf ihren oder des Verpfänders Namen lauten, mit derselben Befugniß verpfändet. Bei entstehendem Feuerschaden liegt dem Verpfänder allein ob, die Verpflichtungen des Versicherten aus dem Versicherungsschein zu erfüllen, die Reichsbank übernimmt deshalb keine Verantwortlichkeit, es möge die Versicherung von ihr selbst oder von dem Verpfänder bewirkt sein. Verpfänder ist aber verpflichtet, bei den Verhandlungen, welche über Feststellung eines Brandschadens an den verpfändeten Objekten mit den Versicherungs-Gesellschaften gepflogen werden, die Reichsbank zuzuziehen und darf ohne ihre Zustimmung keinen Vergleich schließen, bei dem die Lombardschuld nebst Zinsen und Kosten nicht gedeckt ist.

§. 21. Die Reichsbank haftet für keinerlei Schaden, welcher ohne ihr grobes Versehen während des Lagerns an den Waaren entsteht, sei es durch Verderben, Lecke an den Gebinden, Eintrocknen, Wurmfraß oder sonst, es mögen die Waaren in den Gebäuden der Reichsbank oder anderswo lagern. Es ist Sache des Verpfänders, öfters nach den Waaren zu sehen und zur Erhaltung derselben selbst das Erforderliche vorzukehren, woran er von der Reichsbank nicht verhindert werden wird.

§. 22. Entstehen der Reichsbank durch den Transport, die Taxirung, Lagerung, Beaufsichtigung, Umpackung oder Sortirung der Waaren, oder durch sonstige von der Reichsbank für nöthig erachtete Maßregeln, Kosten, so trägt diese der Verpfänder. Für die Lagerung der Waaren in den Gebäuden der Reichsbank sind die von dieser bestimmten Kosten zu entrichten. Für alle Kosten einschließlich der etwaigen Auslagen für die Versicherung gegen Feuersgefahr (§. 20) dienen der Reichsbank die Waaren und der Versicherungsschein nebst den etwaigen Prolongations-Scheinen gleichfalls zum Unterpfande.

§. 23. Wenn die verpfändeten Waaren um den sechsten Theil ihres Tax- oder marktgängigen Werthes im Preise sinken oder ebenso viel während des Lagerns durch Veränderung ihrer Qualität oder Quantität nach einer von der Reichsbank allein durch einen ihrer Beamten, ihren Taxator oder einen anderen Sachverständigen zu veranlassenden Abschätzung am Werthe verlieren, so ist der Schuldner verbunden, das Unterpfand sogleich verhältnißmäßig zu verstärken oder einen entsprechenden Theil des Darlehns zurückzuzahlen.

Geschieht binnen drei Tagen keines von beiden, so ist die Reichsbank, wenn sie nicht die Wiederherstellung der Sicherheit im Rechtswege verfolgen will, jederzeit berechtigt, aber nicht verpflichtet, sich aus dem Unterpfande nach §. 3. bezahlt zu machen und den etwaigen Ausfall nach §. 9. von dem Verpfänder einzuziehen.

2.

Bestimmungen für den Giro-Verkehr bei den Reichsbankhauptstellen, Reichsbankstellen, Reichsbank-Kommanditen und den von zwei Bankbeamten verwalteten Reichsbank-Nebenstellen.[1]

1. Die Anträge auf Eröffnung eines Contos sind an diejenige Reichsbankhauptstelle oder Reichsbankstelle zu richten, zu deren Bezirk der Antragsteller seinem Wohnsitze nach gehört.
2. Wird der Antrag genehmigt, so erhält der Antragsteller außer den nöthigen Formularen ein Conto-Gegenbuch, in welches alle von ihm oder für ihn baar oder durch Verrechnung eingehenden Gelder eingetragen werden. Weitere Bescheinigungen werden von der Reichsbank nicht ertheilt.
3. Baare Einschüsse, bei der Reichsbank zahlbare Checks und Wechsel, desgleichen diskontirte Wechsel und er-

[1] Vgl. Anm. 41 zum Bankgesetz (S. 74).

theilte Lombard-Darlehne werden dem Giro-Conto sofort gutgeschrieben.[2]

4. Die der Reichsbank zum Incasso übergebenen Checks, Wechsel, Anweisungen, Rechnungen und sonstigen Papiere müssen quittirt sein und mit einem speciellen Verzeichnisse eingereicht werden, zu welchem die Bank die Formulare liefert. Auf den letzteren ist die Zeit, bis wann die Ablieferung der Papiere an die Bank erfolgen muß, für jede Reichsbankanstalt genau angegeben.

Der Gesammtbetrag der in dem Verzeichnisse angegebenen Incasso-Papiere wird in dem Conto-Gegenbuch vor der Linie sofort eingetragen. Die definitive Gutschrift erfolgt erst nach Eingang, in der Regel aber noch an dem zur Einziehung bestimmten Tage.

Unbezahlt gebliebene Papiere erhält der Conto-Inhaber gegen seine Quittung spätestens am Vormittage des auf den Einziehungstag folgenden Werktages zurück. Auf die Protestirung der Wechsel läßt sich die Bank nicht ein.

5. Die Einkassirung von Effecten u. s. w. übernimmt die Reichsbank nur an den besonders bekannt zu

[2] Von Personen, welche selbst ein Giro-Conto nicht besitzen, werden baare Einzahlungen im Mindestbetrage von 100 Mark zur Gutschrift auf das Conto eines auswärtigen Giro-Kunden gegen eine Provision von 10 Pfennig für jedes angefangene Tausend Mark angenommen. Erfolgt eine derartige Einzahlung während der Nachmittags-Geschäftsstunden, so ist außerdem für jede einzelne Einzahlung bis 4 Uhr eine Gebühr von 0,50 Mark, von 4 bis 5 Uhr eine solche von 1 Mark zu zahlen.

machenden Orten, an welchen sich ein Bedürfniß dafür geltend macht.

Die Effecten u. s. w. sind der Bank mit speciellem Verzeichnisse zu übergeben. Jedes Packet muß versiegelt und mit dem Namen des Einlieferers, dem Namen des Empfängers und mit dem nach dem Verzeichnisse dafür zu erhebenden Geldbetrage versehen sein.

Die Verrechnung der Beträge erfolgt nach den Bestimmungen in Absatz 2 der Nr. 4.

6. Ueber sein Guthaben kann der Conto-Inhaber in beliebigen Theilbeträgen jederzeit verfügen, aber, abgesehen von den Bestimmungen unter Nr. 8, nur durch Checks auf Formularen, welche ihm die Bank geliefert hat. Verfügungen anderer Art werden nicht honorirt.[3]

Baare Abhebungen erfolgen durch weiße Checks, welche auf eine bestimmte Person oder Firma mit dem Zusatze „oder Ueberbringer" lauten. Die Bank zahlt den Betrag an den Ueberbringer ohne Legitimationsprüfung, auch wenn der Check an eine bestimmte Person girirt ist.[4]

Soll der Check nur zur Verrechnung mit der

[3] Es wird empfohlen, die Checks vor der Ausgabe mit dem Firmenstempel zu versehen.

[4] Für die Einlösung weißer Checks, welche einer Bankanstalt von Orten außerhalb ihres Geschäftsbezirks zugehen, oder welche bei einer anderen Bankanstalt, als bei derjenigen, welche das betreffende Conto führt, zur Zahlung präsentirt werden, wird eine Provision von $1/8$ pro Mille, mindestens 50 Pf. pro Stück erhoben.

Reichsbank oder einem Conto-Inhaber benutzt werden, so muß er gekreuzt, d. h. auf der Vorderseite mit dem quer über den Text geschriebenen oder gedruckten Vermerke versehen werden: „Nur zur Verrechnung“. In diesem Falle darf die Bank den Betrag nicht baar auszahlen.

Zu Uebertragungen auf Conten an demselben oder an einem anderen Bankplatze sind die rothen Check-Formulare bestimmt. Sie müssen auf den Namen ausgestellt werden und sind nicht übertragbar.[5]

7. Die Check-Formulare werden jedem Conto-Inhaber nach Bedarf in Heften von mindestens 50 Stück gegen Quittung von der Bank geliefert. Er ist verpflichtet, die Formulare sorgfältig aufzubewahren, und trägt alle Folgen und Nachtheile, welche aus dem Verluste oder sonstigen Abhandenkommen dieser Formulare entstehen möchten, wenn er nicht die sein Conto führende Bankanstalt rechtzeitig von dem Abhandenkommen schriftlich benachrichtigt hat, um die Zahlung an einen Unberechtigten zu verhindern.

Ebenso ist der Conto-Inhaber der Bank dafür verantwortlich, wenn er die in den Check-Formularen offen gelassenen Stellen nicht so ausfüllt, daß eine Fälschung unmöglich ist, oder wenn er von der

[5] Werden solche für einen anderen Bankplatz bestimmte Checks Nachmittags nach 4 Uhr eingeliefert, so ist für jeden Check, wenn die Einlieferung bis 4½ Uhr erfolgt, eine Gebühr von 0,50 Mark, wenn sie dagegen von 4½ bis 5 Uhr erfolgt, eine solche von 1 Mark zu entrichten.

auf der rechten Seite der weißen Checks befindlichen Zahlenreihe nicht diejenigen Zahlen vor der Ausgabe abtrennt, welche den Betrag des Checks übersteigen. Checks, welche geschriebene Zusätze zwischen den vorgedruckten Zeilen enthalten, werden zurückgewiesen.

Makulirte Check-Formulare sind an die Bank zurückzuliefern.

8. Wechsel, aus welchen ein Conto-Inhaber zu einer Zahlung verpflichtet ist, sind bei der Reichsbank oder einem anderen Bankhause, welches mit der Reichsbank in täglicher Abrechnung steht, zahlbar zu machen und rechtzeitig zu avisiren. Ein Verzeichniß dieser Bankhäuser ist in dem Giro-Comtoir aufgelegt. Im Besitze der Reichsbank befindliche Wechsel, welche weder bei ihr noch einem der in diesem Verzeichnisse genannten Bankhäuser zahlbar gemacht oder nicht rechtzeitig avisirt sind, müssen baar bezahlt werden.

Eingelöste Papiere werden dem Conto-Inhaber gegen Empfangsbescheinigung ausgeliefert.

9. Verfügt der Conto-Inhaber über mehr, als sein Guthaben beträgt, so lehnt die Bank nicht blos die Zahlung ab, sondern behält sich auch vor, den Verkehr mit ihm sofort gänzlich abzubrechen. Verfügt er über sein ganzes Guthaben, so drückt er damit die Absicht aus, sein Conto zu schließen.

10. Die Giro-Gelder werden von der Bank spesenfrei verwaltet, aber nicht verzinst.

11. Die Conto-Gegenbücher sind möglichst oft zur Eintragung der Posten vorzulegen.

Jährlich am 7. Juli und 31. December werden sämmtliche Conten abgeschlossen und der Saldo aufs Neue vorgetragen.

12. Die Reichsbank erwartet, daß die Conto-Inhaber von den ihnen vorstehend unter Nr. 4 und 8 eingeräumten Befugnissen regelmäßig Gebrauch machen, die Giro-Einrichtung aber nur für sich selbst oder für andere Conto-Inhaber, nicht für dritte Personen benutzen und ein der Mühewaltung entsprechendes baares Guthaben halten werden. Sie behält sich das Recht vor, den Vertrag ohne Weiteres durch schriftliche Benachrichtigung aufzuheben, wenn dieser Erwartung nicht entsprochen wird, oder wenn sie aus anderen Gründen die Aufhebung für angemessen erachtet.

Außerdem können die vorstehenden Bestimmungen nach 14 Tage vorhergegangener öffentlicher Ankündigung in den nach §. 30 des Reichsbankstatuts bestimmten Blättern jederzeit abgeändert werden.

13. Vor Eröffnung des Contos hat sich der Conto-Inhaber mit diesen Bestimmungen durch Vollziehung eines Druckexemplars derselben einverstanden zu erklären. Die Unterschriften der übrigen Personen, welche als Geschäftstheilhaber oder sonst zur Zeichnung des Namens oder der Firma des Conto-Inhabers berechtigt sind, müssen bei der Bank niedergelegt werden. Für Procuristen oder Bevollmäch-

tigte sind außerdem besondere Vollmachten nach den bei der Reichsbank eingeführten Formularen niederzulegen. Alle der Reichsbank mitgetheilten Unterschriften und Vollmachten bleiben so lange gültig, bis der das Conto führenden Bankanstalt schriftlich von dem Erlöschen Anzeige gemacht worden ist.

Die Reichsbank besorgt für ihre Giro-Kunden die Einholung von Wechsel-Accepten sowie die Abhebung von Original-Wechseln gegen Vorzeigung von Duplikaten oder Kopien an Orten, auf welche sie Wechsel kauft (Bankplätzen). Der Auftrag ist unmittelbar an diejenige Bankanstalt, welche die Accepteinholung bezw. Abhebung besorgen soll, frankirt einzusenden.

An Gebühren sind für jeden Wechsel 50 Pfennig dem Auftrage baar oder in deutschen Postfreimarken beizufügen.

Aufträge, welche den vorstehenden Bedingungen nicht genau entsprechen, oder zu welchen nicht die von der Reichsbank kostenfrei gelieferten Formulare verwendet sind, oder welche noch andere Aufträge oder Schriftstücke enthalten, werden nicht ausgeführt, sondern dem Auftraggeber portopflichtig und „eingeschrieben" unter Umschlag zurückgesandt.

Die abgehobenen bezw. mit dem Annahme-Vermerk des Bezogenen versehenen Wechsel werden dem Auftraggeber unverzüglich portopflichtig und „eingeschrieben" unter Umschlag zurückgesandt. Wechsel, deren Annahme nicht sogleich zu erlangen ist, sowie Kopien oder Duplikate, zu denen die Original-Wechsel nicht zu erlangen sind, werden nebst dem Auftrage an eine zur Aufnahme von Wechselprotesten befugte Person abgegeben, um den Protest zu erheben und denselben mit den dazu gehörigen Wechseln dem Auftraggeber unmittelbar zu übersenden. Für Handlungen oder Unterlassungen dieser Person übernimmt die

Reichsbank keine Gewähr. — Wünscht der Auftraggeber die Protesterhebung nicht, so hat er dies in dem Auftrage bei dem betreffenden Wechsel durch den Zusatz „ohne Kosten" ausdrücklich zu bemerken. In diesem Falle wird der betreffende Wechsel dem Auftraggeber ohne Weiteres mit einem, die Worte „Annahme bezw. Aushändigung nicht zu erlangen" enthaltenden Zettel portopflichtig und „eingeschrieben" unter Umschlag zurückgesandt. — Auf einen Schriftwechsel läßt sich die Reichsbank im Giro-Verkehr nicht ein.

3.

Offene Depots von Werthpapieren.[1]

Die Reichs-Hauptbank in Berlin

nimmt Werthpapiere und Dokumente **jeder Art** in Verwahrung. Die Uebergabe kann auch durch einen Beauftragten oder durch die Post erfolgen. — Die Beamten des Komtoirs sind verpflichtet, über alle zu ihrer Kenntniß gelangenden Vermögens-Angelegenheiten der Deponenten gegen Jedermann das unverbrüchlichste Stillschweigen zu beobachten. — Wollen Behörden, Korporationen, Stiftungen, Anstalten, Gesellschaften oder Handelsfirmen von der Einrichtung Gebrauch machen, so bedarf es dieserhalb erst einer besonderen Verständigung. — Mehrere einzelne Personen können gemeinschaftlich deponiren, wenn sie die Deklaration mit folgendem Zusatz einreichen: „Ueber die deponirten Werthpapiere sowie die eingehenden Gelder kann jeder Einzelne von

[1] Vgl. Anm. 42 zum Bankgesetz (S. 74).

uns verfügen und quittiren". — Ueber jede Gattung von Papieren wird ein besonderer Depotschein ertheilt; für eine jede ist daher eine besondere Deklaration einzureichen. Die Depotscheine werden Namens des Komtoirs ausgestellt und von dessen drei Vorstandsbeamten unterschrieben. Die Nummern der Papiere werden auf den Depotscheinen nicht verzeichnet. — Nur bei verloosbaren Papieren kann der Deponent ein Duplikat des Nummern-Verzeichnisses der Deklaration beifügen, welches er im Falle der Annahme des Depots mit dem Depotschein abgestempelt zurückerhält. — Den Deponenten ist gestattet, in einem versiegelten Schreiben an den Direktor des Komtoirs noch ein beliebig zu wählendes Paßwort einzureichen, ohne dessen Angabe die Auslieferung des Depots versagt werden kann (vergl. Bed. Nr. 10). — Die Aufbewahrung der Papiere erfolgt unter nachstehenden

Bedingungen.

1. Die Reichsbank übernimmt für die sichere und getreue Aufbewahrung der ihr übergebenen Papiere die volle Gewähr und außerdem die Verpflichtung:

a) die zu den Papieren gehörigen Zins- und Dividendenscheine, wenn sie in Berlin zu einem festen Course in Reichswährung eingelöst werden, an den Fälligkeitsterminen einzuziehen, anderen Falles dieselben an der Berliner Börse verkaufen zu lassen (Zinsscheine, die am Sitze einer Zweiganstalt der Reichsbank zahlbar sind, werden daselbst unter Berechnung des Portos sowie von $1/8$% Provision eingezogen);

b) die in der Allgemeinen Verloosungstabelle des Deutschen Reichs- und Königlich Preußischen Staatsanzeigers während der Dauer der Aufbewahrung erscheinenden Ziehungs- und Verloosungslisten, sowie die Bekanntmachungen über Kündigung oder Convertirung von Papieren nachsehen zu lassen und die danach zur Rückzahlung gelangenden Stücke des Deponenten an den festgesetzten Terminen zur Einlösung zu präsentiren bezw. die Convertirung zu besorgen, auch die gezogenen bezw. verloosten sowie die zur Rückzahlung gelangenden Stücke, wenn sie in Berlin zu einem festen Course in Reichswährung nicht eingelöst werden, an der Börse verkaufen zu lassen (sind die Stücke am Sitze einer Zweiganstalt der Reichsbank zahlbar, so besorgt die Bank zwar die Einziehung, berechnet aber das Porto sowie $1/8$ Prozent Provision);

c) die nach a. und b. eingehenden Beträge in Berlin bei dem Komtoir für Werthpapiere spätestens am dritten Tage nach dem Fälligkeitstermine, bei den Reichsbankhauptstellen, Reichsbankstellen sowie bei den übrigen mit Kasseneinrichtung versehenen Zweiganstalten spätestens 8 Tage nach dem Fälligkeitstermine zur Verfügung des Deponenten zu stellen;

d) die neuen Zins- und Dividendenscheine rechtzeitig abheben zu lassen;

e) vollgezahlte Interimsscheine in definitive Stücke umzutauschen;

f) das mit den deponirten Papieren jetzt oder später etwa verbundene Bezugsrecht auf neue Papiere geltend zu machen, und die weiteren Einzahlungen auf nicht vollgezahlte Papiere für den Deponenten zu leisten, wenn derselbe solches spätestens 8 Tage vor Ablauf der dazu festgesetzten Termine schriftlich beantragt und den erforderlichen Geldbetrag mit der Provision (vgl. Nr. 2) gleichzeitig einzahlt.

Der Verkauf an der Börse (a.) erfolgt 8 Tage vor Verfall der in Europa zahlbaren und 14 Tage vor Verfall der an außereuropäischen Plätzen zahlbaren Zinsscheine.

2. Für die mit diesen Leistungen verbundene Mühwaltung und Gefahr ist pro Jahr eine Provision von $^3/_{10}$ pro Mille, bei im Auslande ausgestellten Papieren von $^1/_2$ pro Mille — also 30 beziehungsweise 50 Pfennig für je 1000 Mark des Nominalbetrages der Papiere — mindestens aber 1 Mark für jeden Depotschein zu entrichten. Läßt sich der Werth eines Dokuments in einer bestimmten Geldsumme nicht abschätzen, so beträgt die Provision 15 Mark pro Jahr. Das Jahr wird von dem 1. des Monats, in welchem die Deposition stattfindet, bis zum 1. des entsprechenden Monats im nächsten Jahr gerechnet. — Papiere in ausländischer Valuta

werden behufs Ermittelung der Provision nach der Berliner Börsen-Usance in Reichswährung umgerechnet, und der überschießende Betrag für volle 1000 Mark berechnet. — Für das Nachsehen der verloosbaren Papiere, sowie der Bekanntmachungen über die Kündigung und Convertirung der Papiere sind pro Jahr außerdem 10 Pfennig für jedes Stück zu zahlen. — Für die Erhebung und Auszahlung verlooster oder gekündigter (1. b.), sowie für die Geltendmachung des Bezugsrechts und für Einzahlungen (1. f.) berechnet die Reichsbank außer den Auslagen an Porto, Courtage ꝛc. 1/8 Prozent (mindestens aber 0,50 Mark) der zu leistenden bezw. zu erhebenden Zahlungen. Für die Abhebung neuer Zins- und Dividendenscheine (1. d.) werden nur die baaren Auslagen berechnet.

3. Die Provisionen sind ohne Rücksicht auf die Dauer der Deposition für ein volles Jahr sogleich bei der Einreichung der Papiere, für jedes folgende Jahr vor dessen Beginn zu entrichten. Sie werden aus dem Guthaben und in dessen Ermangelung durch Postvorschuß eingezogen. Ist auch hierdurch die Zahlung nicht zu erreichen, so wird die Rücknahme des Depots verlangt (vgl. Nr. 15). Wegen der rückständigen Gebühren macht sich die Reichsbank aus dem Depot bezahlt.

4. Die gezahlten Provisionen werden in keinem Falle zurückgezahlt.

5. Die Reichsbank behält sich vor, die vorstehenden Provisionssätze zu erhöhen. Die Veränderung ist in den zu öffentlichen Bekanntmachungen des Reichsbank-

Direktoriums bestimmten Blättern und durch Aushang im Komtoir für Werthpapiere vor dem 15. November bekannt zu machen, wenn die neuen Sätze schon für das nächste Kalenderjahr hinsichtlich der vorhandenen Depots Geltung haben sollen.

6. Nachtheile, welche durch unrichtige Bezeichnung der Papiere oder unrichtige Eintragung der Nummern in die Deklaration entstehen, sind von der Reichsbank nicht zu vertreten. Insbesondere erfolgt die Kontrole der Verloosungen &c. (1. b.) lediglich nach Maßgabe der Eintragungen in den Deklarationen.

7. Die Depotscheine lauten auf den Namen und sind nicht übertragbar. Werden sie trotzdem cedirt oder verpfändet, oder werden die Depots gerichtlich gepfändet, so ist die Bank berechtigt, die Papiere auf Gefahr und Kosten des Deponenten zu hinterlegen. Irrthümer, welche bei der Ausstellung der Depotscheine vorgekommen sind, müssen sofort bei Empfang derselben gerügt werden, da auf spätere Reklamationen keine Rücksicht genommen werden kann.

8. Die Zinsen von Hypotheken-Dokumenten müssen bei der Kasse des Komtoirs für Werthpapiere oder bei einer Reichsbankanstalt auf Giro-Conto des Komtoirs für Werthpapiere unter Angabe der Nummer des Depotscheins eingezahlt werden. Es ist Sache des Deponenten, die Schuldner zur Zahlung an die Reichsbank anzuweisen.

9. Die Deponenten müssen in der Deklaration angeben, bei welcher Reichsbankanstalt sie die eingehenden

Zinsen ꝛc. erheben wollen. Die Erhebung an mehreren Orten ist nicht zulässig. Wünschen sie den Ort zu wechseln, so muß dies 4 Wochen vorher angezeigt werden, widrigenfalls die Zahlung noch an dem früheren Orte erfolgt. — Die Erhebung kann auch durch einen Bevollmächtigten oder durch die Post erfolgen. Im letzteren Falle hat der Deponent seinem Antrage die Quittung über den Betrag, den er abheben will, beizufügen. Die Absendung des Geldes geschieht an die von dem Deponenten angegebene Adresse. Beträgt das Guthaben mehr als 300 Mark, so kann dasselbe in Raten abgehoben werden, aber nicht unter 150 Mark.

10. Das Depot wird auf Verlangen während der Geschäftsstunden jederzeit zurückgegeben, aber nur im Ganzen und nur gegen Rückgabe des auf der Vorderseite mit Quittung: „Das vorstehende Depot habe ich zurückerhalten. Ort, Datum, Unterschrift." versehenen Depotscheines oder, wenn er verloren ist, nach gerichtlicher Kraftloserklärung desselben. Die Legitimation des Inhabers des Depotscheines sowie die Gültigkeit und Echtheit der Quittung zu prüfen, ist die Bank zwar berechtigt und wird von dieser Befugniß jedenfalls dann Gebrauch machen, wenn der Ueberbringer des Depotscheines das etwa eingereichte Paßwort nicht anzugeben vermag. Eine Verpflichtung zu einer solchen Prüfung übernimmt sie aber nicht, sie behält sich vielmehr das Recht vor, das Depot an Jeden herauszugeben, der ihr den Depotschein überbringt. — Bei Ausloosungen wird über den Ueberrest nach Rück=

empfang des quittirten Depotscheines ein neuer Schein kostenfrei ertheilt.

11. Die Versendung der deponirten Papiere, sowie der Talons, Zins- und Dividendenscheine (1. d. und e.), ebenso die Versendung von Dokumenten, Wechseln, Checks und Anweisungen durch die Post geschieht auf Gefahr und Kosten des Deponenten, bei Talons, Wechseln, Checks und Anweisungen mittelst „eingeschriebenen" Briefes, bei den übrigen Werthschaften unter voller Werthdeklaration, wenn der Deponent nicht etwas Anderes ausdrücklich beantragt hat.

12. Wenn der Deponent Papiere nicht für sich, sondern als Vormund oder Pfleger niederlegt und dies in der Deklaration erklärt hat, so zahlt die Bank an ihn zwar die eingehenden Zinsen und Dividenden ohne Legitimationsprüfung. Will er dagegen die Papiere selbst oder die dafür nach 1. b. eingehenden Beträge erheben, so muß er seine Bestallung vorlegen und sich, falls er dem Komtoir nicht bekannt ist, durch eine demselben bekannte, zuverlässige Person recognosciren lassen. Ist dies nicht möglich und besteht er dennoch auf der Ausantwortung, so erfolgt diese durch Versendung an ihn mit der Post. (Nr. 11.) — Ist die Niederlegung nach dem darüber in den Depotschein aufgenommenen Vermerke auf Anordnung des Vormundschaftsgerichts erfolgt, so ist zur Ausantwortung auch noch die seitens des Gerichts auf dem Depotscheine erklärte Genehmigung der Aushändigung an den namentlich zu bezeichnenden

Empfänger erforderlich. — Zur Prüfung der Echtheit und Gültigkeit der Quittung, der Bestallung oder der Genehmigung des Vormundschaftsgerichts ist die Reichsbank nicht verpflichtet. — Die Aufhebung der Vormundschaft oder Pflegschaft bezüglich einzelner von mehreren Miteigenthümern eines Depots hat auf das vorliegende Verhältniß keinen Einfluß. Eine Kontrole der Aufhebung findet nicht statt.

13. Soll zur Erhebung der Zinsen und Dividenden eine dritte Person berechtigt sein, so ist dies in einer von jener Person mitvollzogenen bei dem Komtoir niederzulegenden Erklärung auszusprechen.

14. Soll eine dritte Person vertragsmäßig oder auf Grund einer letztwilligen Verfügung lebenslänglich die Zinsen oder Dividenden der deponirten Papiere beziehen, so ist eine entsprechende Erklärung nach bestimmtem Schema dem Komtoir bei der Deposition zu behändigen und die Deklaration mit dem Zusatze (am Schlusse über der Unterschrift) zu versehen: „Gesperrt nach Nr. 14 der Bedingungen." — Der Depotschein wird in diesem Falle mit dem gleichen Vermerke bedruckt und die Zahlung der Zinsen und Dividenden, sowie die Rückgabe des Depots erfolgen an den Deponenten oder dessen Rechtsnachfolger ohne Zustimmung jener dritten Person nur bei Vorlegung einer standesamtlichen Bescheinigung über deren Tod. — Sind die Effekten zur Sicherung eines einem Offizier bei seiner Verheirathung zugesicherten Zuschusses niedergelegt, so findet

die Rückgabe des Depots nur unter schriftlicher Zustimmung der zuständigen Militärbehörde statt.

15. Der Reichsbank steht jederzeit frei, die Rücknahme des Depots zu verlangen, ohne Gründe dafür anzugeben, und wenn die Rücknahme binnen 14 Tagen nach geschehener Aufforderung nicht erfolgt, die Papiere auf Gefahr und Kosten des Deponenten zu hinterlegen.

Zur Beachtung. Sofern die in Verwahrung gegebenen Papiere nach den Bestimmungen über den Lombard-Verkehr dazu geeignet sind, kann der Deponent bei der Reichs-Hauptbank sowie bei den Zweiganstalten der Reichsbank gegen Verpfändung der Papiere unter gleichzeitiger Niederlegung des Depotscheines Lombard-Darlehne erhalten. Er muß jedoch die Lombardmäßigkeit der Papiere durch eine Bescheinigung des Komtoirs für Werthpapiere nachweisen, welche auf Verlangen jederzeit ertheilt wird.

Anträge auf An- oder Verkauf von Effekten müssen dem Komtoir für Werthpapiere schriftlich übergeben werden. Den Ankaufs-Anträgen sind die nöthigen Geldbeträge, den Verkaufs-Anträgen die Effekten beizufügen. Befinden sich die zu verkaufenden Effekten in dem Depot, so ist mit dem Verkaufs-Antrage der betreffende Depotschein quittirt einzureichen. Die Reichsbank berechnet sowohl für den Ankauf wie für den Verkauf von Effekten an Provision von Deponenten $1/8$ Prozent, von Nichtdeponenten $1/6$ Prozent (jedoch wenigstens Mark 0,50) und an

Courtage, soweit sie nicht usancemäßig per Stück bezahlt wird, $1/2$ pro Mille vom Nominalbetrage der Effekten.

---

4. Verschlossene Depositen.

Bedingungen, unter welchen die Reichsbank verschlossene Depositen in Verwahrung nimmt, soweit der vorhandene Raum es gestattet.[1]

1. Die Depositen müssen mit dem Vor- und Zunamen beziehungsweise der Firma des Deponenten deutlich bezeichnet und dergestalt verschlossen sein, daß ohne Verletzung eines Siegels nichts herausgenommen werden kann.
2. Die Reichsbank haftet für das Depositum höchstens bis zum Werthsbetrage von Fünftausend Mark, wenn dasselbe nicht zu einem höheren Werthe deklarirt und die hierfür bestimmte Versicherungsprämie außer dem Lagergelde entrichtet ist. Für höhere Gewalt und inneren Verderb ist die Reichsbank in keinem Falle verantwortlich.
3. Das Lagergeld beträgt bei Depositen
   bis zu 30 cm Breite und Höhe, 40 cm Länge und 10 kg Gewicht . . . . . Mark 10,
   darüber hinaus:
   bis zu 60 cm Breite und Höhe, 70 cm Länge und 25 kg Gewicht . . . . . Mark 20,
   bei noch größeren:

[1] Vgl. Anm. 42 zum Bankgesetz (S. 74).

bis zu 100 cm Länge, Breite und Höhe
oder einem Gewicht von mehr als 25 kg Mark 30 für das Jahr. Depositen von mehr als 100 oder weniger als 15 cm Länge, Breite und Höhe werden nicht angenommen.

Die Versicherungsprämie beträgt für jedes angefangene Tausend des über Fünftausend Mark hinaus deklarirten Mehrwerths (Nr. 2) ein Viertel Mark für das Jahr.

In beiden Fällen wird das Jahr vom ersten Tage des Depositionsmonats ab berechnet.

4. Lagergeld und Versicherungsprämie sind bei der Niederlegung und sodann alljährlich im voraus zu entrichten. Geht ersteres nicht pünktlich ein, so kann die Reichsbank dasselbe einklagen oder nach ihrer Wahl das Depositum auf Gefahr und Kosten des Deponenten gerichtlich hinterlegen. Ist die Versicherungsprämie nicht pünktlich gezahlt, so haftet die Reichsbank nicht für den deklarirten Mehrwerth (Nr. 2, 3).

5. Das Depositum kann während der Geschäftsstunden jederzeit zurückgenommen werden, aber nur gegen Rückgabe oder gerichtliche Kraftloserklärung des quittirten Depositalscheins. Liefert der Deponent dasselbe binnen drei Tagen wieder ein, so ist eine Zuschlagsgebühr von zwei Mark zu entrichten.

6. Die Reichsbank darf das Depositum an jeden Vorzeiger des Depositalscheins ohne weitere Prüfung seiner Legitimation oder der Echtheit und Gültigkeit der Quittung ausliefern.

7. Eine Versendung des Depositums sowie eine verhältnißmäßige Erstattung des Lagergeldes oder der Versicherungsprämie findet nicht statt.

5.

Verzeichniß sämmtlicher vom Reichsbank-Direktorium zu Berlin mittelbar oder unmittelbar abhängigen Zweiganstalten.[1]

Zur Beachtung.

1. Die mit einem Stern bezeichneten Orte sind nicht Bankplätze; es werden daselbst aber nicht nur Lombard-Geschäfte gemacht, sondern auch Wechsel auf Bankplätze gekauft.
2. An den mit zwei Sternen bezeichneten Orten werden ausschließlich Lombard-Geschäfte gemacht.
3. Alle übrigen Orte sind solche, an welchen und auf welche Wechsel gekauft werden (Bankplätze).
4. Die durch fette Schrift bezeichneten Orte sind solche, an welchen die Noten der nach der Bestimmung im §. 45 des Bankgesetzes bekannt gemachten Banken[2] in Zahlung genommen werden.

[1] Vgl. Anm. 79 zum Bankgesetz (S. 88).
[2] Vgl. oben S. 98 und unten XV.

			ressortirt von:
1	**Aachen**	Reichsbankstelle	
*2	Allenburg	Reichsbanknebenstelle	Königsberg.
3	Allenstein	Reichsbanknebenstelle	Königsberg.
*4	Anclam	Reichsbanknebenstelle	Stettin.
5	Aschersleben	Reichsbanknebenstelle	Magdeburg.
6	Augsburg	Reichsbankstelle	
7	Bamberg	Reichsbanknebenstelle	Nürnberg.
8	**Barmen**	Reichsbanknebenstelle	Elberfeld.
*9	Bartenstein	Reichsbanknebenstelle	Königsberg.
**10	Barth	Reichsbank-Waarendepot	Stralsund.
11	Bautzen	Reichsbanknebenstelle	Dresden.
12	Belgard	Reichsbanknebenstelle	Stettin.
13	Bernburg	Reichsbanknebenstelle	Magdeburg.
14	Beuthen	Reichsbanknebenstelle	Gleiwitz.
15	Bielefeld	Reichsbankstelle	
**16	Bischofsburg	Reichsbank-Waarendepot	Königsberg.
17	Bochum	Reichsbanknebenstelle	Dortmund.
18	Brandenburg a. d. H.	Reichsbanknebenstelle	Berlin.
*19	Braunsberg	Reichsbanknebenstelle	Königsberg.
20	Braunschweig	Reichsbankstelle	
21	**Bremen**	Reichsbankhauptstelle	

22	**Breslau**	Reichsbankhauptstelle	
23	Brieg	Reichsbanknebenstelle	Breslau.
24	Bromberg	Reichsbankstelle	
25	Bruchsal	Reichsbanknebenstelle	Karlsruhe.
*26	Bütow	Reichsbanknebenstelle	Stolp.
**27	Cammin	Reichsbank-Waarendepot	Stettin.
28	Cassel	Reichsbankstelle	
29	**Chemnitz**	Reichsbankstelle	
30	Coblenz	Reichsbankstelle	
31	**Cöln**	Reichsbankhauptstelle	
32	Cöslin	Reichsbankcommandite	Stolp.
33	Colberg	Reichsbanknebenstelle	Stettin.
34	Cottbus	Reichsbankstelle	
35	**Crefeld**	Reichsbankstelle	
36	Creuznach	Reichsbanknebenstelle	Coblenz.
37	Crimmitschau	Reichsbanknebenstelle	Chemnitz.
*38	Culm	Reichsbanknebenstelle	Danzig.
39	**Danzig**	Reichsbankhauptstelle	
40	Darmstadt	Reichsbanknebenstelle	Mainz.
**41	Deutsch-Eylau	Reichsbank-Waarendepot	Elbing.
42	Dillenburg	Reichsbanknebenstelle	Siegen.
43	Dortmund	Reichsbankhauptstelle	

			ressortirt von:
44	**Dresden**	Reichsbankstelle	
45	Düren	Reichsbanknebenstelle	Cöln.
46	**Düsseldorf**	Reichsbankstelle	
47	Duisburg	Reichsbanknebenstelle	Düsseldorf.
48	**Elberfeld**	Reichsbankstelle	
49	Elbing	Reichsbankstelle	
50	Emden	Reichsbankstelle	
51	Erfurt	Reichsbankstelle	
52	Eschwege	Reichsbanknebenstelle	Cassel.
53	Essen	Reichsbankstelle	
54	Eupen	Reichsbanknebenstelle	Aachen.
55	Finsterwalde	Reichsbanknebenstelle	Cottbus.
**56	Fischhausen	Reichsbank-Waarendepot	Königsberg.
57	Flensburg	Reichsbankstelle	
58	Forst	Reichsbanknebenstelle	Cottbus.
59	**Frankfurt** a. Main	Reichsbankhauptstelle	
60	Frankfurt a. d. O.	Reichsbankstelle	
61	Freiburg (i. Breisg.)	Reichsbanknebenstelle	Karlsruhe.
**62	Friedland i. Ostpr.	Reichsbank-Waarendepot	Königsberg.
63	Fürth	Reichsbanknebenstelle	Nürnberg.

64	Gelsenkirchen	Reichsbanknebenstelle	Essen.
65	Gera	Reichsbankstelle	
66	Gießen	Reichsbanknebenstelle	Frankfurt a. M.
67	M.-Gladbach	Reichsbanknebenstelle	Crefeld.
68	Gleiwitz	Reichsbankstelle	
69	Glogau	Reichsbankstelle	
70	Gnesen	Reichsbanknebenstelle	Posen.
71	Göppingen	Reichsbanknebenstelle	Stuttgart.
72	Görlitz	Reichsbankstelle	
73	Göttingen	Reichsbanknebenstelle	Cassel.
*74	Goldap	Reichsbanknebenstelle	Königsberg.
75	Graudenz	Reichsbankstelle	
76	Greifswald	Reichsbanknebenstelle	Stralsund.
77	Greiz	Reichsbanknebenstelle	Gera.
78	Grünberg	Reichsbanknebenstelle	Glogau.
79	Guben	Reichsbanknebenstelle	Cottbus.
80	Gumbinnen	Reichsbanknebenstelle	Königsberg.
81	Hagen	Reichsbanknebenstelle	Dortmund.
82	Halberstadt	Reichsbanknebenstelle	Magdeburg.
83	Halle a. d. S.	Reichsbankstelle	
84	**Hamburg** (Altona)	Reichsbankhauptstelle	
85	Hamm	Reichsbanknebenstelle	Münster i. W.

			ressortirt von:
86	Hanau	Reichsbanknebenstelle	Frankfurt a. M.
87	**Hannover** (Linden v. Hann.)	Reichsbankhauptstelle	
88	Harburg	Reichsbanknebenstelle	Hamburg.
89	Heidelberg	Reichsbanknebenstelle	Mannheim.
90	Heilbronn	Reichsbanknebenstelle	Stuttgart.
**91	Heilsberg	Reichsbank-Waarendepot	Königsberg.
92	Hildesheim	Reichsbanknebenstelle	Hannover.
93	Hirschberg i. Schl.	Reichsbanknebenstelle	Liegnitz.
*94	Inowraclaw	Reichsbanknebenstelle	Bromberg.
95	Insterburg	Reichsbankcommandite	Königsberg.
96	Iserlohn	Reichsbanknebenstelle	Dortmund.
**97	Jarmen	Reichsbank-Waarendepot	Stettin.
98	Kaiserslautern	Reichsbanknebenstelle	Mannheim.
99	Karlsruhe	Reichsbankstelle	
100	Kempten	Reichsbanknebenstelle	Augsburg.
101	Kiel	Reichsbankstelle	
102	**Königsberg** i. Pr.	Reichsbankhauptstelle	
**103	Königsberg N./M.	Reichsbank-Waarendepot	Stettin.
*104	Konitz	Reichsbanknebenstelle	Bromberg.

105	Konstanz	Reichsbanknebenstelle	Karlsruhe.
106	Krotoschin	Reichsbanknebenstelle	Posen.
*107	Labiau	Reichsbanknebenstelle	Königsberg.
108	Lahr	Reichsbanknebenstelle	Karlsruhe.
109	Landau	Reichsbanknebenstelle	Mannheim.
110	Landeshut i. Schl.	Reichsbanknebenstelle	Liegnitz.
111	Landsberg a. d. W.	Reichsbankstelle	
112	Lauenburg i. Pomm.	Reichsbanknebenstelle	Stolp.
113	**Leipzig**	Reichsbankhauptstelle	
114	Lennep	Reichsbanknebenstelle	Elberfeld.
115	Liegnitz	Reichsbankstelle	
116	Limburg a. d. Lahn	Reichsbanknebenstelle	Coblenz.
117	Lindau	Reichsbanknebenstelle	Augsburg.
118	Lissa	Reichsbanknebenstelle	Posen.
119	Lörrach	Reichsbanknebenstelle	Karlsruhe.
120	Ludwigshafen a. Rhein	Reichsbanknebenstelle	Mannheim.
121	Lübeck	Reichsbankstelle	
122	Lüdenscheid	Reichsbanknebenstelle	Dortmund.
123	Lyck	Reichsbanknebenstelle	Königsberg.
124	**Magdeburg**	Reichsbankhauptstelle	
125	Mainz	Reichsbankstelle	
126	Mannheim	Reichsbankhauptstelle	

			ressortirt von:
*127	Marienburg	Reichsbanknebenstelle.	Elbing.
128	Marienwerder	Regierungs Hauptkasse	Danzig.
129	Meerane	Reichsbanknebenstelle	Chemnitz.
130	Memel	Reichsbankstelle	
131	Metz	Reichsbankstelle	
132	Minden	Reichsbankstelle	
**133	Mühlhausen i. Pr.	Reichsbank-Waarendepot	Elbing.
134	Mühlhausen i. Thür.	Reichsbanknebenstelle	Erfurt.
135	Mülhausen i. Elsaß	Reichsbankstelle	
136	Mülheim a. d. Ruhr	Reichsbanknebenstelle	Essen.
137	**München**	Reichsbankhauptstelle	
138	Münster i. W.	Reichsbankstelle	
139	Naumburg a. d. S.	Reichsbanknebenstelle	Halle a. d. S.
140	Neisse	Reichsbanknebenstelle	Breslau.
**141	Neubrandenburg	Reichsbank-Waarendepot	Lübeck.
142	Neumünster	Reichsbanknebenstelle	Kiel.
143	Neuß	Reichsbanknebenstelle	Cöln.
144	Neustadt a. d. Hardt	Reichsbanknebenstelle	Mannheim.
*145	Neu-Stettin	Reichsbanknebenstelle	Stettin.
146	Nordhausen	Reichsbankstelle	
147	**Nürnberg**	Reichsbankstelle	

148	Offenbach	Reichsbanknebenstelle	Frankfurt a. M.
149	Osnabrück	Reichsbankstelle.	
*150	Osterode	Reichsbanknebenstelle	Elbing.
151	Ostrowo	Reichsbanknebenstelle	Posen.
152	Paderborn	Reichsbanknebenstelle	Münster i. W.
**153	Pasewalk	Reichsbank-Waarendepot	Stettin.
154	Passau	Reichsbanknebenstelle	München.
155	Pforzheim	Reichsbanknebenstelle	Karlsruhe.
*156	Pillkallen	Reichsbanknebenstelle	Tilsit.
157	Pirmasens	Reichsbanknebenstelle	Mannheim.
158	Plauen i. Voigtl.	Reichsbanknebenstelle	Chemnitz.
159	Pleschen	Reichsbanknebenstelle	Posen.
160	Pößneck	Reichsbanknebenstelle	Gera.
161	Posen	Reichsbankhauptstelle	
162	Prenzlau	Reichsbanknebenstelle	Stettin.
163	Quedlinburg	Reichsbanknebenstelle	Magdeburg.
164	Rastenburg	Reichsbanknebenstelle	Königsberg.
165	Ratibor	Reichsbanknebenstelle	Gleiwitz.
166	Rawitsch	Reichsbanknebenstelle	Posen.
167	Regensburg	Reichsbanknebenstelle	München.
168	Reichenbach i. Schl.	Reichsbanknebenstelle	Breslau.

			ressortirt von:
169	Remscheid	Reichsbanknebenstelle	Elberfeld.
170	Reutlingen	Reichsbanknebenstelle	Stuttgart.
**171	Rogasen	Reichsbank-Waarendepot	Posen.
172	Rostock	Reichsbanknebenstelle	Lübeck.
*173	Rügenwalde	Reichsbanknebenstelle	Stolp.
*174	Ruß	Reichsbanknebenstelle	Memel.
**175	Saalfeld	Reichsbank-Waarendepot	Elbing.
176	Saarbrücken (St. Johann a. d. Saar)	Reichsbanknebenstelle	Metz.
177	Sagan	Reichsbanknebenstelle	Glogau.
**178	Schippenbeil	Reichsbank-Waarendepot	Königsberg.
*179	Schirwindt	Reichsbanknebenstelle	Tilsit.
**180	Schivelbein	Reichsbank-Waarendepot	Stettin.
**181	Schlawe	Reichsbank-Waarendepot	Stolp.
182	Schneidemühl	Reichsbanknebenstelle	Posen.
183	Schwedt a. d. O.	Reichsbanknebenstelle	Stettin.
184	Schwelm	Reichsbanknebenstelle	Elberfeld.
185	Schwiebus	Reichsbanknebenstelle	Frankfurt a. d. O.
186	Siegen	Reichsbankstelle	
187	Solingen	Reichsbanknebenstelle	Cöln.
188	Sommerfeld	Reichsbanknebenstelle	Glogau.

189	Sorau	Reichsbanknebenstelle	Görlitz.
190	Speyer	Reichsbanknebenstelle	Mannheim.
191	Spremberg	Reichsbanknebenstelle	Cottbus.
**192	Stallupönen	Reichsbank-Waarendepot	Königsberg.
193	Stargard i. Pomm.	Reichsbanknebenstelle	Stettin.
**194	Pr.-Stargardt	Reichsbank-Waarendepot	Danzig.
195	**Stettin**	Reichsbankhauptstelle	
196	Stolp	Reichsbankstelle	
197	Stralsund	Reichsbankstelle	
198	**Straßburg** i. Elsaß	Reichsbankhauptstelle	
199	**Stuttgart**	Reichsbankhauptstelle	
200	Suhl	Reichsbanknebenstelle	Erfurt.
**201	Tapiau	Reichsbank-Waarendepot	Königsberg.
202	Thorn	Reichsbankstelle	
203	Tilsit	Reichsbankstelle	
**204	Treptow a. d. T.	Reichsbank-Waarendepot	Stettin.
205	Trier	Regierungs-Hauptkasse	Metz.
206	Ulm (Neu-Ulm)	Reichsbanknebenstelle	Stuttgart.
*207	Wehlau	Reichsbanknebenstelle	Königsberg.
208	Wetzlar	Reichsbanknebenstelle	Coblenz.
209	Wiesbaden	Reichsbanknebenstelle	Frankfurt a. M.

			ressortirt von:
210	Witten a. d. Ruhr	Reichsbanknebenstelle	Dortmund.
*211	Wolgast	Reichsbanknebenstelle	Stralsund.
212	Worms	Reichsbanknebenstelle	Mainz.
**213	Wronke	Reichsbank=Waarendepot	Posen.
214	Würzburg	Reichsbanknebenstelle	Nürnberg.
215	Zeitz	Reichsbanknebenstelle	Gera.
216	Zittau	Reichsbanknebenstelle	Dresden.
217	Zweibrücken	Reichsbanknebenstelle	Mannheim.
218	Zwickau	Reichsbanknebenstelle	Chemnitz.

II.

Statut der Reichsbank. Vom 21. Mai 1875.

(R.G.Bl. S. 203. Ausgegeben den 24. Mai 1875.)[1]

Wir Wilhelm, von Gottes Gnaden Deutscher Kaiser, König von Preußen ꝛc. erlassen auf Grund des §. 40 des Bankgesetzes vom 14. März 1875 (Reichs-Gesetzbl. S. 177) im Einvernehmen mit dem Bundesrath im Namen des Deutschen Reichs nachstehendes

Statut der Reichsbank.

§. 1. Die Reichsbank tritt am 1. Januar 1876 in Wirksamkeit.

Mit demselben Tage gehen alle Rechte und Verpflichtungen der Preußischen Bank, welche mit Ablauf des 31. Dezember 1875 ihre Wirksamkeit einstellt, nach Maßgabe des zwischen dem Reiche und Preußen unterm 17./18. Mai d. J. abgeschlossenen Vertrages,[2] auf die Reichsbank über.[3]

[1] Das „Statut" der Reichsbank steht nicht auf einer Linie mit dem Statut einer Aktien-Gesellschaft. Es enthält vielmehr in Ergänzung des von der Reichsbank handelnden Titel II des Bankgesetzes v. 14. März 1875 (oben C I), Bestimmungen, welche ebensowohl in diesem selbst hätten enthalten sein können. Indessen ist diese Trennung beliebt, um das Gesetz nicht mit Detailbestimmungen zu überladen, welche theils mehr reglementarischen Inhalts sind (vgl. z. B. §§ 10, 11, 13), theils nur die Verhältnisse der Bankantheilseigner betreffen, und um zugleich eine Ergänzung in bequemerer Form zu ermöglichen. In Betreff der letzteren vgl. z. B. Bankges. § 40 und Anm. 87 (S. 90). Wegen Abänderung des Statuts vgl. § 21 desselben.

[2] Vgl. unten III, insbesondere § 1 Abs. 2—4 das.

[3] Hierzu ist erlassen: die Bekanntmachung des Reichskanzlers vom 16. Dezember 1875 (unten XVI).

§. 2. Das Grundkapital der Reichsbank von 120 Millionen Mark wird durch das Einschußkapital derjenigen Antheilseigner der Preußischen Bank, welche innerhalb der vom Reichskanzler bestimmten Frist den Umtausch ihrer Antheilsscheine gegen Antheilsscheine der Reichsbank verlangt haben,[4] und durch die auf die neuen Bankantheilsscheine bis zu deren Nominalbetrag geleisteten baaren Einzahlungen gebildet.[5]

Bevor eine Erhöhung des Grundkapitals durch Reichsgesetz festgestellt wird, hat, nachdem der Zentralausschuß gehört worden, die Generalversammlung über das Bedürfniß und das Maß der Erhöhung, sowie über die folgeweise etwa erforderliche anderweite Regelung des Theilnahmeverhältnisses am Gewinne der Reichsbank (Bankgesetz §. 24) Beschluß zu fassen.

§. 3. Die Reichsbankantheile sind untheilbar und vorbehaltlich der Bestimmungen in §. 41 des Bankgesetzes unkündbar. Sie werden mit Angabe der Eigenthümer nach Namen, Stand und Wohnort in die Stammbücher der Reichsbank eingetragen.[6] Ueber jeden Antheil wird ein Antheilsschein nach dem beiliegenden Formulare ausgefertigt. Mit dem Antheilsscheine erhält der Eigenthümer zugleich die Dividendenscheine für die nächsten fünf Jahre und einen Talon

[4] Vgl. die Bekanntm. des Reichskanzlers v. 24. Mai 1875 (Reichsanzeiger Nr. 120. Erste Beilage).
[5] Wegen der Begebung der neuen Bankantheilsscheine, welche sämmtlich vollgezahlt sind, vgl. Anm. 116 zum Bankgesetz (S. 109).
[6] Vgl. Handelsgesetzbuch Art. 182, auch in der Fassung des Ges. v. 18. Juli 1884 (R.G.Bl. S. 123).

zur Abhebung neuer Dividendenscheine nach Ablauf des fünfjährigen Zeitraumes. Die Dividendenscheine und Talons lauten auf den Inhaber.

§. 4. Wenn das Eigenthum eines Bankantheils auf einen Anderen übergeht, so ist dies unter Vorlegung des Antheilsscheines bei der Reichsbank anzumelden und in den Stammbüchern, sowie auf dem Antheilsscheine zu bemerken.

Im Verhältnisse zu der Reichsbank wird nur derjenige als Antheilseigner angesehen, welcher als solcher in den Stammbüchern eingetragen ist.

Zur Prüfung der Legitimation ist die Reichsbank berechtigt, aber nicht verpflichtet.[7]

§. 5. Die Uebertragung der Bankantheile kann durch Indossament erfolgen.

In Betreff der Form des Indossaments kommen die Bestimmungen der Artikel 11 bis 13 der Wechselordnung zur Anwendung.[8]

§. 6. Wenn ein Bankantheil verpfändet ist, so ist dies unter Vorlegung des Antheilsscheines und der schriftlichen Erklärung des Antheilseigners bei der Reichsbank anzumelden; auf Grund dieser Anmeldung ist die Verpfändung in den Stammbüchern und auf dem Antheilsscheine zu bemerken.

Im Verhältnisse zur Reichsbank wird nur derjenige

[7] Vgl. Handelsgesetzbuch Art. 183, auch in der Fassung des Ges. v. 18. Juli 1884.

[8] Vgl. Handelsgesetzbuch Art. 182, auch in der Fassung des Ges. v. 18. Juli 1884.

als Pfandgläubiger angesehen, welcher als solcher in den Stammbüchern eingetragen ist.

Zur Prüfung der Echtheit und der Rechtsgültigkeit der Erklärung ist die Reichsbank berechtigt, aber nicht verpflichtet.

Der Eigenthümer kann ohne Zustimmung des Pfandgläubigers keine neuen Dividendenscheine und im Falle des §. 41 des Bankgesetzes keine Zahlung auf den Bankantheil erhalten, wird aber im Uebrigen in seinen ihm nach dem Bankgesetze und diesem Statute zustehenden Rechten nicht beschränkt.

Die Löschung des Pfandrechts erfolgt auf Vorlegung des Antheilsscheines und beglaubigter Einwilligung des Pfandgläubigers.

§. 7. Die für die Vermerkung von Uebertragungen oder von Verpfändungen der Bankantheile zu entrichtende Gebühr bestimmt das Reichsbank-Direktorium nach Anhörung des Zentralausschusses.[9]

§. 8. Wegen des Aufgebots und der Mortifikation verlorener oder vernichteter Antheilsscheine kommen die Vorschriften des Gesetzes vom 12. Mai 1873 (Reichs-Gesetzbl. S. 91)[10] mit der Maßgabe zur Anwendung, daß an Stelle der Reichsschuldenverwaltung überall das Reichsbank-Direktorium tritt. Das Zeugniß des

[9] Die Gebühr ist durch Verfügung v. 13. Dezember 1875 dahin bestimmt, daß für jeden Antheilsschein 3 Mark, bei gleichzeitiger Uebertragung oder Vermerkung der Verpfändung von Bankantheilen desselben Eigners 1 Mark für den zweiten und jeden ferneren Antheil erhoben werden.

[10] Unten E, S. 256. Vgl. auch Civilprozeßordnung v. 30. Januar 1877 §§ 823 ff., 837 ff. (R.G.Bl. S. 83).

letzteren (§§. 2, 4 a. a. O.) wird dahin ertheilt, daß und für welche Person der betreffende Bankantheil in den Stammbüchern der Reichsbank noch eingetragen sei. Vor der Mortifikation hat der Antragsteller, wenn er mit dem zuletzt eingetragenen Antheilseigner nicht identisch ist, nachzuweisen, daß der letztere keinerlei Ansprüche auf den Antheil erhebe. An Stelle des mortifizirten Antheilsscheines wird demjenigen, zu dessen Gunsten die Mortifikation ausgesprochen ist, auf seinen Antrag ein neuer Antheilsschein ertheilt.

§. 9. Wegen der abhanden gekommenen oder vernichteten Dividendenscheine und Talons ist ein Mortifikationsverfahren nicht zulässig, und ebensowenig ist die Reichsbank verpflichtet, bei Nachweis des Verlustes neue Dividendenscheine und Talons auszugeben oder den entsprechenden Geldbetrag zu zahlen. Ist jedoch der Verlust eines Dividendenscheines dem Reichsbank-Direktorium innerhalb der Verjährungsfrist (§. 24 des Bankgesetzes) angezeigt, so ist dasselbe befugt, den Betrag nach Ablauf jener Frist dem Anzeigenden zahlen zu lassen, wenn der Dividendenschein nicht inzwischen präsentirt und eingelöst ist. Ist von dem Verluste eines Talons Anzeige gemacht, so vertritt die Vorlegung des Antheilsscheines die Einlieferung des Talons.

§. 10. Der Ankauf von Effekten für fremde Rechnung[11] darf erst erfolgen, nachdem die dazu erforderlichen Gelder bei der Bank wirklich eingegangen oder lombardmäßig (§. 13 Ziff. 3 des Bankgesetzes) sicher-

[11] Vgl. Bankges. § 13 Nr. 6 (oben C I, S. 74).

gestellt sind. Ebenso muß bei Verkaufsaufträgen der Eingang der Effekten abgewartet werden.

Soll der Ankauf oder Verkauf von Effekten für Rechnung einer öffentlichen Behörde erfolgen, so kann die Erklärung, daß die Gelder oder Effekten zur Verfügung der Bank stehen, für genügend erachtet werden.

§. 11. Der Reichsbank liegt ob, das Reichsguthaben (§. 22 des Bankgesetzes) unentgeltlich zu verwalten und über die für Rechnung des Reichs angenommenen und geleisteten Zahlungen Buch zu führen und Rechnung zu legen.[11a]

§. 12. Der Werth der von der Preußischen Bank übernommenen Grundstücke ist in die für den 1. Januar 1876 aufzustellende Bilanz mit dem Betrage von zwölf Millionen Mark, zuzüglich der in der Zeit vom 1. April bis 31. Dezember 1875 auf die Grundstücke noch zur Verwendung gelangenden Kosten aufzunehmen.[12]

§. 13. Für die Aufstellung der Jahresbilanz[12a] sind folgende Vorschriften maßgebend:

1. Kurshabende Papiere dürfen höchstens zu dem Kurswerthe, welchen sie zur Zeit der Bilanzaufstellung haben, angesetzt werden.[13]
2. Von den Kosten der Organisation und Verwaltung dürfen nur die Ausgaben für die Her-

[11a] Vgl. Bankgesetz Anm. 58, 59 (S. 78, 79).

[12] Vgl. den Vertrag v. 17./18. Mai 1875 § 8 (unten III, S. 179). Die fraglichen Kosten betrugen ℳ 751 012,85 (Verwaltungsbericht der Preuß. Bank für 1875 S. 7, Anlagen D u. N; Verwaltungsbericht der Reichsbank für 1876 S. 9, Anlagen F, P).

[12a] Bankgesetz § 8 Anm. 16 (S. 68).

[13] Vgl. Anm. 15 zum Bankgesetz (S. 68).

stellung der Banknoten auf mehrere Jahre vertheilt werden. Alle übrigen Kosten sind ihrem vollen Betrage nach in der Jahresrechnung unter den Ausgaben aufzuführen.

3. Der Betrag des Grundkapitals und des Reservefonds ist unter die Passiva aufzunehmen.

4. Der aus der Vergleichung sämmtlicher Aktiva und sämmtlicher Passiva sich ergebende Gewinn oder Verlust muß am Schlusse der Bilanz besonders angegeben werden.

§. 14. Die Prüfung der Jahresbilanz erfolgt auf Grund der Bücher der Reichsbank durch die Deputirten, welche über das Ergebniß dem Zentralausschusse berichten.

Letzterer äußert sich gutachtlich über den Befund und über die Höhe der den Antheilseignern zu gewährenden Dividende. Das von den sämmtlichen in der betreffenden Versammlung anwesenden Mitgliedern des Zentralausschusses zu vollziehende Gutachten wird von diesem dem Reichsbank-Direktorium eingereicht.

§. 15. Die Dividende wird spätestens vom 1. April des folgenden Jahres ab bei der Reichsbank-Hauptkasse und sämmtlichen Reichsbankhauptstellen und Bankstellen gegen Einreichung der Dividendenscheine gezahlt.

Mit Zustimmung des Zentralausschusses können auf die Dividende halbjährige Abschlagszahlungen bis zu $2^1/_4$ Prozent am 1. Juli und 2. Januar geleistet werden.[14]

[14] Vgl. Bankges. §§ 24, 32 und Anm. 75 (S. 84).

§. 16. Die Generalversammlung (§. 30 des Bankgesetzes) vertritt die Gesammtheit der Reichsbank-Antheilseigner.

Zur Theilnahme ist jeder männliche und verfügungsfähige Antheilseigner berechtigt, welcher durch eine spätestens am Tage vor der Generalversammlung im Archive der Reichsbank abzuhebende Bescheinigung nachweist, daß und mit wie vielen Antheilen er in den Stammbüchern der Reichsbank als Eigner eingetragen ist.

Eintragungen, welche nicht mindestens 14 Tage vor dem Tage der Generalversammlung geschehen sind, werden nicht berücksichtigt.

Oeffentliche Behörden, juristische Personen, Gesellschaften und Verfügungsunfähige können durch ihre Vertreter, Ehefrauen durch ihre Ehemänner theilnehmen.

Als Bevollmächtigte werden nur in den Stammbüchern der Bank eingetragene Antheilseigner zugelassen, welche sich durch eine gerichtliche oder notarielle Vollmacht ihres Auftraggebers legitimiren. Ein und derselbe Bevollmächtigte darf nicht mehrere Antheilseigner vertreten.[14a]

§. 17. Jeder Erschienene (§. 16) hat soviel Stimmen, als er Bankantheile vertritt, jedoch nicht mehr als 100 Stimmen.

Die einfache Stimmenmehrheit ist entscheidend. Bei Stimmengleichheit giebt die Stimme desjenigen den Ausschlag, welcher die größte Anzahl von Bankantheilen vertritt.

[14a] Vgl. Handelsgesetzbuch Art. 190, 221, auch in der Fassung des Ges. v. 18. Juli 1884.

§. 18. Die Generalversammlung findet alljährlich zu Berlin im März statt, kann aber auch jederzeit außerordentlich berufen werden. Die Berufung geschieht durch den Reichskanzler mittelst einer mindestens 14 Tage vorher in die dazu bestimmten Blätter (§. 30) aufzunehmenden öffentlichen Bekanntmachung.

§. 19. In der Generalversammlung führt der Reichskanzler oder dessen Vertreter,[15] und in deren Behinderung der Präsident des Reichsbank-Direktoriums den Vorsitz. Das Reichsbank-Direktorium wohnt derselben bei; die Mitglieder können sich an der Berathung betheiligen, ohne jedoch stimmberechtigt zu sein.

§. 20. Ueber die Verhandlungen und Beschlüsse wird von einem Mitgliede des Reichsbank-Direktoriums ein Protokoll aufgenommen und von dem Vorsitzenden, einem Mitgliede des Zentralausschusses, zwei Reichsbank-Antheilseignern und dem Protokollführer unterschrieben.

§. 21. Die Generalversammlung empfängt jährlich den Verwaltungsbericht nebst der Bilanz und Gewinnberechnung (§. 32a. des Bankgesetzes), wählt die Mitglieder des Zentralausschusses (§. 31 das.) und beschließt über deren Ausschließung (§. 33 das.). Sie beschließt ferner über Erhöhung des Grundkapitals (§. 2 des Statuts) und über Abänderung des Statuts, sofern diese Gegenstände in der Berufung ausdrücklich erwähnt sind.

Außerordentliche Generalversammlungen können nur über Gegenstände beschließen, welche in der Berufung ausdrücklich erwähnt sind.

[15] Vgl. Bankges. § 26 und Anm. 64 (S 81).

§. 22. Die Wahl der Mitglieder des Zentralausschusses, sowie ihrer Stellvertreter (§. 31 des Bankgesetzes) erfolgt mittelst verdeckter Stimmzettel für jede Stelle besonders.

Gewählt ist nur derjenige, welcher die absolute Stimmenmehrheit erhalten hat.

Wenn sich auch bei der zweiten Abstimmung eine absolute Stimmenmehrheit nicht herausstellt, so sind die beiden Kandidaten, welche die meisten Stimmen erhalten haben, auf eine engere Wahl zu bringen. Bei Stimmengleichheit entscheidet das Loos.

Wählbar sind nur Männer.

Von mehreren Inhabern einer Handelsfirma kann nur Einer Mitglied des Zentralausschusses oder Stellvertreter sein.

§. 23. Das Ausscheiden eines Drittheils der Mitglieder des Zentralausschusses (§. 31 Abs. 1 des Bankgesetzes) erfolgt in den beiden ersten Jahren nach dem Loose, späterhin nach dem Alter des Eintritts.

§. 24. Bei der Wahl der Deputirten des Zentralausschusses und ihrer Stellvertreter (§. 34 des Bankgesetzes) hat jedes Mitglied nur eine Stimme abzugeben; im Uebrigen finden die Bestimmungen des §. 22 auch hier Anwendung.

§. 25. Die Protokolle über die Verhandlungen und Beschlüsse des Zentralausschusses werden von dem Vorsitzenden, zwei Ausschußmitgliedern und dem protokollirenden Mitgliede des Reichsbank-Direktoriums unterzeichnet.

§. 26. Die Mitglieder des Reichsbank-Direktoriums nehmen an den Berathungen des Zentralausschusses, nicht aber an den Abstimmungen Theil.

§. 27. Die Bezirksausschüsse (§. 36 des Bankgesetzes) bestehen aus wenigstens vier und höchstens zehn Mitgliedern, von denen jährlich die Hälfte — das erste Mal nach dem Loose, demnächst nach dem Alter des Eintritts — ausscheidet. Die Ausscheidenden sind wieder wählbar.

§. 28. Zu Mitgliedern der Bezirksausschüsse und zu Beigeordneten (§. 36 des Bankgesetzes) können Antheilseigner nicht ausgewählt werden, welche nach §. 22 Absatz 4 und 5 zum Zentralausschusse nicht wählbar sind.

§. 29. Zum Zweck der Auswahl der Mitglieder der Bezirksausschüsse und der Beigeordneten, wo diese vom Zentralausschusse vorzuschlagen sind (§. 36 des Bankgesetzes), ist dem Zentralausschusse die Vorschlagsliste des Bank-Kommissars und ein Verzeichniß der auswählbaren Antheilseigner vorzulegen.

Für die Wahl der Beigeordneten, insofern dieselbe durch die Bezirksausschüsse erfolgt, sind die Bestimmungen in §. 24 maßgebend.

§. 30. Die für die Antheilseigner bestimmten Bekanntmachungen werden von dem Reichskanzler erlassen und in dem Deutschen Reichs-Anzeiger, sowie am Sitze einer jeden Reichsbankhauptstelle in einem durch Bekanntmachung[16] zu bestimmenden Blatte veröffentlicht.

[16] Vgl. die Bekanntm. des Reichskanzlers v. 3. November 1875 (Reichsanzeiger Nr. 261).

Spezieller Benachrichtigung für die einzelnen Antheilseigner bedarf es nicht.

Die gleichen Blätter sind für die öffentlichen Bekanntmachungen des Reichsbank-Direktoriums zu benutzen, soweit der Zweck derselben nicht lokal beschränkt ist.

§. 31.[17] Im Falle der Aufhebung der Reichsbank (§. 41 des Bankgesetzes) erfolgt die Liquidation unter Leitung des Reichskanzlers durch das Reichsbank-Direktorium. Das letztere hat die laufenden Geschäfte zu beendigen, die Verpflichtungen der Reichsbank zu erfüllen, die Forderungen derselben einzuziehen und das Vermögen zu versilbern.

Zur Beendigung schwebender Geschäfte können auch neue Geschäfte eingegangen werden. Nach außen hin bleibt das Reichsbank-Direktorium zur Vertretung der Reichsbank nach Maßgabe von §. 38 des Bankgesetzes bis zur Beendigung der Liquidation ermächtigt.

§. 32. Das Reichsbank-Direktorium hat die schließliche Auseinandersetzung zwischen dem Reiche und den Antheilseignern, sowie unter diesen herbeizuführen.

§. 33. Die erste ordentliche Generalversammlung der Reichsbank-Antheilseigner findet im März 1877 statt. Bis dahin werden die Funktionen derselben durch eine Generalversammlung wahrgenommen, welche aus nachstehenden Personen gebildet wird:

1. aus denjenigen Eignern von Antheilen der Preußischen Bank, welche innerhalb der von dem

[17] Vgl. Handelsgesetzbuch Art. 137, 244 (auch in der Fassung des Ges. v. 18. Juli 1884).

Reichskanzler bestimmten Frist den Umtausch ihrer Antheilsscheine gegen solche der Reichsbank verlangt haben, oder deren Rechtsnachfolgern;

2. aus denjenigen Personen, welchen nach erfolgter Zeichnung ein Reichsbankantheil zugetheilt worden ist, oder deren Rechtsnachfolgern.

Dieselbe wird noch vor dem 1. Januar 1876 behufs Vornahme der Wahlen zum Zentralausschusse aus den zu 1 und 2 bezeichneten Personen berufen, kann aber bis zum Zusammentritt der ersten ordentlichen Generalversammlung (Abs. 1) jederzeit berufen werden. Der Zentralausschuß tritt noch vor dem 1. Januar 1876 zusammen und wählt aus seinen Mitgliedern die Deputirten und deren Stellvertreter. Die Auswahl der Mitglieder der Bezirksausschüsse und der Beigeordneten erfolgt gleichfalls noch vor dem 1. Januar 1876 aus den zu 1 und 2 bezeichneten Personen.

§. 34. Hinsichtlich der in §. 33 geordneten einstweiligen Vertretung der Reichsbank-Antheilseigner kommen die Bestimmungen des Bankgesetzes und dieses Statuts, welche von der Generalversammlung, dem Zentralausschusse, den Deputirten desselben, den Bezirksausschüssen und den Beigeordneten handeln, überall zu entsprechender Anwendung.

Urkundlich unter Unserer Höchsteigenhändigen Unterschrift und beigedrucktem Kaiserlichen Insiegel.

Gegeben Berlin, den 21. Mai 1875.

(L. S.) **Wilhelm.**

Fürst v. Bismarck.

Reichsbank.

Reichsbank-Antheils-Schein

№

Der Reichsbankantheil № über *Dreitausend Mark* ist in Gemäßheit des §. 3 des Statuts der Reichsbank für

in die Stammbücher der Reichsbank eingetragen.

Berlin, den ten 18 . .

Reichsbank-Direktorium.

(L. S.)

Archivar: Buchführer:

Bestimmungen
über das Verfahren bei Eigenthums-Veränderungen und Verpfändungen.

1. Die Uebertragung der Reichsbankantheile kann durch Indossament — also entweder mittelst vollständiger Ausfüllung eines der umstehend vorgedruckten Giros

oder mittelst bloßer Namensunterschrift (Wechselordnung Art. 11 bis 13) — geschehen.

2. Wenn das Eigenthum eines Bankantheils auf einen Anderen übergeht, so ist dies unter Vorlegung des Antheilsscheines und der zum Nachweise des Uebergangs etwa erforderlichen Urkunden bei der Reichsbank anzumelden. Im Verhältnisse zur Reichsbank wird nur der als Antheilseigner angesehen, welcher als solcher in den Stammbüchern eingetragen ist.

Zur Prüfung der Legitimation ist die Reichsbank berechtigt, aber nicht verpflichtet. Die Eintragung des Uebergangs in die Stammbücher wird auf dem Antheilsscheine bemerkt und dieser demnächst zurückgegeben, während die übrigen Urkunden bei den Akten der Bank bleiben.

3. Wenn ein Bankantheil verpfändet ist, so ist dies unter Vorlegung des Antheilsscheines und der schriftlichen Erklärung des Antheilseigners bei der Reichsbank anzumelden. Im Verhältnisse zu der Reichsbank wird nur derjenige als Pfandgläubiger angesehen, welcher als solcher in den Stammbüchern eingetragen ist. Zur Prüfung der Echtheit und der Rechtsgültigkeit der Erklärung ist die Reichsbank berechtigt, aber nicht verpflichtet. Der Eigenthümer kann ohne die Zustimmung des Pfandgläubigers keine neuen Dividendenscheine und im Falle des §. 41 des Bankgesetzes keine Zahlung auf den Bankantheil erhalten, wird aber im Uebrigen in seinen ihm nach dem Bankgesetze und dem Statut zustehenden Rechten nicht beschränkt. Die Löschung des Pfandrechts erfolgt auf Vorlegung des Antheilsscheines und beglaubigter Einwilligung des Pfandgläubigers.

Im Uebrigen kommen die Bestimmungen unter Ziff. 2 zur Anwendung.

Für mich an die Ordre

den ten

Uebertragen auf

Berlin, den ten

Reichsbank-Direktorium.

(L. S.)

Archivar: Buchführer:

Für mich an die Ordre

den ten

Uebertragen auf

Berlin, den ten

Reichsbank-Direktorium.

(L. S.)

Archivar: Buchführer:

Dividenden-Rückstände verjähren binnen vier Jahren, vom Tage ihrer Fälligkeit an gerechnet, zum Vortheil der Bank (§. 24 des Bankgesetzes).

18 . . **Erstes Halbjahr.**

Der Inhaber dieses Scheins empfängt gegen Rückgabe desselben

am 1. Juli 187 .

auf die für das Jahr . . . . . festzusetzende Dividende des Reichsbankantheils № als erste halbjährige Abschlagszahlung

Siebenundsechszig Mark fünfzig Pfennig

bei der Reichsbank-Hauptkasse und sämmtlichen Reichsbankhauptstellen und Bankstellen.

Berlin, den ten 18 . .

Reichsbank-Direktorium.

(L. S.)

Archivar: Buchführer:

Dividenden-Rückstände verjähren binnen vier Jahren, vom Tage ihrer Fälligkeit an gerechnet, zum Vortheil der Bank (§. 24 des Bankgesetzes).

18 . . **Zweites Halbjahr.**

Der Inhaber dieses Scheins empfängt gegen Rückgabe desselben

am 2. Januar 187 .

auf die für das Jahr . . . . . festzusetzende Dividende des Reichsbankantheils № als zweite halbjährige Abschlagszahlung

Siebenundsechszig Mark fünfzig Pfennig

bei der Reichsbank-Hauptkasse und sämmtlichen Reichsbankhauptstellen und Bankstellen.

Berlin, den ten 18 . .

Reichsbank-Direktorium.

(L. S.)

Archivar: Buchführer:

18 . . 18 . .

Der Inhaber dieses Scheins empfängt gegen Rückgabe desselben auf die für das Jahr 18 . . festgesetzte Dividende des Bankantheils

№ die Restzahlung

bei der Reichsbank-Hauptkasse und bei sämmtlichen Reichsbankhauptstellen und Bankstellen.

Der Betrag derselben, sowie die Zeit der Zahlung werden von dem Reichskanzler öffentlich bekannt gemacht (Bankgesetz §§. 24, 32 a., Statut §§. 15, 21, 30).

Berlin, den ten 18 . .

Reichsbank-Direktorium.

(L. S.)

Archivar: Buchführer:

Dividenden-Rückstände verjähren binnen vier Jahren, vom Tage ihrer Fälligkeit an gerechnet, zum Vortheil der Bank (§. 24 des Bankgesetzes).

Talon zu dem Reichsantheile

№

Der Inhaber dieses Talons empfängt gegen dessen Rückgabe die Dividendenscheine für die fünf Jahre . . . . einschließlich nebst Talon.

Wird von dem Verluste eines Talons Anzeige gemacht, so vertritt die Vorlegung des Antheilsscheines die Einlieferung des Talons (§. 9 des Statuts).

Berlin, den . ten 18 . .

Reichsbank-Direktorium.

(L. S.)

Archivar: Buchführer:

III.

Vertrag zwischen Preußen und dem Deutschen Reiche über die Abtretung der Preußischen Bank an das Deutsche Reich. Vom 17./18. Mai 1875. (R.G.Bl. S. 215. Ausgegeben am 24. Mai 1875.)[1]

Auf Grund der im §. 61 des Bankgesetzes vom 14. März d. J. (Reichs-Gesetzbl. S. 177)[2] und im §. 1 des Gesetzes vom 27. März d. J. (Preuß. Ges.Samml. S. 166) ertheilten Ermächtigungen ist zwischen dem Reichskanzler Fürsten von Bismarck Namens des Deutschen Reichs einerseits, und dem Königlich preußischen Finanzminister, Vize-Präsidenten des Staatsministeriums Camphausen, sowie dem Königlich preußischen Minister für Handel, Gewerbe und öffentliche Arbeiten Dr. Achenbach Namens der Königlich preußischen Staatsregierung andererseits, folgender Vertrag abgeschlossen worden:

§. 1. Der preußische Staat zieht sein Einschußkapital bei der Preußischen Bank von 5,720,400 Mark und seinen Antheil von deren Reservefonds mit 9,000,000 Mark mit dem 1. Januar 1876 zurück.

Mit diesem Tage geht die Preußische Bank nach

[1] Vgl. die Preußische Bankordnung v. 5. Oktober 1846 (Preuß. Ges.-Samml. S. 435), Vertrag v. 28./31. Januar 1856 (Ges.-Samml. S. 336), Ges. v. 7. Mai 1856 (Ges.-Samml. S. 342). Die in § 2 dieses Gesetzes vorgesehene Kündigung war vor dem 31. Dezember 1871 erfolgt. Der Vertrag v. 17./18. Mai 1875 ist auch abgedruckt in der Preuß. Ges.Samml. 1875 S. 224.

[2] Oben I, S. 107.

Maßgabe dieses Vertrages mit allen ihren Rechten und Verpflichtungen auf das Reich über.

Das Reich wird diese Bank auf die Reichsbank (§. 12 des Reichsbankgesetzes) übertragen.[3]

Die Uebergabe der Preußischen Bank an das Reich erfolgt in der Art, daß der Chef der Preußischen Bank das Vermögen der letzteren dem Reichsbank-Direktorium von dem gedachten Tage ab schriftlich zur weiteren Verwaltung überweist.[4]

§. 2. Die Beamten der Preußischen Bank werden unter Beibehaltung ihres Ranges, ihrer Anziennetät und ihres Diensteinkommens von der Reichsbank übernommen.

Beamte, welche in den Dienst der letzteren überzutreten nicht geneigt sein sollten, werden von der Königlich preußischen Staatsregierung einstweilig in den Ruhestand versetzt. Ansprüche auf Diensteinkommen, Wartegeld oder Ruhegehalt, welche ein Beamter der Preußischen Bank für die Zeit vom 1. Januar 1876 ab zu erheben berechtigt ist, sind von der Reichsbank zu vertreten. Dasselbe gilt von den Bezügen der Hinterbliebenen von Beamten der Preußischen Bank mit Ausschluß der bei der Königlich Preußischen Allgemeinen Wittwen-Verpflegungsanstalt versicherten Pensionen.

§. 3. Preußen erhält vom Reiche für Abtretung

[3] Dies ist geschehen durch § 1 des Statuts der Reichsbank (oben II, S. 159).

[4] Dies ist geschehen durch Erlaß des Chefs der Preußischen Bank v. 31. Dezember 1875.

der Preußischen Bank eine Entschädigung von 15,000,000 Mark, welche aus den Mitteln der Reichsbank zu decken und Preußen vom 1. Januar 1876 ab zur Verfügung zu stellen ist.[5]

§. 4. Den bisherigen Antheilseignern der Preußischen Bank wird die Befugniß vorbehalten, innerhalb einer von dem Reichskanzler zu bestimmenden Frist gegen Verzicht auf alle ihnen durch ihre Bankantheilsscheine verbrieften Rechte zu Gunsten der Reichsbank den Umtausch dieser Urkunden gegen Antheilsscheine der Reichsbank von gleichem Nominalbetrage zu verlangen.[6]

§. 5. Die Reichsbank übernimmt die Befriedigung der Ansprüche, zu deren Erhebung die legitimirten Eigner solcher Antheilsscheine der Preußischen Bank berechtigt sind, welche nicht nach §. 4 gegen Reichsbank-Antheilsscheine umgetauscht werden. Die Reichsbank hat demgemäß vom 1. Januar 1876 ab diesen Antheilseignern die Zahlung ihres Einschußkapitals, sowie ihres Antheils am Reservefonds nach Maßgabe der Bestimmungen in den §§. 16 und 19 der Bankordnung vom 5. Oktober 1846 zu leisten.[7]

§. 6. Die Reichsbank zahlt zur Erfüllung der von

[5] Die Entschädigung ist aus dem bei der Subscription auf Reichsbankantheile gewonnenen Aufgelde bezahlt. Vgl. Anm. 62 zum Bankgesetz (oben I, S. 80).

[6] Vgl. Bekanntm. des Reichskanzlers v. 24. Mai 1875 (Reichsanzeiger 120, Erste Beilage).

[7] 81 Antheilseigner haben den Umtausch nicht bewirkt und sind in der hier vorgesehenen Art befriedigt. Vgl. Anm. 116 zum Bankgesetz (oben I, S. 109).

der Preußischen Bank durch den Vertrag vom 28./31. Januar 1856 hinsichtlich der Staatsanleihe von 16,598,000 Thlr. übernommenen Verbindlichkeiten an Preußen vom 1. Januar 1876 ab jährlich 621,910 Thlr. = 1,865,730 ℳ in halbjährlichen Raten.[8] Diese Verbindlichkeit erlischt mit dem 1. Juli 1925, so daß für das Jahr 1925 nur der an diesem Tage fällige Betrag von 310,955 Thlr. = 932,867 ℳ zu zahlen ist.

Wird die Konzession der Reichsbank nicht verlängert,[9] so wird das Reich dafür sorgen, daß, so lange keine andere Bank in diese Verpflichtung eintritt, die Rente bis zu dem gedachten Zeitpunkte der preußischen Staatskasse unverkürzt zufließe.

Das der Preußischen Bank in dem Vertrage vom 28./31. Januar 1856 in Verbindung mit dem Uebereinkommen vom 22. April 1874 zugestandene Recht, einen dem jedesmaligen, gemäß §. 6 des Vertrages vom 28./31. Januar 1856 festzustellenden Betrage des Tilgungsfonds der Staatsanleihe von 1856 gleichen Betrag in Schuldverschreibungen der $4^1/_2$ prozentigen konsolidirten Staatsanleihe nach dem Nennwerth an die preußische Staatskasse abzuliefern und auf die zu zahlenden Raten von 621,910 Thlr. abzurechnen, erlischt mit Ablauf des Jahres 1875.

§. 7. Die Vermögensbilanz und die Gewinnberechnung der Preußischen Bank für das Jahr 1875

[8] Vgl. den in Anm. 1 zitirten Vertrag v. 28./31. Januar 1856 § 5.

[9] Vgl. Bankgesetz § 41 (oben I, S. 92).

werden in Gemäßheit der §§. 95 und 96 der Bankordnung vom 5. Oktober 1846 und der seither beobachteten Grundsätze durch das Reichsbank-Direktorium unter Mitwirkung des Zentralausschusses der Preußischen Bank und seiner Deputirten aufgemacht und mit den Vorschlägen über die Vertheilung des Gewinnes und die Höhe der Dividende für die bisherigen Antheilseigner der Preußischen Bank dem Königlich preußischen Minister für Handel, Gewerbe und öffentliche Arbeiten zur definitiven Festsetzung und Ertheilung der Decharge eingereicht.

§. 8. In die Bilanz (§. 7) sind die Grundstücke der Preußischen Bank zu demjenigen Betrage aufzunehmen, welcher im Einverständniß mit dem Reichskanzler als der wirkliche Werth derselben ermittelt ist.

Die nach §. 61 Ziffer 6 des Bankgesetzes vorbehaltene Auseinandersetzung Preußens mit der Reichsbank wegen der gedachten Grundstücke ist damit vollzogen. Nachforderungen wegen etwaigen Mehr- oder Minderwerths sind ausgeschlossen.[10]

§. 9. Die Reichsbank übernimmt, so lange die Königlich preußische Staatsregierung es verlangt, die fernere Einziehung der in Nr. II. der Königlich preußischen Kabinetsordre vom 18. Juli 1846 bezeichneten Aktiva für Rechnung des preußischen Staats in derselben Weise, wie solche bisher der Preußischen Bank obgelegen hat. Die darauf erfolgenden Eingänge sind an die preußische Staatskasse abzuführen.

[10] Vgl. Reichsbank-Statut § 12 (oben II, S. 164).

§. 10. Der auf Grund der in den §§. 7 und 8 gedachten Verhandlungen zu entwerfende Verwaltungsbericht nebst dem Jahresabschlusse für das Jahr 1875 wird von dem Königlich preußischen Minister für Handel, Gewerbe und öffentliche Arbeiten einer spätestens auf den 31. März 1876 durch ihn zu berufenden Versammlung der Meistbetheiligten vorgelegt, welcher das Reichsbank-Direktorium beiwohnt.

Dieselbe wird aus denjenigen 200 Personen gebildet, welche nach den Stammbüchern der Preußischen Bank am 31. Dezember 1875 die größte Anzahl von Antheilen derselben besessen haben, gleichviel ob sie den Umtausch gegen Reichsbank-Antheilsscheine (§. 4) verlangt haben oder nicht. Im Uebrigen kommen die §§. 61 bis 65 und 97. der Bankordnung vom 5. Oktober 1846 mit den sich aus der Natur der Sache ergebenden Aenderungen auch auf diese letzte Generalversammlung zur Anwendung. Die Auszahlung der Restdividende gegen Einreichung der betreffenden Dividendenscheine an den von dem Königlich preußischen Minister für Handel, Gewerbe und öffentliche Arbeiten zu bestimmenden Orten übernimmt die Reichsbank.

§. 11. Vorbehaltlich der in dem gegenwärtigen Vertrage enthaltenen Bestimmungen hören die durch die Bankordnung vom 5. Oktober 1846, das Gesetz vom 7. Mai 1856 (Preuß. Ges.Samml. S. 342) und den Vertrag vom 28./31. Januar 1856 begründeten Rechtsverhältnisse zwischen dem preußischen Staat und der Preußischen Bank mit dem 1. Januar 1876 auf.

§. 12. Die in den §§. 21, 22, 23 und 25 der Bankordnung vom 5. Oktober 1846 (Preuß. Ges. Samml. S. 435) bestimmten Rechte und Verpflichtungen der Preußischen Bank, betreffend die Belegung von Geldern der gerichtlichen Depositorien, der Kirchen, Schulen, Hospitäler und anderen milden Stiftungen und öffentlichen Anstalten, sowie die auf Grund jener Bestimmungen hinterlegten Beträge werden mit der Preußischen Bank auf die Reichsbank übertragen.

Beide Theile behalten sich das Recht der Kündigung mit halbjähriger Frist unter nachstehenden Maßgaben vor:

1. Wenn und soweit die Kündigung erfolgt, hören die Eingangs erwähnten Rechte und Verpflichtungen mit dem Ablauf der Kündigungsfrist für die Zukunft auf und ist alsdann die Rückzahlung der hinterlegten Gelder zu bewirken.
2. Bezüglich der Gelder aus gerichtlichen Depositorien kann die Kündigung seitens der preußischen Staatsregierung frühestens am 1. Februar 1876, seitens des Reichs frühestens am 1. Februar 1877 erfolgen.[11] Die Rückzahlung der beim Ablauf der Kündigungsfrist hinterlegten Gelder dieser Art erfolgt, abgesehen von den im laufen=

[11] Die Kündigung ist bezüglich der Gelder aus gerichtlichen Depositorien seitens der preußischen Staatsregierung unterm 1. Februar 1876, bezüglich der Gelder der Kirchen, Schulen u. s. w. seitens der Reichsbank unterm 26. November 1878 erfolgt. Unterm 3. Dezember 1878 hat die Reichsbank endlich auch die von Vormündern, Pflegern und Privatpersonen zinsbar belegten Gelder gekündigt und von da ab solche nicht mehr angenommen. Vgl. noch Bankgesetz Anm. 41 (oben I, S. 74) und Bekanntm. des Reichsbankdirektoriums v. 3. Februar 1878 (Reichsanzeiger Nr. 287. Börsenbeilage).

den Geschäftsverkehr zu leistenden Rückzahlungen, in fünf gleichen Raten, welche in aufeinanderfolgenden Fristen von je drei Monaten fällig sind, und von denen die erste mit dem Ablauf der Kündigungsfrist zahlbar ist.

Werden die Vorschriften der preußischen Gesetzgebung über die Unterbringung und Ausleihung von Geldern aus gerichtlichen Depositorien aufgehoben, so hört vom Tage der Gesetzeskraft dieser Aufhebung die Verpflichtung zur Belegung solcher Gelder bei der Reichsbank für die Zukunft auf.[12]

§. 13. Die im §. 12 vereinbarten Bestimmungen treten nur in dem Falle in Wirksamkeit, wenn der Königlich preußischen Staatsregierung die gesetzliche Ermächtigung zum Abschluß eines Vertrages mit dem Reiche über die Belegung von Geldern der gerichtlichen Depositorien rc. im Laufe des Jahres 1875 ertheilt wird.[13]

Zu Urkund dessen haben die Unterzeichneten den gegenwärtigen Vertrag in doppelter Ausfertigung vollzogen.

Friedrichsruh, den 18. Mai 1875. (L. S.)

Der Reichskanzler.

v. Bismarck.

Berlin, den 17. Mai 1875. (L. S.)

Der Königlich preußische Finanzminister, Vize-Präsident des Staatsministeriums.

Camphausen.

Der Königlich preußische Minister für Handel, Gewerbe und öffentliche Arbeiten.

Achenbach.

[12] Vgl. Preuß. Ges., betr. das Hinterlegungswesen, v. 19. Juli 1875 (Ges.-Samml. S. 531), Hinterlegungsordnung v. 14. März 1879 (Ges.-Samml. S. 249), Vormundschaftsord. v. 5. Juli 1875 § 39 (Ges.-Samml. S. 431).

[13] Die bezügliche Ermächtigung enthält das Preuß. Ges. v. 19. Juni 1875 (Ges.-Samml. S. 308).

IV.

Bekanntmachung, betreffend die Vorschriften über die von den Notenbanken in der Jahresbilanz gesondert nachzuweisenden Aktiva und Passiva. Vom 15. Januar 1877. (Centralbl. S. 24.)[1]

Der Bundesrath hat auf Grund des §. 8 des Bankgesetzes vom 14. März 1875 (Reichs-Gesetzblatt Seite 177) bestimmt,

daß in den von den notenausgebenden Banken zu veröffentlichenden Jahresbilanzen folgende Kategorien der Aktiva und Passiva gesondert nachzuweisen sind:

I. auf Seiten der Passiva:

1. das Grundkapital;
2. der Reservefonds, — und zwar, sofern der derselbe die vorgeschriebene Höhe noch nicht erreicht hat, unter Angabe:
   a) des Bestandes am Schlusse des Vorjahrs,
   b) des für das Geschäftsjahr statutenmäßig überwiesenen Betrages und des aus a. und b. sich ergebenden Bestandes;
3. der etwa angelegte Reservefonds für zweifelhafte Forderungen (Delkredere-Konto);
4. der Gesammtbetrag der emittirten (in den Betrieb gegebenen) Banknoten, unter Angabe der Beträge, welche hiervon auf die einzelnen Notenabschnitte entfallen;

[1] Vgl. oben I Anm. 16 (S. 68).

5. das Guthaben der Giro- und Kontokurrentgläubiger;
6. der Betrag der Depositen, und zwar:
   a) der verzinslichen, unter Sonderung der Beträge nach Zinssatz und Kündigungsfrist,
   b) der unverzinslichen;
7. der Betrag der schuldigen Depositenzinsen;
8. der Betrag der nach §§. 9, 10 des Bankgesetzes an die Reichskasse etwa abzuführenden Notensteuer;
9. der Betrag des aus dem gleichzeitig zu veröffentlichenden Jahresabschlusse des Gewinn- und Verlustkontos (§. 8 Absatz 1 Ziffer 2 des Bankgesetzes) sich ergebenden Reingewinnes;

II. **auf Seiten der Aktiva:**
1. der Bestand an Gold in Barren oder ausländischen Münzen, das Pfund fein zu 1392 ℳ gerechnet;
2. der Kassenbestand, und zwar an:
   a) kursfähigem deutschen geprägten Gelde,
   b) Reichskassenscheinen,
   c) eigenen Banknoten unter Angabe der Beträge, welche hiervon auf die einzelnen Notenabschnitte entfallen,
   d) Reichsbanknoten,
   e) Noten anderer Banken;
3. der Bestand an Silber in Barren und Sorten;
4. die Wechselbestände ausschließlich der unter Ziffer 8 bezeichneten, und zwar:

a) Platzwechsel,
b) Remessenwechsel auf deutsche Plätze,
(zu a und b unter gesonderter Angabe der innerhalb der nächsten fünfzehn Tage fälligen),
c) Wechsel auf außerdeutsche Plätze nach den Valuten gesondert;

5. der Betrag der Lombardforderungen ausschließlich der unter Ziffer 8 bezeichneten, und zwar:
a) auf Gold oder Silber,
b) auf Effekten (einschließlich Wechsel) der in §. 13 Ziffer 3 Buchstaben b, c, d des Bankgesetzes bezeichneten Art,
c) auf andere Effekten,
d) auf Waaren;

6. der Bestand an Effekten, und zwar:
a) an diskontirten Werthpapieren,
b) an eigenen Effekten,
c) an Effekten des Reservefonds,
zu b und c unter Angabe der einzelnen Sorten und des Werthes, zu welchem sie in die Bilanz aufgenommen worden sind;

7. das Guthaben der Bank im Kontokurrentverkehr unter Sonderung der Beträge nach der Art der gewährten Deckung (Bürgschaft, Faustpfand in Effekten, Waaren, Hypotheken u. s. w.);

8. der Betrag der fälligen, aber unbezahlt ge-

bliebenen Wechsel- und Lombardforderungen;

9. der Werth der, der Bank gehörigen Grundstücke.

Außerdem sind in der Jahresbilanz, gemäß der Schlußbestimmung in §. 8 des Bankgesetzes, die aus weiterbegebenen, im Inlande zahlbaren Wechseln entsprungenen eventuellen Verbindlichkeiten ersichtlich zu machen.

Berlin, den 15. Januar 1877.

Der Reichskanzler.
In Vertretung:
Hofmann.

V.

Bekanntmachungen, betreffend den Antheil der Reichsbank an dem Gesammtbetrage des steuerfreien ungedeckten Notenumlaufs.[1]

1) Vom 1. April 1876 (R.G.Bl. S. 124. Ausgegeben am 5. April 1876.).

Nachdem die nachstehend genannten Privat-Notenbanken, welchen laut der Anlage zu §. 9 des Bankgesetzes vom 14. März 1875 (Reichs-Gesetzbl. S. 177)[2] die daneben vermerkten Antheile an dem Gesammtbetrage des steuerfreien ungedeckten Notenumlaufs zustehen, nämlich:

[1] Vgl. oben I Anm. 20, S. 69.
[2] Oben I, S. 111.

Laufende Nr. a. a. O.	Bezeichnung der Bank.	Ungedeckter Notenumlauf. Mark.
2.	Ritterschaftliche Privatbank in Pommern (Stettin)	1,222,000
4	Bank des Berliner Kassenvereins	963,000
9.	Kommunalständische Bank für die preußische Oberlausitz (Görlitz)	1,307,000
15.	Leipziger Bank	5,348,000
22.	Weimarische Bank	1,971,000
23.	Oldenburgische Landesbank	1,881,000
25.	Mitteldeutsche Kreditbank in Meiningen	3,187,000
26.	Privatbank zu Gotha	1,344,000
27.	Anhalt-Dessauische Landesbank	935,000
28.	Thüringische Bank (Sondershausen)	1,658,000
29.	Geraer Bank	1,651,000
30.	Niedersächsische Bank (Bückeburg)	594,000
31.	Lübecker Privatbank	500,000
	auf das ihnen zustehende Recht zur Notenausgabe, und zwar die Bank des Berliner Kassenvereins mit dem 31. Januar, die übrigen Banken mit oder vor dem 1. Januar d. J. rechtsgültig verzichtet haben, sind die im Ganzen auf	22,561,000
	sich belaufenden Antheile dieser Banken an dem Gesammtbetrage des steuerfreien ungedeckten Notenumlaufs nach §. 9 Absatz 2 des Bankgesetzes mit den gedachten Zeitpunkten dem Antheile der Reichsbank zugewachsen. Dieser Antheil hat sich sonach von	250,000,000
	auf	272,561,000

erhöht.

Berlin, den 1. April 1876.

Der Reichskanzler.

v. Bismarck.

2) Vom 23. Juli 1876. (R.G.Bl. S. 170. Ausgegeben am 27. Juli 1876.).

Nachdem die Landgräflich hessische konzessionirte Landesbank in Homburg v. d. H. auf das Recht zur Ausgabe von Banknoten mit dem 24. April d. J. verzichtet hat, ist der dieser Bank nach Ziffer 11 der Anlage zu §. 9 des Bankgesetzes vom 14. März 1875 (Reichs-Gesetzbl. S. 177)[1] zustehende Antheil an dem Gesammtbetrage des steuerfreien ungedeckten Notenumlaufs mit 159.000 Mark nach §. 9 Absatz 2 des Bankgesetzes mit dem gedachten Zeitpunkte dem Antheile der Reichsbank zugewachsen. Dieser Antheil hat sich sonach von dem in der Bekanntmachung vom 1. April d. J. (Reichs-Gesetzbl. S. 124)[2] nachgewiesenen Betrage von 272.561.000 „ auf . . . . 272.720.000 Mark erhöht.

Berlin, den 23. Juli 1876.

Der Reichskanzler.
Im Auftrage:
Eck.

[1] Oben I, S. 111.
[2] Oben V 1, S. 190.

3) **Vom 13. Oktober 1877.** (R.G.Bl. S. 567. Ausgegeben den 19. Oktober 1877.).

Nachdem die Rostocker Bank auf das Recht zur Ausgabe von Banknoten mit dem 11. Juli d. J. verzichtet hat, ist der dieser Bank nach Ziffer 21 der Anlage zu §. 9 des Bankgesetzes vom 14. März 1875 (Reichs-Gesetzbl. S. 177)[1] zustehende Antheil an dem Gesammtbetrage des steuerfreien ungedeckten Notenumlaufs mit . . . . 1.155.000 Mark nach §. 9 Absatz 2 des Bankgesetzes mit dem gedachten Zeitpunkte dem Antheil der Reichsbank zugewachsen. Dieser Antheil hat sich sonach von dem in der Bekanntmachung vom 23. Juli v. J. (Reichs-Gesetzbl. S. 170)[2] nachgewiesenen Betrage von 272.720.000 " auf . . . . 273.875.000 Mark erhöht.

Berlin, den 13. Oktober 1877.

Der Reichskanzler.
In Vertretung:
Hofmann.

[1] Oben I, S. 111.
[2] Oben V 2, S. 192.

VI.

Bekanntmachung, betreffend die Reichs-Hauptkasse. Vom 29. Dezember 1875. (Centralbl. S. 821.)

In Gemäßheit der Bestimmungen im §. 22 des Bankges. v. 14. März 1875 (R.G.B. S. 177)[1] und des §. 11 des Statuts der Reichsbank v. 21. Mai 1875 (R.G.B. S. 203.)[2] ist die Wahrnehmung der Central-Kassengeschäfte des Deutschen Reichs v. 1. Januar 1876 auf die Reichsbank-Hauptkasse hierselbst übertragen, welche dieselben unter der Benennung „Reichs-Hauptkasse“ führen wird.

Für die Buchführungsgeschäfte der Reichs-Hauptkasse ist bei der Reichsbank-Hauptkasse eine besondere Geschäftsabtheilung eingerichtet. Alle amtlichen Ausfertigungen der Reichs-Hauptkasse müssen die Unterschrift des Vorstehers dieser Geschäftsabtheilung oder seines geordneten Vertreters, und die Unterschrift eines derselben angehörigen Buchhalters tragen.

Hier am Orte sind Zahlungen an die Reichs-Hauptkasse für deren Rechnung an die Reichsbank-Hauptkasse zu leisten. Quittungen der Reichs-Hauptkasse über solche Zahlungen bedürfen, neben den Unterschriften der vorgedachten beiden Beamten der Reichs-Hauptkasse, noch der Unterschrift des betreffenden Kassirers der Reichsbank-Hauptkasse.

Berlin, den 29. Dezember 1875.

Der Reichskanzler.
v. Bismarck.

[1] Vgl. oben I Anm. 58, S. 78.
[2] Oben II, S. 164.

VII.

Verordnung, betreffend die Anstellung der Beamten und die Zuständigkeit zur Ausführung des Gesetzes vom 31. März 1873 bei der Verwaltung der Reichsbank. Vom 19. Dezember 1875. (R.G.Bl. S. 378. Ausgegeben am 29. Dezember 1875.)[1]

Wir Wilhelm, von Gottes Gnaden Deutscher Kaiser, König von Preußen 2c.
verordnen im Namen des Deutschen Reichs in Ergänzung der Verordnung, betreffend die Zuständigkeit der Reichsbehörden zur Ausführung des Gesetzes vom 31. März 1873 und die Anstellung der Reichsbeamten, vom 23. November 1874 (Reichs-Gesetzbl. S. 135), was folgt:

§. 1. Die Beamten der Reichsbank, soweit sie nicht in Gemäßheit der §§. 27 und 36 des Bankgesetzes vom 14. März d. J. (Reichs-Gesetzbl. S. 177) vom Kaiser zu ernennen sind,[2] werden von dem Reichskanzler oder auf Grund der von dem letzteren ertheilten Ermächtigung von dem Präsidenten des Reichsbank-Direktoriums angestellt.

§. 2. Zur Ausübung derjenigen Funktionen, welche in dem Gesetze, betreffend die Rechtsverhältnisse der Reichsbeamten, vom 31. März 1873 (Reichs-Gesetzbl. S. 61) der obersten Reichsbehörde, den höheren Reichsbehörden, den vorgesetzten Dienstbehörden und den unmittelbar vorgesetzten Behörden beigelegt sind, sind im Bereiche der Reichsbankverwaltung zuständig:

[1] Vgl. oben I Anm. 66, S. 82.
[2] Oben I, S. 81, 87. Vgl. Verordn. v. 23. Novbr. 1874 § 4 (R.G.Bl. S. 135).

A. in Bezug auf den Präsidenten und die Mitglieder des Reichsbank-Direktoriums:
der Reichskanzler;

B. in Bezug auf die übrigen Reichsbankbeamten:
I. als oberste Reichsbehörde:
das Reichsbank-Direktorium;
II. als höhere, der obersten Reichsbehörde unmittelbar untergeordnete Reichsbehörden:
die Reichsbankhauptstellen;[3]
III. als vorgesetzte Dienstbehörde:
der Präsident des Reichsbank-Direktoriums;
IV. als unmittelbar vorgesetzte Behörden bezw. Beamte:
1) der Vorsteher jeder Bankanstalt hinsichtlich der bei ihr angestellten Beamten;
2) jede Bankanstalt, welcher eine andere unmittelbar untergeben ist, hinsichtlich des Vorstehers oder, wo ein solcher fehlt, hinsichtlich der Beamten der untergebenen Behörde.

Urkundlich unter Unserer Höchsteigenhändigen Unterschrift und beigedrucktem Kaiserlichen Insiegel.

Gegeben Berlin, den 19. Dezember 1875.

(L. S.) **Wilhelm.**

Fürst v. Bismarck.

[3] Vgl. Bankges. §§ 36, 37, oben I, S. 87—89.

VIII.

Bekanntmachung vom 27. Dezember 1875. (Centralbl. S. 819.)[1]

Auf Grund des §. 5 des Gesetzes, betreffend die Rechtsverhältnisse der Reichsbeamten, vom 31. März 1873, (Reichs-Gesetzblatt Seite 61) hat der Bundesrath beschlossen,

daß den in seinem Beschlusse vom 22. Juni 1873 — Central-Blatt für 1873 Seite 211 — genannten Beamten, deren Gehälter vierteljährlich zahlbar sind, weiter hinzutreten sollen:

die Beamten der Normal-Eichungs-Kommission,
die Beamten der Reichsbank und
die Beamten des neu zu errichtenden Gesundheitsamts.

Berlin, den 27. Dezbr. 1875. Der Reichskanzler.
Im Auftrage:
Eck.

IX.

Verordnung, betreffend die Pensionen und Kautionen der Reichsbankbeamten. Vom 23. Dezember 1875. (R.G.Bl. S. 380. Ausgegeben am 29. Dezember 1875.)[2]

Wir Wilhelm, von Gottes Gnaden Deutscher Kaiser, König von Preußen ꝛc.

verordnen auf Grund des §. 40 des Bankgesetzes vom

[1] Vgl. oben I Anm. 66, S. 82.
[2] Vgl. oben I Anm 68, S. 82; Anm. 87, S. 90.

14. März 1875 (Reichs-Gesetzbl. S. 177)[1] zur Ergänzung des Statuts der Reichsbank vom 21. Mai 1875 (Reichs-Gesetzbl. S. 203),[2] nach Einvernehmen mit dem Bundesrath, im Namen des Deutschen Reichs, was folgt:

§. 1. Die zur Regelung der Pensions- und Kautionsverhältnisse der Reichsbeamten ergangenen gesetzlichen Bestimmungen, insbesondere die §§. 34 bis 71 des Reichsbeamten-Gesetzes vom 31. März 1873 (Reichs-Gesetzbl. S. 61), der §. 8 des Gesetzes über die Bewilligung von Wohnungsgeldzuschüssen vom 30. Juni 1873 (Reichs-Gesetzbl. S. 166) und das Gesetz, betreffend die Kautionen der Bundesbeamten, vom 2. Juni 1869 (Bundes-Gesetzbl. S. 161) finden auf die Reichsbankbeamten entsprechende Anwendung, und zwar, was die Kautionsverhältnisse anlangt, mit den nachfolgenden Maßgaben.

§§. 2. 3. Dieselben sind ersetzt durch die Verordn. v. 31. März 1880 (X).

§. 4. Den Bankagenten (Vorstehern der Reichsbanknebenstellen) kann von dem Präsidenten des Reichsbank-Direktoriums die Kautionsbestellung in anderen als den im §. 5 des Gesetzes vom 2. Juni 1869 bezeichneten Papieren nach dem Kurswerthe mit angemessenem Abschlag oder in Hypotheken gestattet werden.

§. 5. Unterbeamten und kontraktlichen Dienern, welche die Kaution auf einmal zu beschaffen außer Stande sind, kann von dem Präsidenten des Reichsbank-Direktoriums ausnahmsweise gestattet werden, die

[1] Oben I, S. 90.
[2] Oben II, S. 159.

Beschaffung der Kaution nachträglich durch Ansammlung von Gehaltsabzügen im Betrage von fünf bis zehn Mark monatlich zu bewirken.

§. 6. Die Aufbewahrung der Kautionen, sowie die Ansammlung der Gehaltsabzüge (§. 5) erfolgt bei dem Reichsbank-Komtor für Werthpapiere zu Berlin.

Urkundlich unter Unserer Höchsteigenhändigen Unterschrift und beigedrucktem Kaiserlichen Insiegel.

Gegeben Berlin, den 23. Dezember 1875.

(L. S.) **Wilhelm.**

Fürst v. Bismarck.

X.

Verordnung wegen Ergänzung und Abänderung der Verordnung vom 23. Dezember 1875, betreffend die Pensionen und Kautionen der Reichsbankbeamten.[1] Vom 31. März 1880. (R.G.Bl. S. 97. Ausgegeben am 2. April 1880.)

Wir Wilhelm, von Gottes Gnaden Deutscher Kaiser, König von Preußen rc.
verordnen auf Grund des §. 40 des Bankgesetzes vom 14. März 1875 (Reichs-Gesetzbl. S. 177) zur Ergänzung des Statuts der Reichsbank vom 21. Mai 1875 (Reichs-Gesetzbl. S. 203) nach Einvernehmen mit dem Bundesrath, im Namen des Reichs, was folgt:

An die Stelle der §§. 2, 3 der Verordnung vom

[1] Vgl. oben IX, S. 197.

23. Dezember 1875 (Reichs-Gesetzbl. S. 380)[1] treten folgende Bestimmungen:

§. 2. Zur Kautionsleistung sind mit den daneben angegebenen Beträgen verpflichtet:

1. der Rendant der Reichsbank-Hauptkasse mit	18 000 Mark,
2. der Vorsteher des Lombard-Komtors bei der Reichshauptbank mit	9 000 Mark,
3. die Vorstandsbeamten der Reichsbank-Hauptstellen, Reichsbankstellen und Reichsbank-Kommanditen mit . . 6 000 Mark bis	18 000 Mark,
4. die Kassirer und die mit der Aufbewahrung oder Verwaltung von Werthschaften außerdem beauftragten Beamten bei der Hauptbank und den Zweiganstalten mit . 3 000 Mark bis	9 000 Mark,
5. der Kontrolör der Diskontokasse[2] mit	2 400 Mark,
6. die Geldzähler mit	750 Mark,
7. die Kassendiener, Hausdiener und Hülfskassendiener mit	600 Mark,
8. die Bankagenten (Vorsteher von Reichsbank-Nebenstellen) mit 1 000 Mark bis	150 000 Mark.

[1] Oben IX, S. 197.
[2] Die Stelle ist später aufgehoben.

§. 3. Die Höhe der Kautionen bei den in §. 2 unter Ziffer 3, 4 und 8 bezeichneten Beamten wird in jedem Falle von dem Präsidenten des Reichsbank-Direktoriums innerhalb der daselbst angegebenen Grenzen bei der Berufung des Beamten nach dem voraussichtlichen Geschäftsumfange festgesetzt.

Urkundlich unter Unserer Höchsteigenhändigen Unterschrift und beigedrucktem Kaiserlichen Insiegel.

Gegeben Berlin, den 31. März 1880.

(L. S) **Wilhelm.**

Fürst v. Bismarck.

XI.

Verordnung, betreffend die Fürsorge für die Wittwen und Waisen der Reichsbankbeamten. Vom 8. Juni 1881. (R.G.Bl. S. 117. Ausgegeben am 21. Juni 1881.)[1]

Wir Wilhelm, von Gottes Gnaden Deutscher Kaiser, König von Preußen &c.

verordnen auf Grund der §§. 28 und 40 des Bankgesetzes vom 14. März 1875 (Reichs-Gesetzbl. S. 177)[2] zur Ergänzung des Statuts der Reichsbank vom 21. Mai 1875 (Reichs-Gesetzbl. S. 203)[3] nach Einvernehmen mit dem Bundesrath, im Namen des Reichs, was folgt:

[1] Vgl. oben I Anm. 68, S. 82; Anm. 87, S. 90.
[2] Oben I, S. 82, 90
[3] Oben II, S. 159.

Die Bestimmungen des Gesetzes, betreffend die Fürsorge für die Wittwen und Waisen der Reichsbeamten der Civilverwaltung vom 20. April d. J. (Reichs-Gesetzbl. S. 85), finden auf die Reichsbankbeamten mit folgenden Maßgaben entsprechende Anwendung:

I. An Stelle der Reichskasse tritt überall die Kasse der Reichsbank.

II. Die Wittwen- und Waisengeldbeiträge werden bei der Reichsbank zu einem besonderen Fonds angesammelt und verwaltet. Insofern derselbe nicht zu den laufenden Zahlungen an Wittwen- und Waisengeld zu verwenden ist, erfolgt die zinsbare Anlegung in Schuldverschreibungen des Reichs oder deutscher Bundesstaaten nach Bestimmung des Reichsbank-Direktoriums.

III. Diese Verordnung tritt mit dem 1. Juli 1881 in Kraft.

Urkundlich unter Unserer Höchsteigenhändigen Unterschrift und beigedrucktem Kaiserlichen Insiegel.

Gegeben Berlin, den 8. Juni 1881.

(L. S.) **Wilhelm.**

Fürst v. Bismarck.

XII.

Bekanntmachung vom 17. Dezember 1875. (Centralbl. S. 802.)[1]

Auf Grund des §. 36 des Bankgesetzes vom 14. März d. Js. (Reichs-Gesetzblatt Seite 177)[2] hat der Bundesrath beschlossen, daß die Zweiganstalten der Preußischen Bank in Königsberg, Stettin, Posen, Breslau, Magdeburg, Hannover, Dortmund, Cöln, Frankfurt a. M., Bremen, Leipzig, Mannheim und Straßburg im Elsaß vom 1. Januar 1876 ab in Reichsbankhauptstellen umzuwandeln, und daß außerdem in München, Stuttgart und Hamburg Reichsbankhauptstellen zu errichten sind. Ferner habe ich auf Grund des §. 37 a. a. O.[3] die Umwandlung der preußischen Bank-Komtoire in Münster und Danzig und der preußischen Bank-Kommanditen in Aachen, Bielefeld, Braunschweig, Bromberg, Carlsruhe, Cassel, Chemnitz, Coblenz, Crefeld, Dresden, Düsseldorf, Elberfeld, Elbing, Emden, Erfurt, Essen, Flensburg, Frankfurt a. O., Gleiwitz, Glogau, Görlitz, Graudenz, Halle, Kiel, Landsberg a. W., Liegnitz, Mainz, Memel, Metz, Minden, Mülhausen i. E., Nordhausen, Osnabrück, Siegen, Stralsund, Thorn und Tilsit in Reichsbankstellen, sowie die Errichtung neuer Reichsbankstellen in Augsburg, Nürnberg, Gera und Lübeck beschlossen.

Ueber die Einrichtung, den Geschäftsbezirk und die

[1] Vgl. oben I Anm. 79, S. 88 u. d. Verzeichniß S. 147 ff.
[2] Oben I, S. 87.
[3] Oben I, S. 89.

Eröffnung der neu zu errichtenden Reichsbankhauptstellen und Reichsbankstellen wird das Reichsbank-Direktorium das Nähere bekannt machen.[1]

Berlin, den 17. Dezbr. 1875. Der Reichskanzler.
v. Bismarck.

XIII.

Bekanntmachung vom 24. April 1879. (Centralbl. S. 325.)[2]

Auf Grund des §. 36 des Bankgesetzes vom 14. März 1875 (Reichs-Gesetzblatt Seite 177) hat der Bundesrath beschlossen, daß in der Stadt Danzig eine Reichsbankhauptstelle zu errichten sei. Dieselbe tritt vom 1. Mai d. J. ab an die Stelle der bisherigen Reichsbankstelle daselbst mit den gleichen geschäftlichen Befugnissen und dem gleichen Geschäftsbezirke und wird von deren bisherigem Vorstande geleitet.

Berlin, den 24. April 1879. Der Reichskanzler.
v. Bismarck.

XIV.

Bekanntmachung vom 27. Dezember 1875. (Centralbl. S. 820.)[3]

„Auf Grund des §. 38 des Bankgesetzes vom 14. März d. Js. (Reichs-Gesetzblatt Seite 177) wird hier-

[1] Vgl. oben I Anm. 79, S. 88.
[2] Vgl. ebendas.
[3] Vgl. oben I Anm. 84, S. 90.

durch bekannt gemacht, daß die Reichsbank durch die Unterschrift einer Reichsbankstelle in allen Fällen, und zwar auch wo die Gesetze eine Spezialvollmacht erfordern, verpflichtet wird, sofern diese Unterschrift von den beiden Mitgliedern des Vorstandes der Bankstelle oder den als Stellvertretern derselben bezeichneten Beamten vollzogen ist. Die Namen der Vorstandsmitglieder und ihrer Stellvertreter sowie die Unterschriften derselben werden in dem Geschäftsraume der Bankstelle ausgehängt.

Berlin, den 27. Dezbr. 1875. Der Reichskanzler.
v. Bismarck.

XV.

1) Bekanntmachung, betreffend die Anwendung der §§. 42 und 43 des Bankgesetzes vom 14. März 1875. Vom 29. Dezember 1875. (R.G.Bl. S. 390. Ausgegeben am 31. Dezbr. 1875.)[1]

Nachdem die unten benannten Privat-Notenbanken die in §. 45 des Bankgesetzes vom 14. März 1875 (Reichs-Gesetzbl. S. 177) vorgesehenen Nachweise erbracht haben, werden hierdurch die beschränkenden Bestimmungen der §§. 42 und 43 des Bankgesetzes[2] zu Gunsten folgender Banken:

1. der Cölnischen Privatbank,
2. der Danziger Privat-Aktienbank,

[1] Vgl. oben I Anm. 108, S. 98.
[2] Oben I, S. 93.

3. der Provinzial-Aktienbank des Großherzogthums Posen,
4. der Kommerzbank in Lübeck,
5. der Bremer Bank,

und die beschränkenden Bestimmungen des §. 43 des Bankgesetzes[1] zu Gunsten folgender Banken:

6. der Frankfurter Bank,
7. der Bayerischen Notenbank,
8. der Sächsischen Bank zu Dresden,
9. der Württembergischen Notenbank,
10. der Badischen Bank,
11. der Bank für Süddeutschland zu Darmstadt

als nicht anwendbar erklärt.

Die Noten der vorbezeichneten Banken werden an den aus der Anlage ersichtlichen Stellen eingelöst werden.

Die Prüfung der von einigen anderen Privat-Notenbanken zufolge des §. 45 a. a. O. vorgelegten Nachweise ist noch nicht abgeschlossen.

Berlin, den 29. Dezember 1875.

Der Reichskanzler.
v. Bismarck.

[1] Oben I, S. 93.

Anlage.

Es werden eingelöst

Die Noten	in Berlin:
1. der Danziger Privat-Aktienbank, 2. der Provinzial-Aktienbank in Posen,	bei der „Deutschen Bank",
3. der Sächsischen Bank zu Dresden	bei dem Bankhause F. Mart. Magnus,*)
4. der Kommerzbank in Lübeck	bei dem Bankhause Bein & Co.,
5. der Bremer Bank . .	bei der „Deutschen Bank";
die Noten	in Frankfurt a. M.:
6. der Cölnischen Privatbank, 7. der Frankfurter Bank, 8. der Bayerischen Notenbank, 9. der Württembergischen Notenbank, 10. der Badischen Bank,	bei der „Frankfurter Bank",
11. der Bank für Süddeutschland	bei der Filiale der Darmstädter „Bank für Handel und Industrie".

*) Vgl. die Bekanntm. unter 3, S. 209.

2) Zweite Bekanntmachung, betreffend die Anwendung der §§. 42 und 43 des Bankgesetzes vom 14. März 1875. Vom 7. Januar 1876. (R.G.Bl. S. 2. Ausgegeben am 10. Januar 1876.)[1]

Nachdem die unten benannten Privat-Notenbanken die in §. 45 des Bankgesetzes vom 14. März 1875 (Reichs-Gesetzbl. S. 177) vorgesehenen Nachweise erbracht haben, werden hierdurch die beschränkenden Bestimmungen der §§. 42 und 43 des Bankgesetzes zu Gunsten folgender Banken:

12. der Städtischen Bank in Breslau,
13. der Magdeburger Privatbank,
14. der Hannoverschen Bank,
15. des Leipziger Kassenvereins,
16. der Chemnitzer Stadtbank,

als nicht anwendbar erklärt.

Die Noten der vorbezeichneten Banken werden bei den aus der Anlage ersichtlichen Stellen eingelöst werden.

Andere, als die vorbezeichneten und die in der Bekanntmachung vom 29. vorigen Monats und Jahres (Reichs-Gesetzbl. S. 390)[2] genannten Banken haben die in §. 45 des Bankgesetzes vorgesehenen Nachweise nicht erbracht.

Berlin, den 7. Januar 1876.

Der Reichskanzler.
v. Bismarck.

[1] Vgl. oben I Anm. 108, S. 98.
[2] Oben I, S. 205.

Anlage.

Es werden eingelöst

die Noten	in Berlin:
12. der Städtischen Bank in Breslau	bei dem Bankhause Jakob Landau,
13. der Magdeburger Privatbank,	bei der „Deutschen Bank",
14. der Hannoverschen Bank,	bei der „Deutschen Bank",
15. des Leipziger Kassenvereins,	bei der „Deutschen Bank",
16. der Chemnitzer Stadtbank	bei dem Bankhause Platho & Wolff.*)

3) **Bekanntmachung, betreffend die Einlösung der Banknoten der Sächsischen Bank. Vom 3. September 1879.** (R.G.Bl. S. 286. Ausgegeben am 4. Septbr. 1879.)

Die Banknoten der Sächsischen Bank zu Dresden werden in Berlin vom 1. September d. J. ab bei dem Bankhause S. Bleichröder eingelöst.

Dies wird unter Bezugnahme auf die Bekanntmachung vom 29. Dezember 1875 (Reichs-Gesetzbl. S. 390)[1] hiermit zur öffentlichen Kenntniß gebracht.

Berlin, den 3. September 1879.

Der Stellvertreter des Reichskanzlers.

Otto Graf zu Stolberg.

*) Vgl. die Bekanntm. unter 4, S. 210.

[1] Oben unter XV 1, S. 205.

4) Bekanntmachung, betreffend die Einlösung der Banknoten der Chemnitzer Stadtbank. Vom 27. Februar 1883. (R.G.Bl. S. 4. Ausgegeben am 8. März 1883.)

Die Banknoten der Chemnitzer Stadtbank werden in Berlin von jetzt ab bei der dortigen Zweigniederlassung der „Dresdner Bank" eingelöst.

Dies wird unter Bezugnahme auf die Bekanntmachung vom 7. Januar 1876 (Reichs-Gesetzbl. S. 2)[1] hiermit zur öffentlichen Kenntniß gebracht.

Berlin, den 27. Februar 1883.

Der Stellvertreter des Reichskanzlers.

Scholz.

XVI.

Bekanntmachung vom 16. Dezember 1875. (Centralbl. S. 787.)[2]

Nach §. 1 des Statuts der Reichsbank vom 21. Mai d. Js. (Reichs-Gesetzblatt Seite 203)[3] tritt die Reichsbank am 1. Januar 1876 in Wirksamkeit, und gehen mit demselben Tage alle Rechte und Verpflichtungen der Preußischen Bank, welche mit Ablauf des 31. De-

[1] Oben unter XV 2, S. 208.
[2] Vgl. oben II Anm. 3, S. 159.
[3] Oben II, S. 159.

zember 1875 ihre Wirksamkeit einstellt, nach Maßgabe des zwischen dem Reiche und Preußen unter dem 17./18. Mai d. Js. abgeschlossenen Vertrages (Reichs-Gesetzblatt Seite 215),[1] auf die Reichsbank über.

Es sind daher vom 1. Januar 1876 an insbesondere auch die seither von der Preußischen Bank unter der Unterschrift des Königlich preußischen Haupt-Bank-Direktoriums, — und zwar sowohl die in Thalerwährung, als die in Reichswährung, — ausgestellten Banknoten in allen rechtlichen Beziehungen als Noten der Reichsbank zu betrachten.

Berlin, den 16. Dezember 1875.

Der Reichskanzler.
v. Bismarck.

[1] Oben III, S. 179.

D.

Prämien-Papiere.

I.

Gesetz, betreffend die Inhaberpapiere mit Prämien. Vom 8. Juni 1871. (R.G.Bl. S. 210. Ausgegeben am 14. Juni 1871.)[1]

Wir Wilhelm, von Gottes Gnaden Deutscher Kaiser, König von Preußen rc. verordnen im Namen des Deutschen Reichs, nach erfolgter Zustimmung des Bundesrathes und des Reichstages, was folgt:

§. 1. Auf den Inhaber lautende Schuldverschreibungen, in welchen allen Gläubigern oder einem Theile derselben außer der Zahlung der verschriebenen Geldsumme eine Prämie dergestalt zugesichert wird, daß durch Ausloosung oder durch eine andere auf den Zu-

[1] Die Kompetenz zum Erlaß des Gesetzes beruht auf Art. 4 Nr. 13 der Reichsverfassung in der Fassung des Ges. v. 20. Dezember 1873 (R.G.Bl. S. 379). Die Wirksamkeit desselben ist durch das Ges. v. 27. Januar 1872 auf Elsaß-Lothringen (Gesetzbl. für Elsaß-Lothringen S. 111) ausgedehnt. — Das Gesetz enthält Emissions- (§ 1) und Verkehrsbeschränkungen (§§ 2—5) hinsichtlich der im § 1 bezeichneten Papiere. Zuwiderhandlungen sind nach § 6 strafbar.

fall gestellte Art der Ermittelung die zu prämiirenden Schuldverschreibungen und die Höhe der ihnen zufallenden Prämie bestimmt werden sollen (Inhaberpapiere mit Prämien), dürfen innerhalb des Deutschen Reichs nur auf Grund eines Reichsgesetzes[2] und nur zum Zwecke der Anleihe eines Bundesstaats oder des Reichs ausgegeben werden.

§. 2. Inhaberpapiere mit Prämien, welche nach Verkündigung des gegenwärtigen Gesetzes,[3] der Bestimmung im §. 1. zuwider, im Inlande ausgegeben sein möchten, imgleichen Inhaberpapiere mit Prämien, welche nach dem 30. April 1871. im Auslande ausgegeben sind, dürfen weder weiter begeben, noch an den Börsen, noch an anderen zum Verkehr mit Werthpapieren bestimmten Versammlungsorten zum Gegenstande eines Geschäfts oder einer Geschäftsvermittelung gemacht werden.

§. 3. Dasselbe gilt vom 15. Juli 1871.[4] ab von ausländischen Inhaberpapieren mit Prämien, deren Ausgabe vor dem 1. Mai 1871.[5] erfolgt ist, sofern dieselben nicht abgestempelt sind (§§. 4. 5.).

§. 4. Die Schuldverschreibungen, deren Abstempelung erfolgen soll, müssen spätestens am 15. Juli 1871.[4] zu diesem Zwecke eingereicht werden.

[2] Ein solches Gesetz ist bisher nicht erlassen.

[3] D. i. nach dem 14. Juni 1871 (vgl. Ueberschrift).

[4] Für Elsaß-Lothringen ist dieser Termin erst mit dem 15. März 1872 eingetreten (Ges. v. 27. Januar 1872. Gesetzbl. für Elsaß-Lothringen S. 111).

[5] Wegen der hierher gehörigen Papiere vgl. § 6 der Bekanntm. v. 19. Juni 1871 — unten II, S. 220.

Für die Abstempelung ist eine Gebühr zu entrichten, welche für eine Schuldverschreibung, deren Nominalbetrag den Werth von Einhundert Thalern nicht übersteigt . . . . . . 5 Sgr. oder 17 1/2 Kr. S.W.,

für eine Schuldverschreibung, deren Nominalbetrag den Werth von Einhundert Thalern übersteigt . . . 10 " " 35 " " "

beträgt.[6]

Der Ertrag dieser Abstempelungsgebühr fließt zur Reichskasse.

§. 5. Der Bundesrath wird die zur Ausführung dieses Gesetzes erforderliche Instruktion[7] erlassen und in derselben festsetzen, unter welchen Umständen ein gutgläubiger Inhaber, der aus entschuldbaren Gründen die Einreichungsfrist versäumt hat, noch nachträglich Abstempelung seiner Schuldverschreibungen erlangen kann.[8] Der Bundesrath wird ferner zur Berechnung der Stempel-Abgabe den Thalerwerth der fremden Valuten feststellen,[9] auch die Behörden bestimmen, bei

[6] Die auf Grund dieser Bestimmung abgestempelten ausländischen Inhaberpapiere mit Prämien sind von der Verpflichtung zur Entrichtung der unter Tarifnummer 2 b des Ges. v. 1. Juli 1881, betr. die Erhebung von Reichsstempelabgaben, bezeichneten Stempelabgabe befreit (vgl. Tarif zum Ges. v. 1. Juli 1881 Nr. I 2 b, dd, R.G.Bl. S. 185).

[7] Dieselbe ist enthalten in der Bekanntm. v. 19. Juni 1871 (unten II, S. 216).

[8] Vgl. § 9 der Bekanntm. v. 19. Juni 1871.

[9] Vgl. § 5 der Bekanntm. v. 19. Juni 1871.

welchen die Einreichung zur Abstempelung (§. 4.) zu erfolgen hat.[10]

§. 6.[11] Wer den Bestimmungen der §§. 1. 2. oder 3. zuwiderhandelt, verfällt in eine Geldstrafe, welche dem fünften Theile des Nennwerthes der den Gegenstand der Zuwiderhandlung bildenden Papiere gleichkommt, mindestens aber Einhundert Thaler betragen soll.

Mit Geldstrafe bis zu Einhundert Thalern oder Gefängniß bis zu drei Monaten wird bestraft,[12] wer ein im §. 2. oder §. 3. bezeichnetes Inhaberpapier mit Prämie öffentlich ankündigt, ausbietet oder empfiehlt, oder zur Feststellung eines Kurswerthes notirt.[13]

Urkundlich unter Unserer Höchsteigenhändigen Unterschrift und beigedrucktem Kaiserlichen Insiegel.

Gegeben Berlin, den 8. Juni 1871.

(L. S.) **Wilhelm.**

Fürst v. Bismarck.

[10] Vgl. Anlage A zu § 1 der Bekanntm. v. 19. Juni 1871 (S. 225). — Ueber die nachträgliche Abstempelung definitiver Stücke nach vorausgegangener Abstempelung der Interimsscheine vgl. Nr. 4 u. 5 der Bekanntm. v. 1. Juli 1871 (unten III, S. 235) und Nr. 1 der Bekanntm. v. 4. Dezember 1871 (unten V, S. 239).

[11] Für die Zuwiderhandlungen gegen die Bestimmungen der §§ 1, 2, 3 sind die Strafkammern der Landgerichte als erkennende Gerichte ausschließlich zuständig (Gerichtsverfassungsges. v. 27. Januar 1877 § 74 Nr. 3 — R.G.Bl. S. 41).

[12] Hier tritt die Regel des § 27 des Strafgesetzbuchs ein, wonach der Mindestbetrag der Geldstrafe bei Vergehen drei Mark ist.

[13] Ueber die civilrechtlichen Folgen der Zuwiderhandlungen vgl. Entscheidungen des Reichsoberhandelsgerichts Bd. 20 S. 418; Mandry, der civilrechtliche Inhalt der Reichsgesetze 2. Aufl. S. 191; Brunner in Endemann's Handbuch des Deutschen Handels-, See- u. Wechselrechts Bd. 2 S. 199, 210.

II.

Bekanntmachung, betreffend die Vorschriften zur Ausführung des Reichsgesetzes vom 8. Juni 1871 über die Inhaberpapiere mit Prämien. Vom 19. Juni 1871. (R.G.Bl. S. 255. Ausgegeben am 24. Juni 1871.)[1 2]

Nach §. 3. des Gesetzes, betreffend die Inhaberpapiere mit Prämien, vom 8. Juni 1871 (Reichsgesetzbl. S. 210.)[3] bedürfen ausländische Inhaberpapiere mit Prämien, um vom 15. Juli 1871 ab im inländischen Verkehr noch zulässig zu sein, einer Abstempelung, zu welcher sie nach §. 4. a. a. O. spätestens am 15. Juli 1871. einzureichen sind.

Zur Ausführung dieser Bestimmungen hat der Bundesrath auf Grund der Bestimmung im §. 5. a. a. O. folgende Vorschriften erlassen.[4]

[1] Mit der gleichen Ueberschrift ist für Elsaß-Lothringen eine denselben Gegenstand betreffende Bekanntmachung vom Reichskanzler unter dem 20. Januar 1872 (Gesetzbl. für Elsaß-Lothringen S. 113) erlassen, welche nur in den Bestimmungen § 1 Abs. 1, § 4 Abs. 1 u. 3, § 6 Abs. 1, § 9 Abs. 1 u. 3, § 10 von der obigen Bekanntmachung abweicht. Die abweichenden Bestimmungen sind in den Anmerkungen mitgetheilt.

[2] Die Vorschriften der Bekanntm. v. 19. Juni 1871 sind ergänzt durch die Bekanntm. v. 1. Juli und v. 10. Juli 1871 (unten III, IV); die Bekanntm. v. 1. Juli 1871 ist abgeändert durch die Bekanntm. v. 4. Dezember 1871 (unten V).

[3] oben I, S. 212.

[4] Bezüglich der ausländischen Inhaberpapiere mit Prämien, deren Abstempelung den darüber erlassenen Vorschriften nicht entspricht, vgl. das Cirkular des Preuß. Ministers für Handel u. Gewerbe v. 18. November 1879 (Preuß. Ministerialbl. für die ges. innere Verw. 1880 S. 21).

§. 1. Ausländische (außerdeutsche) Inhaberpapiere mit Prämien sind zum Zwecke der Abstempelung bei einer der in der Anlage A.[5] verzeichneten Behörden so zeitig einzureichen, daß sie spätestens am 15. Juli d. J. in die Hände der Behörde gelangen.[6]

Die zu den abzustempelnden Papieren etwa gehörigen Zinskupons und Talons sind nicht mit einzureichen. Werden sie dennoch beigefügt, so geschieht dies auf Gefahr des Einsenders.

§. 2. Den abzustempelnden Papieren ist ein Verzeichniß derselben in doppelter Ausfertigung beizufügen, welches folgende Angaben über die eingereichten Papiere enthalten muß:

1) Bezeichnung der Anleihe, zu welcher sie gehören;
2) Nominalwerth der Apoints;
3) Anzahl und
4) Gesammt-Nominalwerth der eingereichten Schuldverschreibungen jeder Gattung.

[5] Unten S. 225.

[6] Der Abs. 1 des § 1 lautet in der Bekanntm. für Elsaß-Lothringen (vgl. Anm. 1):

„Ausländische (außerdeutsche) Inhaberpapiere mit Prämien sind zum Zwecke der Abstempelung bei einer der nachstehend bezeichneten Behörde:

1) den Oberpostkassen zu Straßburg und zu Metz;
2) den Bezirkshauptkassen zu Straßburg, zu Metz, zu Colmar;
3) den Kommanditen der Preußischen Bank zu Straßburg, zu Metz, zu Mülhausen so zeitig einzureichen, daß sie spätestens am 15. März 1872 in die Hände der Behörde gelangen."

Die Anlage A fehlt selbstverständlich.

Dem Antragsteller bleibt überlassen, außerdem Serie und Nummer der Schuldverschreibung anzugeben.

Für die Einzeichnung des Betrages der für die Apoints jeder Gattung zu entrichtenden Stempelgebühr ist in diesem Verzeichniß ein Raum offen zu lassen.

Unter beiden Exemplaren des Verzeichnisses hat der Antragsteller seinen Vor- und Zunamen, Stand und Wohnort genau anzugeben und nöthigenfalls auch seine Wohnung zu bezeichnen.

§. 3. Werden die abzustempelnden Papiere mit dem Verzeichniß in dem Büreau der Behörde überreicht, so ist sofort die Richtigkeit des Verzeichnisses zu prüfen und erforderlichenfalls in Gegenwart des Ueberbringers eine Berichtigung beider Exemplare desselben vorzunehmen. Kann die Abstempelung nicht unmittelbar vorgenommen werden, so ist dem Ueberbringer das eine der eingereichten Verzeichnisse quittirt zurückzugeben.

Bei Einsendungen, welche durch die Post eingehen, tritt sofort eine gleiche Prüfung ein. Stimmt die Zahl der eingegangenen Schuldverschreibungen jeder Gattung mit dem Verzeichniß nicht überein, oder ist den Vorschriften der §§. 1. und 2. in sonstiger Beziehung nicht genügt, so gilt der Antrag auf Abstempelung als nicht gestellt, und die Schuldverschreibungen werden ohne Weiteres mit der Post unter der Werthangabe, welche der Einsender bei der Uebersendung deklarirt hat, unfrankirt zurückgesandt. Mit den Betheiligten wegen Vervollständigung des Antrages in Korrespondenz zu treten, ist die Behö.de nicht verpflichtet.

Anträge auf Abstempelung, die aus dem Auslande eingehen, werden nicht berücksichtigt. Die mit ihnen etwa eingegangenen Schuldverschreibungen werden dem Einsender in der oben angegebenen Weise zurückgesandt.

§. 4. Sendungen von ausländischen Inhaberpapieren mit Prämien, welche aus dem Gebiete des vormaligen Norddeutschen Bundes oder aus Südhessen an eine der in dem unter A. anliegenden Verzeichniß unter I. bezeichneten Oberpostkassen[7] mit dem Antrage auf Abstempelung rechtzeitig eingehen, genießen, mit Ausschluß der Stadtpostsendungen, Freiheit von Porto und Assekuranzgebühr, wenn sie äußerlich mit dem Vermerk

„Inhaberpapiere mit Prämien zur Abstempelung"

versehen sind.

Sofern jedoch die Abstempelung wegen Ungeeignetheit der Papiere oder Unvollständigkeit des Antrages nicht erfolgen kann, wird das Porto und die Assekuranzgebühr, bei unfrankirter Rücksendung, durch Postvorschuß nachträglich eingezogen.

Unter den gleichen Voraussetzungen und Bedingungen ist die Einsendung zur Abstempelung porto- und gebührenfrei, wenn sie von einem Orte in Bayern an eine Bayerische Abstempelungsstelle, aus einem Orte

[7] Der Eingang des § 4 lautet in der Bekanntm. für Elsaß-Lothringen (vgl. Anm. 1 S. 216):
„Sendungen von ausländischen Inhaberpapieren mit Prämien, welche an eine der in § 1 unter 1 und 2 bezeichneten Kassen u. s. w." (vgl. Anm. 6).

in Württemberg an die Württembergische Oberpostkasse erfolgt.[8]

Sendungen an andere als die vorbezeichneten Behörden sind portopflichtig und müssen franko erfolgen.

§. 5. Bei der Feststellung der nach §. 4. des Gesetzes für die Abstempelung der Schuldverschreibungen zu entrichtenden Gebühr werden

375 Franken oder Lire,
150 Gulden Oesterreichischer Währung,
143 Gulden Konventionsmünze,
175 Gulden Niederländisch,
100 Rubel Silber Russischer Währung

dem Werthe von 100 Thalern gleich geachtet. Hiernach beträgt für Inhaberpapiere mit Prämien, deren Nominalwerth einen der vorstehend bezeichneten Beträge nicht übersteigt, die Stempelgebühr 5 Groschen oder 17½ Kreuzer für jede Schuldverschreibung, für Inhaberpapiere mit Prämien von höherem Nominalwerthe 10 Groschen oder 35 Kreuzer für jede Schuldverschreibung.

§. 6. Wenn die zur Abstempelung eingereichten Inhaberpapiere mit Prämien einer der Anleihen angehören, welche in dem unter B.[9] beigefügten Verzeichniß[10] aufgeführt sind, so hat die Behörde die Abstempelung derselben ohne Weiteres unter Erhebung der in

[8] Der Abs. 3 fehlt in der Bekanntm. für Elsaß-Lothringen (vgl. Anm. 1, S. 216).
[9] Die Worte „unter B" fehlen in der Bekanntm. für Elsaß-Lothringen (vgl. Anm. 1).
[10] Unten S. 228.

dem Verzeichniß angegebenen Stempelgebühr vorzunehmen.

Sollten ausländische Inhaberpapiere mit Prämien eingehen, die in dem Verzeichniß nicht aufgeführt sind, so darf die Abstempelung derselben nur erfolgen, wenn die, im Zweifelsfalle durch die vorgesetzte Behörde vorzunehmende, Prüfung ergiebt, daß die vorgelegten Papiere ausländische Inhaberpapiere mit Prämien und vor dem 1. Mai 1871. ausgegeben sind. Die vor dem 1. Mai 1871. erfolgte Ausgabe muß erforderlichenfalls vom Einsender nachgewiesen werden.

§. 7. Die Abstempelung erfolgt durch Aufklebung einer Marke, welche den Betrag der nach §. 4. des Gesetzes vom 8. Juni d. J. beziehungsweise §. 5. dieser Vorschriften zu entrichtende Gebühr angiebt, und durch Entwerthung derselben mittelst Aufdrückens des schwarzen beziehungsweise farbigen Stempels (Dienstsiegels) der abstempelnden Behörde.

Die Aufklebung der Marke geschieht auf der Schauseite der Schuldverschreibung an einer Stelle, wo sie Theile des Textes derselben, insbesondere die Bezeichnung der Serie und der Nummer der Schuldverschreibung, nicht verdeckt. Der Stempel ist so aufzudrücken, daß sein Abdruck theilweise auf der Marke, theilweise auf der Schuldverschreibung selbst erscheint. Nur im Fall die Schauseite hinreichenden freien Raum nicht bieten sollte, erfolgt die Abstempelung auf der Rückseite.

Der Abstempelung unterliegt jede einzelne Schuldverschreibung. Finden sich auf einem Bogen mehrere

Apoints, die sich zur selbstständigen Weiterbegebung von einander trennen lassen, so ist jedes einzelne Apoint unter Verwendung der entsprechenden Marke abzustempeln.

Bei der Abstempelung sind die zu diesem Zwecke angefertigten und den Abstempelungsbehörden überwiesenen Stempelmarken zu verwenden. Dieselben bilden ein längliches Viereck und enthalten im guillochirten Mittelfelde die Bezeichnung des Werthbetrages, und als Umschrift oben die Worte: „Reichsgesetz vom 8. Juni 1871", unten die Worte: „Stempel für Prämienanleihen." Der Druck der auf 10 Groschen oder 35 Kreuzer lautenden ist roth, der auf 5 Groschen oder 17½ Kreuzer lautenden grün.

Abstempelungen, bei welchen eine Stempelmarke nicht verwendet worden ist, gelten als nicht erfolgt.

§. 8. Die eingereichten Papiere werden nach erfolgter Abstempelung dem Antragsteller (§. 2.) gegen Erlegung der Stempelgebühr und Rückgabe des quittirten Verzeichnisses, sofern er solches empfangen hat, zurückgegeben.

Sind die Papiere durch Postsendung zur Abstempelung eingereicht, so erfolgt, sofern der Einsender nicht die Abholung vorbehalten hat, auch die Rücksendung durch die Post, und wird die Stempelgebühr bei Rücksendung der Papiere im Wege des Postvorschusses eingezogen.

Die Rücksendung der gemäß §. 4. unter portofreier Rubrik eingegangenen Papiere erfolgt nach deren Abstempelung ebenfalls unter portofreier Rubrik. Die Rücksendung der portopflichtig eingegangenen Papiere ist ebenfalls portopflichtig und erfolgt unfrankirt und wenn der Einsender nicht andere Bestimmung trifft, unter derselben Werthdeklaration, welche bei der Einsendung angegeben war.

§. 9. Inhaber von ausländischen Inhaberpapieren mit Prämien, welche aus entschuldbaren Gründen die Einreichungsfrist versäumt haben, können nachträglich zur Abstempelung ihrer Papiere, sofern dieselbe bis zum 15. Juli l. J.[11] zulässig gewesen sein würde, zugelassen werden, wenn sie bis einschließlich den 31. Dezember l. J.[12] einen dahin gehenden Antrag bei der obersten Landesfinanzbehörde des Staates,[13] in welchem sie ihren Wohnsitz haben, einreichen.

In dem Antrage sind die Ursachen darzulegen und nöthigenfalls zu bescheinigen, welche die Einhaltung der vorgeschriebenen Einreichungsfrist verhindert haben. Auch ist demselben ein den Bestimmungen des §. 2. entsprechendes Verzeichniß der abzustempelnden Papiere beizufügen.

Die oberste Landesfinanzbehörde[14] entscheidet über die Zulässigkeit der nachträglichen Abstempelung nach

[11] Für Elsaß-Lothringen: bis zum 15. März 1872 (vgl. Anm. 1 u 4, S. 216).
[12] Für Elsaß-Lothringen: bis einschließlich den 31. Dezember 1872 (vgl. Anm. 1).
[13] In Elsaß-Lothringen: bei dem Kaiserlichen Oberpräsidenten in Straßburg (vgl. Anm. 1).
[14] In Elsaß-Lothringen der Kaiserliche Oberpräsident (vgl. Anm. 1).

freiem Ermessen und bezeichnet die Behörde, an welche die Papiere zur Abstempelung mit dem vorschriftsmäßigen Verzeichniß (§. 2.) einzureichen sind.

§. 10. Das Reichskanzler-Amt wird ermächtigt, Ergänzungen der unter A. und B. anliegenden Verzeichnisse,[15] die sich etwa als nothwendig ergeben sollten, vorzunehmen, auch nach Anhörung des Ausschusses für Rechnungswesen Ergänzungen zu vorstehenden Vorschriften zu erlassen.

Dasselbe entscheidet über etwaige Zweifel, die sich bei Ausführung der vorstehenden Bestimmungen ergeben sollten.

Berlin, den 19. Juni 1871.

Der Reichskanzler.
In Vertretung:
Delbrück.

[15] In der Bekanntm. für Elsaß-Lothringen (vgl. Anm. 1, S. 216) heißt es statt „der unter A. und B. anliegenden Verzeichnisse": „des im §. 1 aufgenommenen und des anliegenden Verzeichnisses."

Anlage A.[16]

Verzeichniß

der

Behörden, bei welchen ausländische Inhaberpapiere mit Prämien bis zum 15. Juli d. J. zur Abstempelung eingereicht werden können.

I. Im **Gebiete der Reichspostverwaltung:**

bei den Oberpostkassen zu Arnsberg, Berlin, Braunschweig, Bremen, Breslau, Cassel, Coblenz, Cöln, Cöslin, Danzig, Darmstadt, Düsseldorf, Erfurt, Frankfurt a. M., Frankfurt a. O., Gumbinnen, Halle a. S., Hamburg, Hannover, Kiel, Königsberg i. Pr., Leipzig, Liegnitz, Lübeck, Magdeburg, Marienwerder, Münster, Oldenburg, Oppeln, Posen, Potsdam, Schwerin i. Mecklenb., Stettin, Trier;

außerdem:

II. In **Preußen** und zwar

a) in Berlin:

bei der Seehandlungs-Hauptkasse,

bei der Kasse der Preußischen Bank,

bei der Haupt-Stempelkasse und

bei dem Haupt-Steueramt für inländische Gegenstände;

[16] Die Anlage A fehlt in der Bekanntm. für Elsaß-Lothringen (vgl. Anm. 1, S. 216) und ist durch § 1 derselben ersetzt (vgl. Anm. 6, S. 217).

b) in den Provinzen:

bei dem Bankdirektorium zu Breslau;

bei den Komtoiren der Preußischen Bank zu Cöln, Danzig, Königsberg i. Pr., Magdeburg, Münster, Posen, Stettin;

bei den Kommanditen der Preußischen Bank zu Aachen, Altona, Bielefeld, Bromberg, Cassel, Coblenz, Cöslin, Crefeld, Dortmund, Düsseldorf, Elberfeld, Elbing, Emden, Essen, Flensburg, Frankfurt a. O., Gleiwitz, Glogau, Görlitz, Graudenz, Halle a. S., Hannover, Insterburg, Landsberg a. d. W., Liegnitz, Memel, Minden, Nordhausen, Osnabrück, Siegen, Stolp, Stralsund, Thorn und Tilsit;

endlich bei der Kreiskasse in Frankfurt a. M.

III. In **Bayern**:

bei der Kreiskasse und dem Ober-Aufschlagamte von Oberbayern in München,

bei der Kreiskasse und dem Ober-Aufschlagamte von Schwaben und Neuburg in Augsburg,

bei der Königlichen Hauptbank in Nürnberg und

bei den Königlichen Filialbanken

in Amberg, Ansbach, Bamberg, Bayreuth, Hof, Ludwigshafen, Passau, Regensburg, Schweinfurt, Straubing, Würzburg.

IV. Im **Königreich Sachsen:**
bei der Finanz-Hauptkasse in Dresden, der Lotterie-Darlehnskasse in Leipzig und dem Haupt-Steueramt in Chemnitz.

V. In **Württemberg:**
bei der Oberpostkasse und dem Kameralamte in Stuttgart, den Haupt-Zollämtern in Heilbronn und Ulm und den Kameral- und Haupt-Steuerämtern in Reutlingen, Tübingen und Heidenheim.

VI. In **Baden:**
bei der Münzverwaltung in Carlsruhe.

VII. In **Braunschweig:**
bei der Haupt-Finanzkasse in Braunschweig.

VIII. In **Anhalt:**
bei der Landes-Hauptkasse in Dessau.

IX. In **Schaumburg-Lippe:**
bei der Landeskasse in Bückeburg.

X. In **Hamburg:**
bei dem Stempelkomtoir in Hamburg.

Anlage B.

Verzeichniß.

Bemerkung. Sollten Schuldverschreibungen der nachstehend verzeichneten Anleihen vorkommen, welche aus zwei oder mehreren kleineren auf demselben Bogen vereinigten, aber von einander trennbaren Apoints bestehen, so findet die Bestimmung im §. 7. Absatz 3. Anwendung, auch wenn das Vorhandensein solcher kleineren Apoints in dem Verzeichnisse nicht vermerkt steht.

Laufende №	Bezeichnung der Anleihe.	Jahr der Verausgabung.	Nominalbetrag der Apoints.	Prozentsatz des festen Zinses.	Stempelgebühr Groschen.	Stempelgebühr Kreuzer.
	I. Belgien.					
1.	Kommunal-Kredit-Anleihe . .	1861	100 Fr.	3	5	$17^1/_2$
2.	" " "	1868	100 "	3	5	$17^1/_2$
3.	Brüssel, Städtische Anleihe . .	1853	100 "	3	5	$17^1/_2$
4.	" " "	1856	100 "	3	5	$17^1/_2$
5.	" " "	1862	100 "	3	5	$17^1/_2$
6.	" " "	1867	100 "	3	5	$17^1/_2$
7.	Antwerpen, " "	1859	100 "	3	5	$17^1/_2$

8.	Antwerpen, Städtische Anleihe .	1867	100 Fr.	3	5	$17^1/_2$
9.	Lüttich,[17] = = .	1853	80 =	$2^1/_2$	5	$17^1/_2$
10.	= = = .	1860	100 =	3	5	$17^1/_2$
11.	= = = .	1868	100 =	3	5	$17^1/_2$
12.	Gent, = = .	1868	100 =	3	5	$17^1/_2$
13.	Ostende, = = .	1858	25 =	—	5	$17^1/_2$
	II. Frankreich.					
14.	Paris, Städtische Anleihe . .	1852	1000 Fr.	5	10	35
15.	= = = ...	1855	500 =	3	10	35
16.	= = = ...	1860	500 =	3	10	35
17.	= = = ...	1865	500 =	4	10	35
18.	= = = ...	1869	400 =	3	10	35
19.	Bordeaux, = = ...	1863	100 =	3	5	$17^1/_2$
20.	Lille, = = ...	1860	100 =	3	5	$17^1/_2$
21.	= = = ...	1863	100 =	3	5	$17^1/_2$
22.	= = = ...	1868	100 =	3	5	$17^1/_2$
23.	Roubaix und Tourcoing, Städtische Anleihe	1860	50 =	—	5	$17^1/_2$
24.	Anleihe des Crédit foncier de France	1861	500 =	3	10	35
25.	Suez-Kanal-Loose	1868	500 =	5	10	35

[17] Vgl. die Bekanntmachung des Reichskanzler-Amts, betreffend die neuen Schuldverschreibungen der Prämien-Anleihe der Stadt Lüttich vom Jahre 1853. Vom 1. Dezember 1875 (unten VI).

Laufende №	Bezeichnung der Anleihe.	Jahr der Verausgabung.	Nominalbetrag der Apoints.	Prozentsatz des festen Zinses.	Stempelgebühr Groschen.	Stempelgebühr Kreuzer.
	III. Italien.					
26.	Sardinische Staatsanleihe . .	1850	1000 Lire	4	10	35
27.	Staats-Prämienanleihe . . .	1866	100 "	5	5	$17\frac{1}{2}$
28.	Florenz, Städtische Anleihe . .	1868	250 Fr.	4	5	$17\frac{1}{2}$
29.	Neapel, " " . .	1868	150 "	$4\frac{2}{3}$	5	$17\frac{1}{2}$
30.	Mailand, " " . .	1861	45 Lire	—	5	$17\frac{1}{2}$
31.	" " " . .	1866	10 "	—	5	$17\frac{1}{2}$
32.	Venedig, " " . .	1869	30 "	—	5	$17\frac{1}{2}$
33.	Genua, " " . .	1870	150 "	—	5	$17\frac{1}{2}$
34.	Bari, " " . .	1869	100 "	—	5	$17\frac{1}{2}$
35.	Reggio, Anleihe der Stadt und Provinz[18]	1871	120 Fr.	$3\frac{1}{3}$	5	$17\frac{1}{2}$
36.	Lecce, Provinzialanleihe . . .	1867	10 "	—	5	$17\frac{1}{2}$
37.	Barletta, Städtische Anleihe . .	1870	100 "	—	5	$17\frac{1}{2}$

	IV. Niederlande.					
38.	Rotterdam, Städtische Anleihe .	1868	100 Fl. Holl.	3	5	17 1/2
39.	Prämien=Antheilscheine der Stuhlweißenburg=Raab=Graatzer Eisenbahnanleihe [19]	1871	100 Thlr.	4	5	17 1/2
40.	Niederländische Kommunal=Kreditanleihe	1871	100 Fl. Holl.	3	5	17 1/2
	V. Oesterreich und Ungarn.					
41.	Staatsanleihe (1854er Loose) .	1854	250 Fl. K.=M.	4	10	35
42.	= (1860er Loose) .	1860	1000 = Oe. W.	5	10	35
			500 = = =		10	35
			100 = = =		5	17 1/2
43.	Donau=Regulirungsanleihe . .	1870	100 = = =	5	5	17 1/2
44	Staatsanleihe	1839	250 = K.=M.	—	10	35
45.	= (1864er Loose) .	1864	100 = Oe. W.	—	5	17 1/2
			50 = = =	—	5	17 1/2
46.	Ungarische Anleihe	1870	100 = = =	—	5	17 1/2
47.	Mailand=Como=Eisenbahnanleihe	1847	14 = K.=M.	—	5	17 1/2
48.	Triest, Städtische Anleihe . . .	1855	100 = =	4 1/2	5	17 1/2
49.	= = = . . .	1860	50 = Oe. W.	4	5	17 1/2

[18] Vgl. die Bekanntm. v. 10. Juli 1871 (unten IV).
[19] Vgl. die Bekanntm. v. 1. Juli 1871 (unten III).

Laufende №	Bezeichnung der Anleihe.	Jahr der Verausgabung.	Nominalbetrag der Apoints.	Prozentsatz des festen Zinses.	Stempelgebühr Groschen.	Stempelgebühr Kreuzer.
50.	Anleihe der ersten Kaiserlich Königlich privilegirten Donau-Dampfschifffahrts-Gesellschaft .	1857	100 Fl. K.-M.	4	5	$17^1/_2$
51.	Ofen, Städtische Anleihe . . .	1859	40 „ Oe. W.	—	5	$17^1/_2$
52.	Stanislaw, „ „ . . .	1869	20 „ „ „	—	5	$17^1/_2$
53.	Oesterreichische Kreditanstalt-Eisenbahn-Anleihe	1858	100 „ „ „	—	5	$17^1/_2$
54.	Kaiserlich Königliche Hospitalfonds-Rudolph-Stiftungsanleihe	1864	10 „ „ „	—	5	$17^1/_2$
55.	Clary- (Fürstliche) Anleihe . .	1856	40 „ K.-M.	—	5	$17^1/_2$
56.	St. Genois d'Aneaucourt- (Gräfliche) Anleihe	1855	40 „ „	—	5	$17^1/_2$
57.	Keglewich- (Gräfliche) Anleihe .	1847	10 „ „	—	5	$17^1/_2$
58.	Palffy- (Fürstliche) Anleihe . .	1855	40 „ „	—	5	$17^1/_2$
59.	Salm-Reifferscheidt- (Fürstliche) Anleihe	1855	40 „ „	—	5	$17^1/_2$

60.	Waldstein-Warttemberg- (Gräfliche) Anleihe	1847	20 Fl. K.-M.	—	5	$17^1/_2$
61.	Windischgrätz-(Fürstliche) Anleihe	1846	20 " "	—	5	$17^1/_2$
	VI. Rumänien.					
62.	Bukarest, Städtische Anleihe . .	1869	20 Fr.	—	5	$17^1/_2$
	VII. Rußland.					
63.	Russische, erste Staats-Prämienanleihe	1864	100 Rub. S.	5	5	$17^1/_2$
64.	Russische, zweite Staats-Prämienanleihe	1866	100 " "	5	5	$17^1/_2$
65.	Anleihe des Großherzogthums [19a] Finnland (Finnische Loose) .	1868	10 Thlr.	—	5	$17^1/_2$
	VIII. Schweden.					
66.	Staats-Eisenbahnanleihe (Schwedische 10 Thalerloose) . . .	1860	10 Thlr.	—	5	$17^1/_2$
	IX. Schweiz.					
67.	Kanton Freiburg, Anleihe . .	1860	15 Fr.	—	5	$17^1/_2$
68.	Neuf-Châtel, Städtische Anleihe	1857	10 "	—	5	$17^1/_2$

[19a] Soll wohl heißen „Großfürstenthums“.

Laufende №	Bezeichnung der Anleihe.	Jahr der Verausgabung.	Nominalbetrag der Apoints.	Prozentsatz des festen Zinses.	Stempelgebühr Groschen.	Stempelgebühr Kreuzer.
	X. Spanien.					
69.	Madrid, Städtische Anleihe . .	1869	100 Fr.	3	5	$17^1/_2$
	XI. Türkei.					
70.	Ottomanische Prämienanleihe [20]	1870	400 Fr.	3	10	35

[20] Vgl. Bekanntm. v. 1. Juli 1871 (unten III).

III.

Bekanntmachung, betreffend die Ergänzung der unterm 19. Juni d. J. erlassenen Vorschriften zur Ausführung des Reichsgesetzes vom 8. Juni d. J. über die Inhaberpapiere mit Prämien (Reichsgesetzbl. S. 255). Vom 1. Juli 1871. (R.G.Bl. S. 304. Ausgegeben am 5. Juli 1871.)

1) Inhaber von Interimsscheinen der Ottomanischen Prämienanleihe (Nr. 70. des der Bekanntmachung vom 19. Juni d. J. — Reichsgesetzbl. S. 255. — angefügten Verzeichnisses),[21] sowie der Stuhlweißenburg-Raab-Graatzer Eisenbahnanleihe (Nr. 39. desselben Verzeichnisses),[22] welche sich das Recht, die Abstempelung der demnächst einzutauschenden definitiven Schuldverschreibungen noch nach dem 15. Juli d. J. bewirken lassen zu können, sichern wollen, haben bei der laut Bekanntmachung vom 19. Juni d. J. zum Zwecke der Abstempelung zu bewirkenden Einreichung der Interimsscheine in dem gemäß §. 2. dieser Bekanntmachung[23] in doppelter Ausfertigung beizugebenden Verzeichnisse außer den sonstigen Angaben auch Serie und Nummer für jede in dem Interimsschein zugesicherte definitive Schuldverschreibung zu vermerken.

[21] Vgl. S. 234.
[22] Vgl. S. 231.
[23] Vgl. S. 217.

2) Die Abstempelung erfolgt nach Maßgabe der Vorschriften vom 19. Juni d. J.

3) Bei der gemäß §. 8. der Bekanntmachung vom 19. Juni d. J.[24] zu bewirkenden Rückgabe der abgestempelten Interimsscheine wird dem Einsender von der Abstempelungsbehörde ein Certifikat nachfolgenden Inhalts:

Ueber die N. N. Prämienanleihe ist ein Interimsschein, lautend auf Serie (in Zahl und Buchstaben), Nummer (in Zahl und Buchstaben),

Serie . . . . , Nummer . . . .

überhaupt auf N. N. Stück Obligationen im Nominalbetrage von N. N. der unterzeichneten Behörde am . . ten . . . . zur Abstempelung vorgelegt und von derselben nach vorschriftsmäßiger Abstempelung wieder ausgeliefert.

. . . . , den . . ten . . . . 1871.

(L. S.) (Bezeichnung der Behörde.)

(Unterschrift des Beamten.)

zum Erweise der erfolgten Abstempelung ausgehändigt. Auf Verlangen des Einsenders wird demselben über jedes aus dem Interimsschein sich ergebende Stück ein besonderes Certifikat ausgefertigt.

4) Die rechtzeitig erfolgte Vorlegung der Interimsscheine zur Abstempelung sichert den Inhabern

[24] Oben II, S. 222.

das Recht, die später gegen die Interimsscheine eingetauschten definitiven Schuldverschreibungen auch nach dem 15. Juli d. J. und zwar bis einschließlich den 31. Dezember d. J.[25] in Gemäßheit des Gesetzes vom 8. Juni d. J. und der Ausführungsvorschriften vom 19. ejusd. abstempeln zu lassen.

5) Anträge auf Abstempelung solcher definitiven Schuldverschreibungen, bezüglich deren die entsprechenden Interimsscheine rechtzeitig zur Abstempelung vorgelegt sind, sind ausschließlich an die Hauptkasse der Seehandlung in Berlin[26] zu richten und ist denselben außer den im §. 2. der Bekanntmachung vom 19. Juni d. J. vorgeschriebenen Verzeichnissen zum Erweise der Identität der definitiven Schuldverschreibungen mit den korrespondirenden und rechtzeitig abgestempelten Interimsscheinen, falls diese selbst nicht vorgelegt werden können, das gemäß der Vorschrift unter Nr. 3. ertheilte Certifikat beizufügen.

Sofern sich bei der Prüfung keine Anstände ergeben, erfolgt die Abstempelung der definitiven Obligationen und die demnächstige Rückgabe.

Auf die für die Interimsscheine bereits ver-

[25] Diese Frist ist für die Schuldverschreibungen der Ottomanischen Pforte durch Bekanntm. v. 4. Dezember 1871 Nr. 2 (unten V). bis zum 31. März 1872 verlängert.

[26] Vgl. jedoch die Bekanntm. v. 4. Dezember 1871 Nr. 1 (unten V).

wendeten Stempelmarken wird hierbei keine Rücksicht genommen.

6) Interimsscheine, welche schon abgestempelt sind, können derjenigen Stelle, welche die Abstempelung besorgt hat, Behufs der nachträglichen Ausstellung des Certifikats (Nr. 3.) vorgelegt werden.

Berlin, den 1. Juli 1871.

Der Reichskanzler.
In Vertretung:
Delbrück.

IV.

Bekanntmachung, betreffend die zweite Ergänzung der unterm 19. Juni c. erlassenen Vorschriften zur Ausführung des Reichsgesetzes vom 8. Juni c. über die Inhaberpapiere mit Prämien (Reichsgesetzbl. S. 255). Vom 10. Juli 1871. (R.G.Bl. S. 314. Ausgegeben am 12. Juli 1871.)

Die den Inhabern von Interimsscheinen der Ottomanischen Prämien-Anleihe und der Stuhlweißenburg-Raab-Grazer Eisenbahn-Anleihe bezüglich der Abstempelung dieser Interimsscheine, beziehungsweise der demnächst einzutauschenden definitiven Schuldverschreibungen, durch die Bekanntmachung vom 1. Juli c. (Reichsgesetzbl. S. 304.)[27] gewährte Berechtigung findet gleichmäßige Anwendung auf die Inhaber von Interimsscheinen aus der Prämien-Anleihe der Stadt und Provinz Reggio (Nr. 35. des der Bekanntmachung vom 19. Juni d. J. — Reichsgesetzbl. S. 255. — angefügten Verzeichnisses).[28]

Berlin, den 10. Juli 1871.

Der Reichskanzler.
Im Auftrage:
Eck.

V.

Bekanntmachung, betreffend die Abänderung der unter dem 1. Juli d. J. zur Ausführung des Reichsgesetzes vom 8. Juni d. J. über die Inhaberpapiere mit Prämien erlassenen ergänzenden Vorschriften (Reichsgesetzbl. S. 304). Vom 4. Dezember 1871. (R.G.Bl. S. 408. Ausgegeben am 9. Dezember 1871.)

1. Die nach Ziffer 4. und 5. der Bekanntmachung vom 1. Juli d. J. (Reichsgesetzbl. S. 304.)[29] zugelassene nachträgliche Abstempelung von definitiven Schuldverschreibungen der in der gedachten Bekanntmachung, sowie in dem Nachtrage dazu vom 10. Juli d. J. (Reichs-

[27] Vgl. oben III, S. 235.
[28] Vgl. S. 230.
[29] Vgl. oben III, S. 235.

gesetzbl. S. 314.)[30] bezeichneten ausländischen Prämienanleihen erfolgt fernerhin nicht durch die Hauptkasse der Seehandlung, sondern durch

das Königliche Haupt-Steueramt für inländische Gegenstände in Berlin.

An die letztgenannte Behörde ausschließlich sind daher alle Anträge auf Abstempelung definitiver Schuldverschreibungen der Ottomanischen Prämienanleihe, der Stuhlweißenburg-Raab-Gratzer Eisenbahnanleihe und der Prämienanleihe der Stadt und Provinz Reggio unter Beifügung der vorschriftsmäßigen Verzeichnisse und Beläge zu richten.

2. Die in der Bekanntmachung vom 1. Juli d. J. unter Ziffer 4. gesetzte Frist wird für die Schuldverschreibungen der Ottomanischen Prämienanleihe bis zum 31. März 1872. verlängert.

Berlin, den 4. Dezember 1871.

Der Reichskanzler.
In Vertretung.
Delbrück.

VI.

Bekanntmachung, betreffend die neuen Schuldverschreibungen der Prämien-Anleihe der Stadt Lüttich vom Jahre 1853. Vom 1. Dezember 1875.

(Centralbl. S. 756.)

Von der Gemeinde-Verwaltung der Stadt Lüttich in Belgien werden gegenwärtig die Schuldverschreibungen

[30] Vgl. oben IV, S. 238.

der städtischen Prämien-Anleihe vom Jahre 1853, deren Kupons erschöpft sind, eingezogen und durch neue ersetzt. Von dieser Maßnahme werden auch diejenigen Stücke betroffen, welche auf Grund des Reichsgesetzes über die Inhaberpapiere mit Prämien vom 8. Juni 1871 (Reichs-Gesetzblatt Seite 210)[31] abgestempelt sind. Um die Besitzer derartiger Stücke vor den Verlusten zu schützen, welche sie treffen würden, wenn die ihnen zuzutheilenden neuen Schuldverschreibungen wegen mangelnder vorschriftsmäßiger Abstempelung von dem Verkehre in Deutschland ausgeschlossen blieben, hat der Bundesrath beschlossen, daß die letzteren, soweit sie an die Stelle eingezogener, in Gemäßheit des Gesetzes vom 8. Juni 1871 abgestempelter Schuldverschreibungen treten, und sofern die Besitzer bei dem Reichskanzler-Amte darauf antragen, mit einem entsprechenden Vermerke versehen werden sollen.

Diesem Vermerke soll eine von der Königlich belgischen Regierung bereits zugesagte Auskunft zu Grunde gelegt werden, welche ein Verzeichniß der eingezogenen abgestempelten und der an Stelle jeder einzelnen derselben ausgegebenen neuen Obligationen nach Nummer, Datum und sonstigen unterscheidenden Merkmalen, sowie endlich die Versicherung enthalten wird, daß die abgestempelten Stücke vernichtet seien.

Sobald die Auskunft eingegangen ist, wird solche bekannt gemacht und den Betheiligten anheimgegeben werden, die neuen Schuldverschreibungen behufs Er-

[31] Oben I, S. 212.

theilung der erforderlichen Bescheinigungen hierher einzureichen. Etwaige frühere Anträge würden unerledigt bleiben müssen.[32]

Berlin, den 1. Dezember 1875.

Das Reichskanzler-Amt.
Delbrück.

[32] In Verfolg der Bekanntm. v. 1. Dezember 1875 sind acht Verzeichnisse solcher Schuldverschreibungen der Lütticher Prämien-Anleihe vom Jahre 1853, welche in Gemäßheit des Reichsges. v. 8. Juni 1871 (oben I) abgestempelt waren und durch neue, die gleichen Nummern tragende Stücke ersetzt sind, durch das Centralblatt mitgetheilt (vgl. Bekanntm. v. 22 Februar, 30. Mai, 23. August, 26. September, 5. November 1876, v. 17. Januar, 19. Juni, 5. November 1877. Centralbl. v. 1876 S. 99, 298, 448, 503, 571; v. 1877 S. 51, 383, 526; 1878 S. 11, 428, 1880 S. 467; 1881 S. 243, 419; 1882 S. 411). Ueber das Verfahren enthält die

Bekanntmachung des Reichskanzleramts vom 22. Februar 1876 (Centralbl. S. 99)

folgende Vorschriften, auf deren Befolgung in den späteren Bekanntmachungen immer wieder hingewiesen wird:

Die Inhaber dieser Stücke wollen dieselben, sofern ihnen die Umlaufsfähigkeit in Deutschland gewahrt werden soll, behufs Ertheilung der entsprechenden Bescheinigung dem Reichskanzler-Amt einreichen. Dem Antrage ist ein doppeltes, von dem Antragsteller mit Vor- und Zunamen, Stand und Wohnort, beziehungsweise Wohnung, zu unterzeichnendes Verzeichniß der Nummern der anliegenden Schuldverschreibungen beizufügen.

Die Bescheinigung der Umlaufsfähigkeit wird kostenfrei ausgestellt. Der erforderliche Schriftwechsel, insbesondere auch die Ein- und Rücksendung der Loose, ist portopflichtig. Die Zusendungen an das Reichskanzler-Amt müsen franko erfolgen. Geschieht dies nicht, so weren die hierdurch erwachsenden Auslagen gelegenich der unfrankirten Rücksendung durch Postorschuß nachträglich eingezogen.

E.

Bundes- bezw. Reichsanleihe-Gesetze.

I.

Gesetz, betreffend den außerordentlichen Geldbedarf des Norddeutschen Bundes zum Zwecke der Erweiterung der Bundes-Kriegsmarine und der Herstellung der Küstenvertheidigung. Vom 9. November 1867.[1] (B.G.Bl. S. 157. Ausgegeben am 19. November 1867.)

Wir Wilhelm, von Gottes Gnaden König von Preußen ꝛc. verordnen im Namen des Norddeutschen

[1] Die Aufnahme von Reichsanleihen beruht auf Art. 73 der Reichsverfassung; sie kann nur im Wege der Reichsgesetzgebung in Fällen eines außerordentlichen Bedürfnisses erfolgen. Das erste Gesetz dieser Art ist das vorliegende v. 9. November 1867, welches durch die Gesetze v. 20. Mai 1869 (unten III) und 6. April 1870 (unten IV) ergänzt und abgeändert ist. Die folgenden Gesetze nehmen alsdann stets auf die Gesetze v. 9. November 1867 und 6. April 1870, später auf das Ges. v. 27. Januar 1875 (unten VI), welches jene ebenfalls anführt, Bezug.

Der Norddeutsche Bund hat fernerhin Anleihen aufgenommen auf Grund der Gesetze v. 21. Juli 1870, betr. den außerordentlichen Geldbedarf der Militär- und Marineverwaltung (B.G.Bl. S. 491), v. 29. November 1870, betr. den ferneren Geldbedarf für die Kriegführung (B.G.Bl. S. 619), v. 26. April 1871, betr. die Beschaffung weiterer Geldmittel zur Bestreitung der durch den Krieg

Bundes, nach erfolgter Zustimmung des Bundesrathes und des Reichstages, was folgt:

veranlaßten außerordentlichen Ausgaben (B.G.Bl. S. 91). Wegen der Tilgung s. Ges. v. 28. Oktober 1871, betr. die Zurückzahlung der auf Grund des Ges. v. 21. Juli 1870 aufgenommenen fünfprozentigen Anleihe (R.G.Bl. S. 343). Auf Grund der beiden anderen Kriegsanleihe-Gesetze sind nur Schatzanweisungen ausgegeben, welche sämmtlich eingelöst sind.

Reichsanleihen: Ges. v. 27. Januar 1875, betr. die Aufnahme einer Anleihe für die Zwecke der Marine- und Telegraphenverwaltung (R.G.Bl. S. 18), v. 3. Januar 1876, betr. d. A. e. A. für Zwecke der Telegraphenverwaltung (R.G.Bl. S. 1), v. 3. Januar 1877, betr. d. A. e. A. für Zwecke der Post- und Telegrophenverwaltung (R.G.Bl. S. 1), v. 10. Mai 1877, betr. d. A. e. A. für Zwecke der Verwaltungen der Post- und Telegraphie, der Marine und des Reichsheeres (R.G.Bl. S. 494), v. 21. Mai 1877, betr. d. Bau einer Eisenbahn von Teterchen bis zur Saarbahn bei Vous und bei Völklingen (R.G.Bl. S. 513), v. 23. Mai 1877, betr. die Erwerbung von zwei in Berlin gelegenen Grundstücken für das Reich (R.G.Bl. S. 500). [Auf alle diese Gesetze bezieht sich der Allerh. Erlaß v. 14. Juni 1877, betr. d. Aufnahme einer Anleihe (R.G.Bl. S. 531)]. Ferner: v. 29. April 1878, betr. d. A. e. A. f. Zwecke der Verwaltungen der Post und Telegraphie, der Marine und des Reichsheeres und zur Durchführung der Münzreform (R.G.Bl. S. 87), Ges. v. 8. Mai 1878, betr. d. Bau von Eisenbahnen in Elsaß-Lothringen (R.G.Bl. S. 93), v. 12. Juni 1878, betr. d. A. e. A. f. Zwecke der Verwaltung des Reichsheeres (R.G.Bl. S. 105) [dazu Allerh. Erl. v. 14. Juni 1878 (R.G.Bl. S. 125]; ferner: Ges. v. 30. März 1879, betr. d. A. e. A. f. Zwecke der Verwaltungen der Post und Telegraphie, der Marine, des Reichsheeres und zur Durchführung der Münzreform (R.G.Bl. S. 121) [dazu: Allerh. Erlaß v. 13. Juni 1879 (R.G.Bl. S. 152)], Ges. v. 15. Mai 1879, betr. den Ankauf der preuß. Staatsdruckerei durch das Reich (R.G.Bl. S. 132) [dazu derselbe Erlaß], Ges. v. 9. Juli 1879, betr. den Bau von Eisenbahnen &c. (R.G.Bl. S. 195). Ferner Ges. v. 26. März 1880, betr. d. A. e. A. f. Zwecke der Verwaltungen der Post und Telegraphie, der Marine und des Reichsheeres (R.G.Bl. S. 95) [dazu Allerh. Erlaß v. 13. Oktober 1880 (R.G.Bl. S. 187)]. Ferner: Ges. v. 28. März 1881, betr. d. A. e. A. f. Zwecke der Verwaltungen der Post und Telegraphie, der Marine und des Reichsheeres (R.G.Bl. S. 68) [dazu Allerh. Erl. v. 25 April 1881 (R.G.Bl. S. 92) und 12. Dezember 1881 (R.G.Bl. S. 273); Ges. v. 24. Mai 1881, betr. die A. e. A. f. Zwecke der Reichseisenbahnen in Elsaß-Lothringen (R.G.Bl. S. 93) [dazu Allerh. Erlaß v. 12. Dezember 1881 (R.G.Bl. S. 273)], Ges. v. 15. Febr. 1882, betr. d. A. e. A. f. Zwecke

§. 1. Zur Bestreitung der außerordentlichen Ausgaben für die Bundesmarine, soweit dieselben während der nächsten Jahre nach Maaßgabe der Bestimmungen des Artikels 70 der Verfassung des Norddeutschen Bundes ihre Deckung nicht finden, sowie zu den Kosten der Küstenvertheidigung sind die erforderlichen Geldmittel bis auf Höhe von zehn Millionen Thaler durch eine verzinsliche Anleihe zu beschaffen,[2] welche nach Maaßgabe des Bedarfs allmälig zu realisiren und der Marine-, resp. Militairverwaltung zu überweisen ist.

§. 2. Die Zinsen dieser Anleihe und die Termine, in welchen dieselben zu zahlen sind, werden von dem

der Verwaltungen des Reichsheeres, der Marine und der Reichseisenbahnen sowie zur Erhöhung des Betriebsfonds der Reichskasse (R.G.Bl. S. 38) (dazu Allerh. Erl. v. 20. Juni 1882 (R.G.Bl. S. 68], Ges. v. 16. Februar 1882, betr. die Ausführung des Anschlusses der freien Hansestadt Hamburg an das deutsche Zollgebiet (R.G.Bl. S. 39) [dazu Allerh. Erl. v. 26. November 1883 (R.G.Bl. S. 337) und v. 29. September 1884 (R.G.Bl. S. 213)], Ges. v. 2. März 1883, betr. den A. v. A. f. Zwecke der Verwaltungen des Reichsheeres zur Marine und Reichseisenbahnen (R.G.Bl. S. 29) [dazu Allerh. Erl. v. 26. November 1883 (R.G.Bl. S. 337)]; Ges. v. 2. Juli 1883, betr. den A. v. A. f. Zwecke der Verwaltungen des Reichsheeres, der Marine und der Reichseisenbahnen (R.G.Bl. S. 148) [dazu Allerh. Erl. v. 29. September 1884 (R.G.Bl. S. 213)]; Ges. v. 12. April 1884, betr. die Feststellung eines Nachtrags zum Reichshaushaltsetat für das Etatsjahr 1884/1885 (R.G.Bl. S. 21) [dazu Allerh. Erl. v. 29. September 1884 (R.G.Bl. S. 213)].

Die Verwaltung der nach Maaßgabe des Ges. v. 9. November 1867 aufzunehmenden Bundesanleihe ist durch Ges. v. 19. Juni 1868 (unten II) bis zum Erlaß eines definitiven Gesetzes über die Bundesschulden-Verwaltung der Preußischen Hauptverwaltung der Staatsschulden übertragen. Auf dieses Gesetz nehmen die späteren Anleihe-Gesetze Bezug.

[2] In den späteren Gesetzen (s. schon Ges. v. 21. Juli 1870 § 1 — B.G.Bl. S. 491) ist die Form einer Ermächtigung für den Bundes- bezw. Reichskanzler gewählt, welcher indessen stets eine weitere Ermächtigung des Bundespräsidiums bezw. Kaisers folgt (s. hierüber Laband Staatsrecht III, Abth. 2 S. 535.)

Bundespräsidium festgesetzt. Nach dessen besonderer Anordnung werden über die Anleihe Schuldverschreibungen, versehen mit Coupons über die Zinsen für vier Jahre und Talons zur Erhebung neuer Zinscoupons, von der Bundes-Schuldenverwaltung ausgefertigt. Die folgenden Serien der Zinscoupons werden den Inhabern der mit der vorhergehenden Serie ausgegebenen Talons gegen deren Rückgabe verabfolgt; wird hiergegen vor der Ausreichung der neuen Coupons Widerspruch erhoben, so erfolgt dieselbe an die Besitzer der Schuldverschreibungen gegen besondere Quittung.[3]

§§. 3 bis 5: Dieselben sind ersetzt durch Ges. v. 6. April 1870 (unten IV).

§. 6. In Ansehung der verlorenen oder vernichteten Schuldverschreibungen oder Zinscoupons finden die auf die Preußischen Staatsschuldscheine und deren Zinscoupons Bezug habenden §§. 1. bis 13. der Verordnung vom 16. Juni 1819 wegen des Aufgebots und der Amortisation verlorener oder vernichteter Staatspapiere (Preußische Gesetz-Samml. von 1819 S. 157.) mit nachstehenden näheren Bestimmungen Anwendung:

a) Die im §. 1. jener Verordnung vorgeschriebene Anzeige muß der Bundes-Schuldenverwaltung gemacht werden. Dieser werden alle diejenigen Geschäfte und Befugnisse beigelegt, welche nach der angeführten Verordnung dem Schatzministerium zukommen.

[3] Die Geldmittel sind indessen lediglich durch Ausgabe von Schatzanweisungen beschafft worden (s. Anm. 6.)

b) Das im §. 5. gedachte Aufgebot erfolgt bei dem Stadtgerichte zu Berlin.[4]

c) Die in den §§. 6. 9. und 12. vorgeschriebenen Bekanntmachungen sollen durch den Preußischen Staatsanzeiger oder die Zeitung, welche an seine Stelle tritt, und durch je eine der in Leipzig, Hamburg und Frankfurt a. M. erscheinenden Zeitungen, deren Bestimmung der Bundes-Schuldenverwaltung überlassen bleibt, erfolgen.[5]

§. 7. An Stelle der Anleihe von zehn Millionen Thaler (§. 1.) können vorübergehend verzinsliche Schatzanweisungen, längstens auf Ein Jahr lautend, ausgegeben werden.[6] Dieselben sind aus dem Ertrage der Anleihe, je nachdem dieselbe realisirt wird, wieder einzulösen, inzwischen aber aus den bereitesten Einkünften des Norddeutschen Bundes zu verzinsen, beziehungsweise einzulösen.

§. 8. Die Ausgabe der Schatzanweisungen ist durch die Bundeskasse zu bewirken.

[4] Seit dem 1. Oktober 1879 bei dem Amtsgericht I zu Berlin in Folge der neuen Justizorganisation.

[5] Wegen weiterer Anwendung des § 6 vgl. Ges. v. 12. Mai 1873 (unten V).

Die hier in Betreff des Aufgebotsverfahrens enthaltenen Vorschriften werden durch die §§ 823 ff. der Civilprozeßordnung v. 30. Januar 1877 (R.G.Bl. S. 83 ff.) ergänzt, aber nicht abgeändert (s. Einf.Ges. z. Civilprozeßordnung v. 30. Jan. 1877 § 13 — R.G.Bl. S. 244), während in Preußen alle besonderen Vorschriften über das Urkundenaufgebot beseitigt sind (Preuß. Ausf.-Ges. z. d. Civilprozeßordnung v. 29. März 1879 § 20 — Ges.Samml. S. 281).

[6] Die Ausgabe verzinslicher Schatzanweisungen in Gemäßheit des Ges. v. 9. November 1867 und des Ges. v. 20. Mai 1869 (unten III) ist genehmigt durch die Erl. v. 4. Juli 1868 (R.G.Bl. S. 435), 15. März 1869 (R.G.Bl. S. 71), 4. Dezember 1869 (R.G.Bl. S. 697) u. 6. Februar 1870 (R.G.Bl. S. 35).

Die Zinsen auf Schatzanweisungen verjähren binnen vier Jahren, die verschriebenen Kapitalbeträge binnen dreißig Jahren nach Eintritt des in jeder Schatzanweisung auszudrückenden Fälligkeitstermins.

§. 9. Die auf Grund dieses Gesetzes jährlich zu verwendenden Beträge sind in den Bundeshaushalts-Etat des betreffenden Jahres aufzunehmen. Für das Jahr 1868 werden der Marineverwaltung 3,100,000 Thaler und der Militairverwaltung zur Küstenbefestigung 500,000 Thaler zur Verfügung gestellt.

§. 10. Die Ausführung dieses Gesetzes wird dem Bundeskanzler übertragen.

Urkundlich unter Unserer Höchsteigenhändigen Unterschrift und beigedrucktem Bundes-Insiegel.

Gegeben Berlin, den 9. November 1867.

(L. S.) **Wilhelm.**

Gr. v. Bismarck-Schönhausen.

II.

Gesetz, betreffend die Verwaltung der nach Maaßgabe des Gesetzes vom 9. November 1867 aufzunehmenden Bundesanleihe. Vom 19. Juni 1868. (B.G.Bl. S. 339. Ausgegeben am 23. Juni 1868.)

Wir Wilhelm, von Gottes Gnaden König von Preußen ꝛc. verordnen im Namen des Norddeutschen

Bundes, nach erfolgter Zustimmung des Bundesrathes und des Reichstages, was folgt:

§. 1. Die Verwaltung der nach Maaßgabe des Gesetzes, betreffend den außerordentlichen Geldbedarf des Norddeutschen Bundes zum Zwecke der Erweiterung der Bundes-Kriegsmarine und der Herstellung der Küstenvertheidigung, vom 9. November 1867 (Bundes-Gesetzblatt vom Jahre 1867 S. 157. ff.) aufzunehmenden Anleihe von 10 Millionen Thaler wird bis zum Erlaß eines definitiven Gesetzes über die Bundesschulden-Verwaltung[1] der Preußischen Hauptverwaltung der Staatsschulden übertragen und von derselben nach Maaßgabe des Preußischen Gesetzes vom 24. Februar 1850 (Gesetz-Samml. S. 57.) geführt.[2] Die im §. 6. des vorgenannten Gesetzes ausgesprochene unbedingte Verantwortlichkeit der Hauptverwaltung der Staatsschulden erstreckt sich auch darauf, daß eine Konvertirung der über die oben gedachte Anleihe ausgestellten Schuldverschreibungen nicht anders, als auf Grund eines, dieselbe anordnenden oder zulassenden Gesetzes, und nachdem die etwa erforderlichen Mittel bewilligt sind, vorgenommen wird.

[1] Ein solches Gesetz ist bisher nicht erlassen.

[2] Vgl. oben I Anm. 1. Sämmtliche späteren Anleihegesetze enthalten die Vorschrift, daß die durch dieselben genehmigten Bundes- bezw. Reichsanleihen nach den Bestimmungen des Ges. v. 19. Juni 1868 zu verwalten sind und dem Reichstage Rechenschaft über die Ausführung der Gesetze zu geben sei.

Die preußische Hauptverwaltung der Staatsschulden führt seit der Errichtung des Deutschen Reichs in der vorliegenden Eigenschaft die Benennung „Reichsschulden-Verwaltung“ (vgl. Ges. v. 30. April 1874 § 6 — oben B I, S. 57; Ges. v. 27. Januar 1875 § 3 — unten VI, S. 259).

§. 2. Die obere Leitung steht dem Bundeskanzler[3] zu, soweit dieses mit der, der Hauptverwaltung der Staatsschulden beigelegten Unabhängigkeit vereinbar ist.

§. 3. Der Direktor und die Mitglieder der Hauptverwaltung der Staatsschulden[4] haben zu Protokoll zu erklären, daß sie den von ihnen nach §. 9. des Gesetzes vom 24. Februar 1850 geleisteten Eid auch für die, durch das gegenwärtige Gesetz ihnen übertragene Verwaltung als maaßgebend anerkennen.

Das Protokoll ist dem Bundesrathe und dem Reichstage vorzulegen.

§. 4. Die Geschäfte der Staatsschulden-Kommission (§. 1. des Gesetzes vom 24. Februar 1850) werden von einer Bundesschulden-Kommission wahrgenommen. Die Bundesschulden-Kommission besteht aus drei Mitgliedern des Bundesrathes, und zwar aus dem jedesmaligen Vorsitzenden des Ausschusses für das Rechnungswesen und zwei Mitgliedern dieses Ausschusses, ferner aus drei Mitgliedern des Reichstages und aus dem Präsidenten der Rechnungsbehörde des Norddeutschen Bundes, bis zu deren Errichtung aber aus dem Chefpräsidenten der Preußischen Oberrechnungskammer, welcher besonders für diese ihm interimistisch übertragenen Verpflichtungen zu vereidigen ist.[5].

§. 5. Der Bundesrath wählt aus den Mitgliedern des Ausschusses für Rechnungswesen die der Bundes-

[3] An Stelle des preuß. Finanzministers (vgl. Ges. v. 24. Februar 1850 § 1).

[4] Vgl. Ges. v. 24. Februar 1850 §§ 2, 3.

[5] Vgl. Ges. v. 4. Juli 1868 (B.G.Bl. S. 433).

schulden-Kommission hinzutretenden Mitglieder von Session zu Session. — Die aus dem Reichstage zu ernennenden Mitglieder der Kommission werden mit absoluter Stimmenmehrheit auf drei Jahre gewählt.

Wenn vor Ablauf der genannten Fristen ein Mitglied der Kommission aufhört, dem Bundesrathe oder dem Reichstage anzugehören, so scheidet dasselbe aus der Kommission aus. — Die in diesem Falle oder nach Ablauf der Amtsdauer Ausscheidenden bleiben jedoch bis zum Eintritt ihrer Nachfolger in Funktion.

§. 6. Den Vorsitz in der Kommission führt der Vorsitzende des Ausschusses des Bundesrathes für Rechnungswesen oder bei dessen Behinderung ein anderes, dem Bundesrathe angehöriges Mitglied der Kommission.

Die Beschlüsse der Kommission werden nach Stimmenmehrheit gefaßt.

Zu einem Beschlusse ist die Anwesenheit von wenigstens fünf Mitgliedern erforderlich.

§. 7. Die Bundesschulden-Kommission hat dem Bundesrathe und dem Reichstage gegenüber dieselben Verpflichtungen, welche der Preußischen Staatsschulden-Kommission den beiden Häusern des Preußischen Landtages gegenüber obliegen.

Urkundlich unter Unserer Höchsteigenhändigen Unterschrift und beigedrucktem Bundes-Insiegel.

Gegeben Berlin, den 19. Juni 1868.

(L. S.) **Wilhelm.**

Gr. v. Bismarck-Schönhausen.

III.

Gesetz wegen Abänderung des Gesetzes v. 9. November 1867, betreffend den außerordentlichen Geldbedarf des Norddeutschen Bundes zum Zwecke der Erweiterung der Bundes-Kriegsmarine und der Herstellung der Küstenvertheidigung. Vom 20. Mai 1869. (B.G.Bl. S. 137. Ausgegeben am 25. Mai 1869.)

Wir Wilhelm, von Gottes Gnaden König von Preußen rc. verordnen im Namen des Norddeutschen Bundes, nach erfolgter Zustimmung des Bundesrathes und des Reichstages, was folgt:

Einziger Paragraph.

Der Betrag der zur Bestreitung der außerordentlichen Ausgaben für die Bundes-Kriegsmarine, sowie zu den Kosten der Küstenvertheidigung erforderlichen Geldmittel, welche nach Maaßgabe des Gesetzes vom 9. November 1867 (Bundesgesetzbl. vom Jahre 1867 S. 157. ff.)[1] durch eine verzinsliche, nach den Bestimmungen des Gesetzes vom 19. Juni 1868 (Bundesgesetzbl. vom Jahre 1868 S. 339. ff.)[2] zu verwaltende Anleihe zu beschaffen sind, wird auf siebenzehn Millionen Thaler erhöht.

Urkundlich unter Unserer Höchsteigenhändigen Unterschrift und beigedrucktem Bundes-Insiegel.

Gegeben Schloß Babelsberg, den 20. Mai 1869.

(L. S.) **Wilhelm.**

Gr. v. Bismarck-Schönhausen.

[1] oben I, S. 244.
[2] oben II, S. 249.

IV.

Gesetz wegen Abänderung des Gesetzes v. 9. November 1867, betreffend den außerordentlichen Geldbedarf des Norddeutschen Bundes zum Zwecke der Erweiterung der Bundeskriegsmarine und der Herstellung der Küstenvertheidigung. Vom 6. April 1870. (B.G.Bl. S. 65. Ausgegeben am 9. April 1870.)[1]

Wir Wilhelm, von Gottes Gnaden König von Preußen rc. verordnen im Namen des Norddeutschen Bundes, nach erfolgter Zustimmung des Bundesrathes und des Reichstages, was folgt:

In dem Gesetze vom 9. November 1867, betreffend den außerordentlichen Geldbedarf des Norddeutschen Bundes zum Zwecke der Erweiterung der Bundeskriegsmarine und der Herstellung der Küstenvertheidigung (Bundesgesetzbl. S. 157), werden die §§ 3. 4 u. 5. in der Weise geändert, daß an ihre Stelle die nachstehenden, mit denselben Nummern gezeichneten Paragraphen treten:

§. 3. Die Tilgung des Schuldkapitals erfolgt in der Art, daß die durch den Bundeshaushalts-Etat dazu

[1] Durch dieses in dem Ges. v. 27. Januar 1875 § 2 (unten VI), worauf alle folgenden Anleihegesetze verweisen, in Bezug genommene Gesetz ist das Tilgungssystem dahin verändert, daß fortan nur wiederkäufliche Rentenschulden emittirt werden (s. Laband a. a. O. S. 234). Uebrigens sind die auf Grund der Gesetze v. 9. November 1867 (oben I) und 20. Mai 1869 (oben III) aufgenommenen Anleihen aus der französischen Kriegskosten-Entschädigung vollständig getilgt Ges. v. 8. Juli 1872 Art. VI Abs. 4 — R.G.Bl. S. 289, Ges. v. 8. Juli 1873 § 1 Nr. 2 — R.G.Bl. S. 217).

bestimmten Mittel zum Ankauf einer entsprechenden Anzahl von Schuldverschreibungen verwendet werden.

§. 4. Dem Norddeutschen Bunde bleibt das Recht vorbehalten, die im Umlauf befindlichen Schuldverschreibungen zur Einlösung gegen Baarzahlung des Kapitalbetrages binnen einer gesetzlich festzusetzenden Frist zu kündigen.

Den Inhabern der Schuldverschreibungen steht ein Kündigungsrecht gegen den Norddeutschen Bund nicht zu.

§. 5. Die zur Verzinsung des Schuldkapitals erforderlichen Mittel müssen der Bundes-Schuldenverwaltung aus den bereitesten Einkünften des Norddeutschen Bundes zur Verfallzeit zur Verfügung gestellt werden.

Nicht erhobene Zinsen verjähren in vier Jahren, von der Verfallzeit an gerechnet, zum Vortheil der Bundeskasse.

Urkundlich unter Unserer Höchsteigenhändigen Unterschrift und beigedrucktem Bundes-Insiegel.

Gegeben Berlin, den 6. April 1870.

(L. S.) **Wilhelm.**

Gr. v. Bismarck-Schönhausen.

V.

Gesetz, betreffend das Aufgebot und die Amortisation verlorener oder vernichteter Schuldurkunden des Norddeutschen Bundes und des Deutschen Reichs. Vom 12. Mai 1873. (R.G.Bl. S. 91. Ausgegeben am 15. Mai 1873.)[1]

Wir Wilhelm, von Gottes Gnaden Deutscher Kaiser, König von Preußen ꝛc. verordnen im Namen des Deutschen Reichs, nach erfolgter Zustimmung des Bundesrathes und des Reichstages, was folgt:

§. 1. Das im §. 6 des Gesetzes, betreffend den außerordentlichen Geldbedarf des Norddeutschen Bundes, vom 9. November 1867 (Bundesgesetzbl. S. 157)[2] vorgeschriebene Verfahren findet mit den in den nachfolgenden Paragraphen bestimmten Maßgaben auf solche verlorene oder vernichtete Schuldverschreibungen und Schatzanweisungen des Norddeutschen Bundes und des Deutschen Reichs Anwendung, welche entweder niemals mit Zinsscheinen versehen waren oder zu einem bereits abgelegten[3] Theile der Bundes- oder Reichsschuld gehören.[4]

[1] Das Gesetz gilt auch in Elsaß-Lothringen (Ges. v. 8. Februar 1875 Nr. 4. (R.G.Bl. S. 69). Dasselbe findet auch mit Modifikationen Anwendung auf das Aufgebot von Antheilsscheinen der Reichsbank (Statut der Reichsbank v. 21. Mai 1875 § 8 — oben C. II, S. 159).

[2] Vgl. oben I, S. 244.

[3] d. h. zur Auszahlung gekündigten.

[4] Die §§ 1—13 der preuß. Verordn. v. 16. Juni 1879 (vgl. § 6 des Ges. v. 9. November 1867 — oben I) beziehen sich nur auf die mit Zinsscheinen versehenen Schuldurkunden solcher Anleihen, welche noch nicht abgelegt sind. Die hiernach entstandene Lücke wird durch das vorliegende Ges. ausgefüllt.

§. 2. Das gerichtliche Aufgebot wird ohne vorgängige Bekanntmachung der Reichsschuldenverwaltung auf Grund eines Zeugnisses der letzteren darüber,

daß die durch die verloren gegangene Urkunde verbriefte Schuld in ihren Büchern oder Etats noch offen stehe,

erlassen.

§. 3. Der Aufgebotstermin wird mit zwölfmonatlicher Frist anberaumt.[5]

§. 4. Ist das Aufgebot ohne Erfolg geblieben, und wird demnächst von der Reichsschuldenverwaltung unter Wiederholung des im §. 2 erwähnten Zeugnisses bescheinigt, daß die aufgebotene Urkunde auch bis dahin nicht zum Vorschein gekommen sei, so wird das Amortisations-Erkenntniß abgefaßt.

§. 5. Die nach §. 6 des Gesetzes vom 9. November 1867 und nach dem gegenwärtigen Gesetze erforderlichen Bekanntmachungen erfolgen durch den Deutschen Reichs-Anzeiger und durch je eine der in Frankfurt a. M., Augsburg, Leipzig und Hamburg erscheinenden Zeitungen, deren Bestimmung der Reichsschuldenverwaltung überlassen ist.

Wegen des Verfahrens vgl. oben I Anm. 5, S. 248, ferner §§ 823—850 der Civilprozeßordnung v. 30. Januar 1877 (R.G.Bl. S 83), § 23 Nr. 2 des Gerichtsverfassungsges. v. 27. Januar 1877 (R.G.Bl. S. 41), § 44 des Gerichtskostenges. v. 18. Juni 1878 (R.G.Bl. S. 141) in der durch Art. 1 Nr. 11 des Ges. v. 29. Juni 1881 (R.G.Bl. S. 178) abgeänderten Fassung. Näheres s. in Daude: Aufgebotsverfahren (Berlin 1881) S. 87 ff.

[5] Vgl. § 847 der Civilprozeßordnung.

§. 6. An Stelle der amortisirten Schuldverschreibung oder Schatzanweisung wird eine neue nicht ausgefertigt, wenn die Verbriefung des bezüglichen Theils der Bundes- oder Reichsschuld bereits geschlossen ist. In diesem Falle hat die Reichsschuldenverwaltung einer von ihr zu beglaubigenden Abschrift der mit dem Atteste der Rechtskraft versehenen Ausfertigung des Amortisations-Erkenntnisses, welche letztere bei ihren Akten aufzubewahren ist, ein Anerkenntniß der durch die amortisirte Urkunde verbrieften Forderung beizufügen. In dieses Anerkenntniß ist möglichst der vollständige Inhalt der amortisirten Urkunde und die Erklärung aufzunehmen, daß die Zahlung des Kapitals und, soweit der Gläubiger Zinsen zu fordern berechtigt ist, auch dieser von Seiten der Reichsschuldenverwaltung an den Inhaber des Anerkenntnisses ohne weitere Legitimation desselben mit voller Wirkung geschehen werde.

Urkundlich unter Unserer Höchsteigenhändigen Unterschrift und beigedrucktem Kaiserlichen Insiegel.

Gegeben Berlin, den 12. Mai 1873.

(L. S.) **Wilhelm.**

Fürst v. Bismarck.

VI.

Gesetz, betreffend die Aufnahme einer Anleihe für Zwecke der Marine- und der Telegraphenverwaltung. Vom 27. Januar 1875. (R.G.Bl. S. 18. Ausgegeben am 1. Februar 1875.)

Wir Wilhelm, von Gottes Gnaden Deutscher Kaiser, König von Preußen 2c. verordnen im Namen des Deutschen Reichs, nach erfolgter Zustimmung des Bundesraths und des Reichstags, was folgt:

§. 1. Der Reichskanzler wird ermächtigt, die zur Bestreitung der in der Anlage A.[1] aufgeführten einmaligen Ausgaben der Marine- und der Telegraphenverwaltung für 1875 erforderlichen Geldmittel, bis zur Höhe von 16,187,553 Mark im Wege des Kredits flüssig zu machen und zu diesem Zwecke in dem Nominalbetrage, wie er zur Beschaffung jener Summe erforderlich sein wird, eine verzinsliche, nach den Bestimmungen des Gesetzes vom 19. Juni 1868 (Bundes-Gesetzbl. S. 339)[2] zu verwaltende Anleihe aufzunehmen und Schatzanweisungen auszugeben.

§. 2. In Bezug auf die Verzinsung und Tilgung der zu begebenden Anleihe finden die Bestimmungen im §. 2 des Gesetzes vom 9. November 1867 (Bundes-Gesetzbl. S. 157)[3] und der §§. 3—5 des Gesetzes vom

[1] Die Anlage ist, weil ohne dauerndes Interesse, nicht mit abgedruckt.

[2] Vgl. oben II, S. 249.

[3] Vgl. oben I, S. 244.

6. April 1870 (Bundes-Gesetzbl. S. 65),[4] in Ansehung der verlorenen oder vernichteten Schuldverschreibungen und Zinskupons die Bestimmungen im §. 6 des Gesetzes vom 9. November 1867 (Bundes-Gesetzbl. S. 157) und vom 12. Mai des Gesetzes 1873 (Reichs-Gesetzbl. S. 91)[5] Anwendung.

§. 3. Die Bestimmung des Zinssatzes der auszugebenden Schatzanweisungen, deren Ausfertigung der preußischen Hauptverwaltung der Staatsschulden unter der Benennung „Reichsschulden-Verwaltung" übertragen wird, und der Dauer ihrer Umlaufszeit, welche den Zeitraum eines Jahres nicht überschreiten darf, wird dem Reichskanzler überlassen. Nach Anordnung des Reichskanzlers kann der Betrag der Schatzanweisungen wiederholt, jedoch nur zur Deckung in Verkehr gesetzter Schatzanweisungen, ausgegeben werden.

Im Uebrigen finden auf die auszugebenden Schatzanweisungen die Bestimmungen im §. 8 des Gesetzes vom 9. November 1867 Anwendung.

§. 4. Die zur Verzinsung und Tilgung der Anleihe, sowie zur Einlösung der Schatzanweisungen erforderlichen Beträge müssen der Reichsschulden-Verwaltung aus den bereitesten Einkünften des Reichs zur Verfallzeit zur Verfügung gestellt werden.

§. 5. Dem Reichstage ist bei dessen nächster Zusammenkunft über die Ausführung dieses Gesetzes Rechenschaft zu geben.

[4] Vgl. oben IV, S. 254.
[5] Vgl. oben V, S. 256.

Urkundlich unter Unserer Höchsteigenhändigen Unterschrift und beigedrucktem Kaiserlichen Insiegel.

Gegeben Berlin, den 27. Januar 1875.

(L. S.) **Wilhelm.**

Fürst v. Bismarck.

Register.

(Die Zahlen bezeichnen die Seiten.)

A.

B.

D.

E.

S.

T.

U.

V.

W.

Z.

G. Pätz'sche Buchdr. (Otto Hauthal) in Naumburg a. S.

FSC
www.fsc.org
MIX
Papier | Fördert
gute Waldnutzung
FSC® C083411

Kolibri 360 GmbH
Ferdinand-Jühlke-Straße 7
99095 Erfurt, Deutschland
produktsicherheit@kolibri360.de